Mord in Rodby ist der zweite Band der Krimi-Serie des renommierten dänischen Autors Dan Turéll der hier neu aufgelegt bei Bastei Lübbe erscheint. Die »Mord-Serie« von Dan Turèll gilt zu Recht als »Klassiker der Kriminalliteratur«.

Bisher sind bei *Bastei Lübbe Taschenbücher* erschienen: MORD IM DUN-KELN (14959), MORD AUF MALTA (15106), MORD AM RONDELL (15177), MORD IM MÄRZ (15286), MORD IM HERBST (15370), MORD IN DER DÄMMERUNG (15479), MORD IM WASCHSALON (15526), MORD IM STRASSENGRABEN (15630), MORD IN VESTERBRO (15706), MORD AUF BORNHOLM (15801) und MORD IN SAN FRAN-CISCO (15904).

Über den Autor:

Dan Turèll, geboren 1946, war Schriftsteller und Journalist. Er hat sich in Dänemark zur Kultfigur entwickelt. »Onkel Danny« hat ein riesiges Œuvre aufzuweisen. Die Krimi-Serie über den namenlosen Journalisten brachte ihm den Durchbruch. Mit viel Ironie, schwarzem Humor und Gespür für die dänische Seele hat er dem Land seinen ersten klassischen »Privatschnüffler« geschenkt und die amerikanische Tradition des Genres kongenial ins Dänische verpflanzt.

Dan Turèll
MORD IN RODBY

Aus dem Dänischen von
Christel Hildebrand

BASTEI LÜBBE TASCHENBUCH
Band 15951

1. Auflage: Februar 2009

Vollständige Taschenbuchausgabe

Bastei Lübbe Taschenbücher in der Verlagsgruppe Lübbe

Für die Originalausgabe:
© 1981 by Dan Turèll
Titel der dänischen Originalausgabe: »Mord i Rodby«
Originalverlag: Borgens Forlag, Kopenhagen
Published by agreement with Leonardt & Høier Literary Agency aps,
København.
Für die deutschsprachige Ausgabe:
© 2009 by Verlagsgruppe Lübbe GmbH & Co. KG, Bergisch Gladbach
Titelillustration: Atlantide Phototravel/corbis
Umschlaggestaltung: Tanja Østlyngen
Satz: hanseatenSatz-bremen, Bremen
Druck und Verarbeitung: GGP Media GmbH, Pößneck
Printed in Germany
ISBN 978-3-404-15951-2

Sie finden uns im Internet unter
www.luebbe.de
Bitte beachten Sie auch: www.lesejury.de

Der Preis dieses Bandes versteht sich einschließlich
der gesetzlichen Mehrwertsteuer.

I

Es war der 1. Mai, und ich wusste das.

Nicht nur, weil ich 56,85 Kronen meiner geringen Mittel geopfert hatte, um mir einen Mayland-Bürokalender zu kaufen – als ob ich ein Büro hätte oder irgendwelche Termine, die ich in so ein Buch eintragen könnte –, sondern auch, weil mich der 1. Mai auf eindringliche Art und Weise weckte.

Damit es keine Missverständnisse gibt: Ich bin mit Herz und Seele Anhänger des Fortschrittes der Arbeiterklasse, und ich habe den tiefsten Respekt gegenüber dem Zusammenhalt und der Solidarität der Unterdrückten und Geknechteten. Aber dann liegt man am frühen Vormittag auf seiner Matratze und träumt nach einer langen und harten Nacht immer die gleichen Träume. Und dann wird einem die Bettdecke von Blasmusikfetzen und Chorgesang vorm Fenster brutal in Stücke gerissen.

Völker hört die Signale
auf zum letzten Gefecht!
Die Internationale
erkämpft das Menschenrecht!

klang es von draußen, während die Prozession vorbeidefilierte. Einen Augenblick dachte ich, ich wäre mein eigener Großvater. Dann ging mir auf, dass es sich nur um den alljährlichen 1.-Mai-Zirkus handelte, so unumgänglich ordinär und langweilig wie das plan- und perspektivlose Gerede der Studenten um das Pferd auf Kongens Nytorv herum einen Monat später. Bestimmte Dinge ändern sich nie, jedenfalls nicht in Dänemark. Heute war für diese Leute jedenfalls ein großer Tag. Heute würden sie ein oder zwei Stunden lang im Zug mitlaufen bis sie den Fælledpark erreichten, wo schale Biere und mindestens genauso abgestandene Reden auf sie warteten, und dann würden sie im Gleichklang mit dem Voranschreiten des Nachmittags immer solidarischer werden, während immer neue, immer eifrigere Redner ihnen erzählten, wie solidarisch sie doch waren – mit exakt den gleichen Klischees, die sie die letzten dreißig Jahre hindurch benutzt hatten, jedenfalls solange ich lebe und von Zeit zu Zeit meine Ohren benutze.

Hinterher werden sie in die Kneipe zum Nachspülen gehen und dann irgendwann spätabends nach Hause kommen und die Solidarität bis zum nächsten 1. Mai vergessen.

Während ich mich von meiner Matratze erhob und mich mühsam auf die Füße stellte, um aus dem Fenster zu gucken, soweit sich dieses Projekt bei meinen nicht besonders sauberen Fenstern durchführen ließ, defilierten sie langsam mit Hunderten roter Fahnen vorbei. Das sah hübsch aus. Man konnte es fast als schön bezeichnen. Außerdem konnte man ein ganz klein wenig neidisch werden, wenn auch nur für einen kurzen Augenblick, darüber, wenn nicht wegen anderer Dinge, dann deshalb, weil es so viele waren, die sich einig waren, dass sie alle am gleichen Tag mit roten Fahnen herummarschieren und das gleiche Lied singen wollten.

Und wie damals, als ich als Kind plötzlich eine Zirkusparade unten auf der Straße hörte, war ich kurz davor, rauszuspringen und hinterherzutrollen, wie man es als Kind macht, einfach nur, um dabeizusein.

Aber ich war kein Kind mehr. Ich war ein erwachsener Mann mit einem eigenen Mayland-Bürokalender, und ich gehörte nicht zu dieser Demonstration. Ich war und bin ein freier Journalist mit schwankendem Einkommen, keinem Urlaubsgeld, keiner Sozialversicherung, keiner gesetzlich vorgeschriebenen Frühstückspause, keiner tariflichen Bezahlung und keiner Preisliste, aber mit meiner Schreibmaschine, meiner Wohnungsmiete und meinem Glück als den einzigen drei festen Punkten in meinem Dasein.

Brüder, lasst die Waffen sprechen!

klang es durch die Istedgade, als die Internationale beendet war. Sie marschierten weiter, und zu meiner Freude sah ich ein paar Kinder, die hinterherliefen, jedenfalls ein Stück, soweit es ihnen von ihren Eltern erlaubt worden war. Wären es drei Elefanten oder eine New-Orleans-Jazzband gewesen, wären sie auch mitgelaufen.

»Lasst die Waffen sprechen!«

»Lasst die Waffen sprechen!«, gesungen von mehreren hundert Frikadellenmäulern, Bratwurstbäuchen, Bierärschen! »Lasst die Waffen sprechen!«, gesungen von Hunderten von Kehlen, die spätabends, wenn sie reichlich betankt nach Hause gehen, trotz der Solidarität Angst haben werden vor dem Wesen, das sie »Muttchen« nennen. »Lasst die Waffen sprechen!«, bis der Meister ihnen zehn Öre mehr die Stunde bietet!

Nachdem ich mich übergeben und mir kaltes Wasser ins Gesicht gespritzt hatte, waren sie verschwunden, aber deshalb fühlte ich mich nur noch einsamer. Da stand man an einem 1. Mai da, nicht einmal eine rote Fahne oder ein Blasorchester zur Hand.

Nun ja, man soll ja nicht klagen: Irgendwas hat man schließlich immer. Ich zum Beispiel hatte meinen Kater und meine Hose.

Es geschah, als ich Letztere anzog, dass das Telefon klingelte.

»Tag, mein Junge«, sagte eine unverschämt gutgelaunte und vitale Stimme, die ich sofort mit einem süßlichen Ekelgefühl wiedererkannte.

Sie gehörte Chefredakteur Otzen. Otzen ist der Chefredakteur vom »Bladet«, für das ich als Freier arbeite, falls ich arbeite, das heißt so selten wie möglich. Ich war dort einst festangestellt, bis ich es leid wurde, immer nur Lakai zu sein. Nicht einmal zu einem simplen Lakaienjob tauge ich. Also bin ich Freier geworden, das heißt eine ausgetüftelte Kombination von Scheckritter und Hungerkünstler, bis ich plötzlich das Glück hatte, in eine Reihe von Morden in meinem eigenen Viertel gleich um die Istedgade herum verwickelt zu werden, und, wie der reinste Wunschtraum, der einzige

7

Journalist war, der die Hintergründe der Morde kannte. Vorher war ich ein herrenloser Hund gewesen, den jeder anpinkeln konnte. Danach war ich für Chefredakteur Otzen der Traum eines Mitarbeiters, und nach der Titelseite, die dabei herauskam, wurde ich, was in seinem Oberleutnantstonfall mehr als merkwürdig klang, »Mein Junge«.

»Guten Morgen«, antwortete ich sauer. Ich war dabei, meine Hose zuzuknöpfen. Ich habe mich nie mit Knöpfen anfreunden können. Ich gehe davon aus, dass es mit Knöpfen so ist wie mit vielen anderen Dingen im Leben, zum Beispiel Kindern und Hunden: Entweder man mag sie oder man mag sie nicht, sie gehen davon aus, dass man sie versteht oder nicht. Knöpfe und ich haben einander nie verstanden, wir konnten uns noch nie leiden. Meine Knöpfe nehmen immer Reißaus vor mir, sobald sich eine Gelegenheit dazu bietet, eines späten Abends in einem Café oder Hotel nehmen sie endgültig Abschied und verschwinden von meiner Kleidung, vielleicht um zu knopffreundlicheren Besitzern überzulaufen, die sich ihnen gegenüber besser verhalten, wer weiß.

»Wie geht's?«, fragte Otzen höflich.

»Tja …«, antwortete ich.

Das war keine Lüge. Genau so ging es. Es ging tja …

»So langsam ist es reichlich lange her, dass du für uns was geschrieben hast.«

Damit hatte er vollkommen recht. Genaugenommen hatte ich nicht einmal einen einzigen Einspalter auf der Rückseite seit meinem bereits erwähnten Titelblatt geschrieben. Und das war einen Monat her.

»Ich hab da was für dich«, fuhr er fort, unverändert begeistert, als würde mein vom Kater geprägtes Gegrunze ihn nicht im Geringsten beeindrucken.

Als Mensch hasste ich ihn. Als Chefredakteur musste ich ihn gegen meinen Willen bewundern. Leute wie Otzen mit seinem eisernen Willen sind wie geschaffen für den Posten eines Chefredakteurs, Leute, die einfach andere Leute anrufen, bevor die ihren Kater fortgespült haben, und denen mit Ideen kommen.

»Ja?«, sagte ich.

Das war bereits meine zweite Antwort an diesem Morgen. Von »Tja« zu »Ja«. Es ging voran. Ungefähr in einer Stunde würde ich vielleicht schon meinen eigenen Namen aussprechen können.

»Wir haben ein Telegramm bekommen«, sagte Otzen. »Eine Intim-Masseuse ist in Rodby mit einem Messer niedergestochen worden. Der Mörder ist natürlich höchstwahrscheinlich ein Kunde, und die Polizei hat einen jungen Kerl festgenommen, der um den Tatzeitpunkt herum in der Live-Show war, ca. um Mitternacht letzte Nacht. Aber es gibt Gerüchte, dass da was faul ist und dass sie ihn nur eingebuchtet haben, um jemanden zu haben. Aber egal: Was hältst du davon, mal dorthinzufahren und die Dinge ein wenig zu betrachten? Wie gesagt, es ist lange her, dass du was gemacht hast, und früher hattest du mit Kriminalsachen doch eine glückliche Hand.«

»Schon«, sagte ich, mit ständig erweitertem Wortschatz, »Schon, aber …«

»Es ist ohne jede Verpflichtung, mein Junge!«, erklärte Otzen sofort väterlich. »Schau's dir mal an und lass uns sehen, was du rausfinden kannst. Gibt es nichts Neues, wirst du kein böses Wort hören, aber ich habe so ein Gefühl, als wäre das so eine der Sachen, die sich noch entwickeln werden. Nun, was ist, fährst du rüber? Das Bladet übernimmt natürlich deine Kosten … ohne auf die Öre zu gucken, hö hö …«

»Ich kann die Provinz nicht vertragen.«

Nun war ich wach genug, um ganze Sätze zu formulieren.

»Ist doch nur für ein paar Tage. Er wird morgen dem Gericht vorgeführt.«

»Wer ist er?«

»Du kannst es selbst in den Morgenzeitungen lesen, es heißt, er ist leicht debil, ein nicht besonders heller Junge, der schon lange arbeitslos ist und früher mehrmals im Krankenhaus war.«

»Ist das nicht eher eine Story für Jens?«

Immer besser. Jetzt war ich schon in der Lage, hämisch zu sein. Jens war mein sogenannter »Kollege« und Spezialist fürs Menschliche beim Bladet. Ein Psychopath, der eine Hure umbringt, müsste exakt sein Stoff sein. Er würde alle Abonnenten dazu bringen, wochenlang vier Spalten lang Rotz und Wasser zu heulen.

»Ich möchte aber gern, dass du mal nachschaust«, sagte Otzen chefdiplomatisch. »Willst du?«

Ich durchwühlte blitzschnell den Müllcontainer, den Psychiater wohl mein Bewusstsein nennen würden, bis sie ein längeres Wort dafür fänden. Es gab nichts, was ich zu tun hatte. Es gab keine Hindernisse. Und ein bisschen Geld hat noch niemandem geschadet, während zu wenig Geld sich schon für viele als lebensgefährlich erwiesen hat.

»O. k.«, sagte ich. »Ohne Garantie.«

»Schön«, sagte Otzen. »Dann nimm doch die Nachmittagsmaschine, dann bist du abends da und kannst dich schon vor dem richterlichen Verhör ein wenig umschauen. Hast du Geld?«

»Sonst rufe ich an«, antwortete ich.

»Ausgezeichnet«, sagte Otzen. »Schön, sehr schön. Viel Glück dann. Und ruf mich an. Tschüs.«

»Tschüs«, sagte ich, wieder in den alten einsilbigen Wortvorrat zurückfallend.

Und zurück in dem alten journalistischen Trott, obwohl ich mir doch schon tausend Mal geschworen hatte, mich nicht wieder überreden zu lassen.

2

Als ich aufgelegt und ausgiebig geflucht hatte, was mindestens eine Viertelstunde in Anspruch nimmt, wenn man nur einigermaßen sorgfältig vorgeht und keine Frau hat, die das für einen übernehmen kann, ging ich runter zu Ronnie, um dort meinen Morgenkaffee zu trinken und Zeitungen zu lesen.

Die brachten nicht viel mehr als das, was Otzen gesagt hatte. Eine »Intim-Masseuse« – die Götter mögen wissen, warum es nicht einfach Hure wie in alten Zeiten heißt – war niedergestochen worden, vermutlich bei der Ausübung ihrer ehrenhaften und nützlichen Arbeit, denn sie war halbnackt gewesen. Keine Bilder, was mussten die Fotografen sich doch ärgern. Ein Kunde war festgenommen worden. Ansonsten Verschleierung, Schweigen und Unwissenheit.

Immer noch über meinen Kater fluchend und darüber, dass ich nicht genug Charakterstärke gehabt hatte, Chefredakteur Otzen zu bitten, sich doch zum Teufel zu scheren, bestellte ich telefonisch für 15.30 Uhr ein Flugticket nach Rodby.

Nicht dass Rodby so furchtbar ist, oh nein. Hätte ich die Wahl, mit zwei hungrigen Tigern allein in einem Käfig zusammenzutreffen, eine Wagneroper in voller Länge anzuhören oder ein paar Tage in Rodby zu verbringen, dann würde ich Letzteres wählen. Aber dennoch waren es schlimme Aussichten.

Ich war schon in Rodby gewesen. Klar, es gibt wohl kaum einen Dänen, der noch nicht in Rodby gewesen ist. Aber es sind sicher nur wenige, die schon durch die Straßen dieser Stadt gelaufen sind.

Rodby gehört nämlich zu den Städten, die vor allem aufgrund ihres Bahnhofs existieren. Es ist Dänemarks siebt-, acht- oder neuntgrößte Stadt, und niemand würde sie kennen, wenn sie nicht seinerzeit als Bahnhofsstadt angelegt worden wäre. Und zwar zu einer Zeit, als die Dinge noch ganz einfach waren, und wenn man in Dänemark herumreiste, war man entweder auf dem Weg nach Kopenhagen und kam von Århus, oder man war auf dem Weg nach Århus und kam aus Kopenhagen. Rodby lag genau in der Mitte und war der Punkt, an dem viele Eisenbahnlinien, so viele, wie es in einem kleinen Land eben geben kann, sich trafen. Der Nordexpress, der Südpfeil, der Mittelblitz und wie die muntere Werbeabteilung der DSB ihre allesamt langweiligen Lokomotiven sonst noch so nannte, sie trafen sich alle in Rodby und tauschten innerhalb von zehn Minuten ihre Passagiere untereinander aus.

Deshalb ist Rodby den meisten Dänen vertraut, aber nur vom Zugfenster oder vom Bahnhofscafé aus, von dem sich ein großartiges Panorama über das darbietet, was der örtliche Touristenverband in seinen vergebens lockenden Broschüren als »den schönen alten Stadtmarktplatz« bezeichnet, mit einem Denkmal des Gründers von Rodby, des Staatsrats P. C. S. Schilling, der einen Meter über der Erde steht, womit seinem Profil ganz gewiss am besten gedient ist.

»Rodby – alle umsteigen« ist aus gutem Grund zu einer nationalen Redensart geworden.

Aber Rodby hat sich natürlich seit damals entwickelt. Um den Bahnhof herum ist eine mittelgroße Stadt gewachsen. Rodby liegt so verflucht zentral, deshalb ist sie zu einer Tagungs-, Versammlungs- und Kongressstadt geworden. Wenn man sich in einer Firma oder Organisation nicht einig werden konnte, ob man sich nun in Kopenhagen oder Århus treffen sollte, gab es immer einen schlauen Kopf, der vorschlug, doch einfach Rodby zu nehmen. Deshalb waren die Hotels in der Stadt wie Pilze aus dem Boden geschossen, und deshalb war der Ort in vielerlei Hinsicht größer, als er eigentlich war. Und deshalb war Rodby auch eine der ersten Provinzstädte in Dänemark, die ihren eigenen echten dänischen Flughafen bekam. Wie Dänemark für die Schweden und Norweger einen Durchfahrtsweg nach Europa darstellt, so ist Rodby der Durchfahrtsweg der Dänen nach Norden oder Süden.

Rodby hat auch einen Fischereihafen und zwei Volkshochschulen, was beweist, dass es eine echte dänische Stadt ist, auf Hering und Kirchengesang gebaut.

Ich kannte Rodby besser als die meisten. Ich war nicht nur tausende Male durchgefahren, sodass ich im Schlaf das Bild des Marktes mit dem Denkmal des Staatsrates Schilling vorm Hotel Rodby wiedererkennen könnte, ich hatte in meinen früheren Jahren als Musiker im Jazzklub von Rodby gespielt und mehrmals in der

Stadt übernachtet. Hin und wieder hatte ich sogar Freundinnen in Rodby gehabt. Freundinnen für eine Nacht. Kurzzeitorgasmen.

Ich rief ein Taxi und ließ mich zum Flughafen kutschieren, gewappnet mit meinem kleinen Handkoffer, der den Bausatz für den Mann von Welt beinhaltete: Rasierapparat, Unterwäsche, Hemden und Strümpfe zum Wechseln, eine kleine Flasche Whisky, ein bisschen Haschisch für die möglicherweise einsamen Nächte, ein paar Bücher zum Lesen. Reise mit leichtem Gepäck – spare Energie, Benzin und Wartezeit am Laufband der Gepäckausgabe.

Bereits auf der Fahrt aus der Stadt hinaus verschlechterte sich meine Laune.

Aus meiner Schulzeit erinnerte ich mich noch dunkel an irgend so einen Isländer, der Gunnar hieß, irgendeinen Job hatte und in einer Saga aus seinem Landstrich fortgejagt wurde. Und da stand er nun, sollte sein Land verlassen, und sagte: »Schön ist der Hügel!«, und wollte nicht gehen.

Dann haben sie ihn sicher erschossen, aber egal. Mir geht es genauso. Jedes Mal, wenn ich aus Kopenhagen fort soll, wird mir schmerzhaft bewusst, wie schön Kopenhagen ist, und wie schwachsinnig und hässlich alle anderen Orte sind, besonders alle anderen Ortschaften in Dänemark. Als wir an Amager vorbeifuhren, war ich kurz davor, den Fahrer zu bitten, umzukehren, denn der Hügel in der Istedgade war wacker. Aber dann fiel mir ein, was Gunnar zugestoßen war, und das war noch vor Chefredakteur Otzens Zeiten.

So erreichte ich den Inlandflughafen die empfohlenen dreißig Minuten vor dem Abflug, ließ mich für die IMS 113 einchecken, meinen Koffer wiegen, bekam im Flughafenrestaurant ein Bier ausgeschenkt und wartete, dass meine Maschine ausgerufen würde.

Mit den wahrscheinlich auch empfohlenen zehn Minuten Verspätung geschah es, »Flug 205 nach Rodby«, und ich stellte mich in die Schlange.

Da traf mich der Schock des Tages: ein Nacken.

Ein Nacken, das klingt vielleicht nicht nach viel. Als gäbe es nicht genügend Nacken in diesem Land, als würde nicht ein jeder

13

mit einem Nacken herumrennen, als könnte man nicht jederzeit einen Nacken finden, den man anglotzen konnte.

Aber dieser Nacken war etwas Besonderes. Er war gleichzeitig hart und weich. Er war stolz und zäh, und dennoch schien er ein wenig zu grinsen. Es war ein Schwanennacken, ein Schwanenhals.

Und über ihm war schwarzes, glattes Haar, das den Wunsch hervorrief, seine Nase hineinzutauchen, und darunter war einer der hübschesten Rücken, die ich jemals gesehen habe.

Was unter dem Rücken war, darüber möchte ich nicht reden, mein Ruf ist bereits schlimm genug.

Das Merkwürdige war, dass ich das Gefühl hatte, diese Person zu kennen.

Und dem war auch so. Als sie zur Ticketkontrolle kam, drehte sie sich halb um, und ich sah, dass es Gitte Bristol war.

Gitte Bristol hatte ich vor langer Zeit gesehen, unten bei Ho Ling Fung, wo ich oft meine bescheidenen Mahlzeiten einnehme, allein oder mit jemandem, der meine Gedanken unterbrechen und zerstreuen kann. An besagtem Abend, als ich sie sah, verliebte ich mich augenblicklich in sie und fragte Ho nach ihr aus. Mit seiner eleganten asiatischen Höflichkeit erzählte er mir, dass sie Rechtsanwältin sei und um die Ecke wohne. Mit meiner platten skandinavischen Unhöflichkeit machte ich mich auf und überprüfte die Angaben, sodass ich ihren Namen und ihre Adresse hatte, und seitdem habe ich immer mal wieder von ihr geträumt.

So ist das: Man sieht eine solche Frau kurz in einem Restaurant und überlegt fieberhaft, wie und wann man ihr beichten kann, dass sie die Frau ist, nach der man die letzten fünfunddreißig Jahre gesucht hat. Man versucht hektisch, eine Form zu finden, die nicht allzu idiotisch wirkt. Und während man draußen zum Pinkeln ist, verschwindet sie.

Und es ist verdammt schwierig, in einem Rechtsanwaltsbüro anzurufen und zu sagen, man sei der und der und möchte gern über seltsames, seelenerschütterndes, erotisches Knistern in der Luft eines chinesischen Restaurants sprechen.

Aber da stand sie nun, direkt vor mir, und wollte auch nach Rodby.

Irgendwas sagte mir, dass Rodby vielleicht durchaus auch seine angenehmen Seiten haben könnte. Vielleicht war es doch nicht so schlecht, nach Rodby zu fahren. Es schien jedenfalls, als hätte die Stadt begonnen, die richtigen Gäste zu bekommen.

Leider hatte sie keinen Koffer, den zu tragen ich ihr hätte anbieten können.

3

Nichts ist mit den dänischen Inlandflugrouten zu vergleichen. Es macht keinen Unterschied, ob man nach Århus, nach Ålborg, Odense, Karup, Stauning, Sønderborg oder Rodby will, man braucht in allen Fällen jeweils eine halbe Stunde.

Der übliche schwedische Flugkapitän und seine Crew hießen uns willkommen. Die üblichen Schilder blinkten auf und zwangen uns, die Zigaretten wegzulegen. Die üblichen Stewardessen boten Bier, Wasser und Bitter feil. Ein kleines Kind saß mit seiner ununterbrochen mahnenden Mutter in der vordersten Reihe und heulte die ganze Zeit. Ein paar kleinere Grüppchen würdevoller Geschäftsleute auf dem Weg zu einem Kongress verglichen Notizen in großen, wichtig und seriös aussehenden Aktendeckeln von der Sorte, die fünfundzwanzig Kronen pro Stück kosten. Ihre Papiere zeigten nur Tabellen und Kurven.

Gitte Bristol saß vorne im Flugzeug. Als ich hereinkam, sah ich sie nicht, und erst als ich mich automatisch in den Raucherbereich gesetzt hatte, entdeckte ich ihren Nacken zwischen den Nichtrauchern.

Der Inlandflug verlief exakt nach Plan, und wir landeten pünktlich in Rodby, wo wir einem Problem gegenüberstanden, dass typisch für dänische Regionalflughäfen ist: Die Entfernung zur Stadt ist so groß, dass die Autofahrt dorthin genauso lange dauert wie der Flug.

Ich eilte durch die Ankunftshalle, vorbei am Souvenirkiosk mit Rodbys Wahrzeichen: dem Hering in Porzellan und Plastik, vorbei am Café mit SAS-Kolbenkaffee für acht Kronen die Tasse, vorbei an dem Angebot »Avis – Rent a Car« und hinaus auf den Vorplatz.

Der Flughafenbus wartete, aber ich kannte Rodby gut genug, um zu wissen, wie geduldig er durch sämtliche Dörfer der Umgebung zuckelte, auf einem unendlichen Zirkel das unumgängliche Ziel umkreisend, als wäre man moralisch verpflichtet, gewissenhaft jede einzelne Milchkanne in Demut abzuklappern, um dann das sagenumwobene Mekka zu erreichen.

Ich schnappte mir das einzige Taxi, warf meinen Koffer hinein, freute mich, der erste zu sein, weil ich schlau genug gewesen war, meinen Minikoffer als Handgepäck zu deklarieren, und gab dem Fahrer die Anweisung, mich zur Stadt zu ›beamen‹.

Im diesem Augenblick wurde die Tür geöffnet, und eine Frau stieg halbwegs ein. Das heißt, sie blieb draußen stehen, beugte aber ihren Oberkörper hinein.

Die Frau war Gitte Bristol.

»Wären Sie so nett, mir einen Wagen zu rufen?«, fragte sie den Fahrer.

Ihre Stimme klang hell, mit einer sehr zurückhaltenden Würde, und dennoch fröhlich und frühjahrsfrisch wie ein plätscherndes Bächlein. Sie klang wie die Mischung, die sie war: halb Rechtsanwältin und halb Lerche.

»Ich habe bereits Bescheid gesagt«, sagte der Fahrer. »Es werden ein paar Wagen kommen. Aber das wird sicher dauern, weil heute so viel los ist. Wir haben mehrere Kongresse in der Stadt, und heute Abend ist noch die Hochschulabschlussfeier.

Es ist ein etwas besonderer Tag«, fügte er fast verschämt entschuldigend hinzu, als würde er das geringe Service-Niveau bedauern, das man so vornehmen Reisenden zumutete.

Gitte Bristol sah nicht besonders zufrieden aus. Ihre Augenbrauen bewegten sich so schnell auf und ab, dass ich es nicht glauben würde, hätte ich es nicht selbst gesehen. Für eine Sekunde ähnelte die elegante, graziöse Dame einem Werwolf.

»Wollen Sie nicht einfach mitfahren?«, fragte ich galant, indem ich einen unsichtbaren Hut lüftete. »Ich will in die Stadt, und Platz genug ist da.«

»Ja, vielen, vielen Dank«, sagte sie. »Nur einen Augenblick, ich hole eben mein Gepäck. Könnten Sie mir helfen«, fragte sie den Taxifahrer.

»Das tue ich«, sagte ich gewandt und stieg aus.

Dann begriff ich, warum sie bei der Ticketkontrolle in Kastrup kein Gepäck dabei hatte. Alles war bereits im Voraus aufgegeben worden! Sie hatte zwei riesige schwere Koffer, die jeder für sich doppelt so viel wie meiner wogen.

Well, ich kenne die Anforderungen, die von dem sogenannten schwachen, jedenfalls anderen, an mein Geschlecht gestellt werden. Es gelang mir nicht nur, beide Koffer hinauszutragen, darüber hinaus schaffte ich es auch noch, mich unterwegs mit vollem Namen und Beruf vorzustellen.

Sie tat es mir nach und sagte, sie hätte schon häufig meine Artikel gelesen.

In Anbetracht dessen, wie lange es her war, dass ich das letzte Mal etwas geschrieben hatte, fand ich ihre Aussage etwas leichtfertig, aber ich erhob keinen Einwand. Ich begnügte mich damit, ihr zu erzählen, dass ich sie schon einmal gesehen hätte, bei Ho Ling Fung auf der Vesterbrogade. Ich unterließ es diplomatisch, ihr zu berichten, dass allein ihr Anblick mich fühlen ließ, als hätte ich mir die Hoden in einer Garagentür gequetscht. Ich nahm an, diese Information eignete sich nicht sehr gut dazu, lauthals in einer Flughafenhalle in der Provinz verbreitet zu werden.

Bevor wir das Taxi erreichten und der Fahrer mir dabei geholfen hatte, die Koffer zu verstauen, waren wir bereits in ein Gespräch über die Vorzüge der asiatischen Küche vertieft, und von den Vorzügen der asiatischen Küche ist es nicht weit bis zu den Vorzügen

Asiens im weiteren Sinne. Sie hatte sowohl Indien als auch China bereist, war in Benares, Kalkutta, Kanton und Hongkong gewesen.

Nur ein paar Kilometer vom Flughafen entfernt saßen wir schon wie unbekümmerte Kinder da und tauschten Reiseerinnerungen aus an rotfarbenen Reis, dunkelgelbe Curryhähnchen, Bettler im Staub, Mantras, die sich in tiefer Nacht von den Feuern erhoben, an Kinder, die mit Chapadkas in den Händen herumwuselten und an braune, mandelförmige Augen, alte, würdige Männer, die mit ihrer Pfeife in der Hand wie gravitätische Störche daherschritten.

Durch die Taxischeiben schien die Sonne herein. Wir fuhren einen Waldweg entlang, der nach Frühling und Wachstum roch, Maulwürfe gruben unsichtbar, aber hörbar ihre Gänge unter der Erde, über die wir fuhren, Regenwürmer präsentierten einander ihr doppeltes Geschlecht, kleine Vögel schnäbelten, Eichhörnchen sprangen herum, die Bäume sahen aus, als würden sie explodieren vor lauter trächtigem Harz und dem Wunsch, ihre Zweige wirklich ausstrecken zu können, die Erde dampfte vor Trächtigkeit wie eine Geburtsklinik im Reichskrankenhaus.

Und ich lag mindestens drei Drinks hinter der Statistik.

Der Fahrer unterbrach unsere Reiseerinnerungen. Plötzlich wandte er sich halb nach hinten und fragte:

»Wohin wollen Sie in der Stadt?«

Daran hatte keiner von uns gedacht. Ich wusste es jedenfalls von mir, und sie sagte auch nichts und hatte es sich also auch nicht überlegt.

Ich fasste einen festen, reifen Beschluss.

»Ins Zentrum«, sagte ich.

Dann erzählte ich munter konversierend der Rechtsanwältin Gitte Bristol, dass ich ein paar Tage in der Stadt bleiben würde und mir ein Hotel suchen müsste, aber hoffte, möglichst bald zurückfliegen zu können. Ich müsste was untersuchen, merkte ich an.

Das sollte sie auch. Sie habe einen Fall zur Verteidigung in Rodby, sagte sie mit ihrer melodiösen Vogelstimme. Sie solle morgen den jungen Preben Sørensen vor Gericht verteidigen.

Danach war es ganz natürlich, dass ich sie fragte, was der junge Preben Sørensen denn getan hätte. Man kann sagen, das war für einen aufmerksamen Zuhörer eigentlich naheliegend.

»Er wird beschuldigt«, sagte sie, »letzte Nacht eine Frau umgebracht zu haben, eine sogenannte ›Intim-Masseuse‹. Ich kenne ihn nicht, aber ich habe den Fall bekommen. Nach meinen Informationen ist er leicht debil, schwach, minderbegabt, drückt sich schlecht aus … Mehr weiß ich auch nicht. Ich will noch heute Abend mit ihm reden.«

Ich fragte sie, wo sie in Rodby wohnen werde.

»Keine Ahnung«, antwortete sie. »Ich war noch nie hier. Ich habe noch eine Stunde Zeit, also kann ich gleich versuchen, etwas zu finden, bevor ich meinen Klienten treffe.«

Für mich, aber zugegeben, ich war reichlich von ihr angetan, klang das Wort Klient aus ihrem Mund fast wie Klitoris.

Ich richtete mich in meinem Sitz auf und empfahl wärmstens das Hotel Rodby, wo ich selbst ein Zimmer nehmen wollte.

Nicht dass ich behaupten will, Hotel Rodby hätte den Anspruch auf sieben Sterne in einem auch noch so lokalen Baedeker, aber, wie gesagt, ich bin schon ein paarmal in Rodby gewesen, und daher weiß ich, dass das Hotel Rodby zumindest Zimmer mit Bad hat, heißen Kaffee, des abends einen Whisky, wenn nötig – und einigermaßen saubere Handtücher. Sowie Fernseher, Radio und ein Café für diejenigen, die nichts anderes zu tun haben.

Natürlich, andere Hotels in Rodby sind billiger. Andere Hotels in Rodby haben andere Angebote – zum Beispiel Hotel Royal, in dem ich einmal gewohnt habe, und das sich trotz seiner waffenstrotzenden Fassade und seines altertümlichen Hofplatzes als verkapptes Bordell entpuppte, in dem verschiedene dekolletierte Damen einen des Nachts – nach einem starken Auftritt in meiner Musikerzeit – mit der hoffnungsvollen Frage aus dem Bett holten, ob man nicht einen Streichholz hätte. Die Geschmäcker sind natürlich verschieden, und ich persönlich bin nicht jemand, der prinzipiell etwas dagegen einzuwenden hat, dass halbbekleidete Damen um zwei Uhr den Ba-

demantel ganz unzureichend um sich schlagen, um sich nach der
Schwefelhölzersammlung zu erkundigen; aber ein guter Platz zum
Schlafen war es eben nicht. Und wohl kaum ein guter Ort für eine
vielversprechende junge Rechtsanwältin. Sie war sofort fürs Hotel
Rodby.

Als ich ihr halb im Verborgenen in die Augen sah, in diese so
besonderen, selbstständigen dunklen Wesen, konnte ich es nicht lassen, mir vorzustellen, was für ein Aufsehen sie dort erregen würde,
zwischen den Blumendekorationen und den läuferbelegten Fluren.

Wir fuhren um den Markt herum, vorbei am Denkmal von
P. C. S. Schilling mit seinem schiefen, zustimmenden Blick zum
Bahnhof, und stiegen vor dem imposanten Portal des Hotels Rodby
aus, wo ein routinierter, breitschultriger Portier, der sich wie ein
Geist aus dem Nichts materialisierte, dem Taxifahrer ihre Koffer
aus der Hand nahm, während ich bezahlte.

Dann standen wir an der Rezeption, und es war immer noch
Nachmittag. Die Sonne schien noch, und sie war so umwerfend
schön, dass ich ganz vergaß, darüber zu fluchen, dass ich in Rodby
war.

4

Natürlich erwarte ich gar nicht, dass mir irgendjemand Glauben
schenkt, aber erst in dem Augenblick, als wir vor der Hotelrezep-
tion standen, sah ich sie wirklich. Natürlich wird keine nüchterne
erwachsene Person, egal welchen Geschlechts, Alters, welcher Par-
teizugehörigkeit oder Religion, der Behauptung Glauben schenken,
dass ich erst jetzt der physischen Erscheinung gewahr wurde, die
Gitte Bristol heißt.

Aber deshalb ist es nicht weniger wahr. Wahrheit und Unwahr-
scheinlichkeit hängen oft zusammen wie die Kletten oder wie die
konservativen Mitglieder von Kommunalverwaltungen.

Erst jetzt, als wir auf den Empfangsportier warteten und in der Zwischenzeit unsere Blicke über die hinter dem Tresen aufgehängten und auf dem Tresen ausgelegten Broschüren über »Das alte Rodby«, »Rodby und Umgebung« und »Rodbys Museen« wandern ließen, über die Zeitung »Rodby-Post« und Ansichtskarten vom Rodbyer Rathaus, erst in dem Augenblick entdeckte ich – unterbrochen von unruhigen Blicken auf die Hintertür, in der der Empfangsportier sich bald sehen lassen und vor all die Regale mit den Schlüsseln treten würde – erst jetzt entdeckte ich ihr Dekolleté.

Nun war ich bereits seit einer halben Stunde mit einer schönen Frau zusammen und bemerkte erst jetzt ihr Dekolleté! Aber irgendetwas an ihr war merkwürdig, und das zeigte sich genau an dem Phänomen, dass ich die ganze Zeit, die wir gemeinsam im Taxi verbracht hatten, ausnahmslos nur ihre Augen und ihren Mund gesehen hatte. An ihr war einfach so viel von der Eigenschaft, die erstklassige Schauspieler und Entertainer haben: Nähe, das, was die Franzosen présence nennen, das gleiche Gefühl, das man gegenüber einem Tiger oder Elefanten empfindet: Sie leuchten einfach schon durch ihr Dasein, man wird nie irgendwelche Forderungen an sie stellen. Sich wie eine schöne Katze über den Boden zu bewegen ist alles, was sie tun sollen und können; alles, was notwendig ist für sie wie für uns andere, ist einfach die Tatsache, dass sie anwesend sind. Man kritisiert einen Elefanten nicht, man bewundert ihn. Und manchmal ist man einfach so fasziniert von seinem Rüssel, dass es eine gute halbe Stunde braucht, bis man zum Hals kommt.

Erst jetzt sah ich also ihr Dekolleté, und mir wurde schwindlig. Ich hielt mich am Empfangstresen fest und griff fester als notwendig zu, um meine innere Schwäche zu überwinden. Jetzt wurde es wirklich ernst.

Jeder Mann mit dem üblichen Glücksquotienten trifft ein-, zwei- oder dreimal im Laufe seines langgezogenen, elendigen Lebens auf eine Frau, die, ohne dass jemand vernünftige oder rationale, erklärbare Gründe dafür hätte, nur einen Ton von sich gibt, der sich nicht wiedergeben lässt oder auf Ätherwellen daherschwebt, die kein Seismograf aufzeichnen könnte. In gewissen Situationen kann die Frau sich wie ein Zelluloidbild einer Nebenrolle auf einer Filmleinwand in irgendeinem Kino der Umgebung eines Sonntag Nachmittags materialisieren, in anderen Situationen als eine Ansichtskarte einer einbeinigen Tänzerin in Folies Bergères von 1929, aber plötzlich ahnt man mit einem gedankenverlorenen, kosmischen Seufzer, was für ein Mann man hätte werden können, wenn …

Es gibt viele Worte dafür. Keines erklärt etwas. So ist es mit Worten und damit.

Ihr Dekolleté benötigte auch keine Worte. Es morste in einer unterirdischen Unterleibssprache, die keinen Dolmetscher benötigte.

Und als ich dieses bemerkt hatte, entdeckte ich auch, was für Kleidung sie trug. Ich hätte nie gedacht, dass es mir gelingen könnte, so lange mit einem menschlichen Wesen zusammen zu sein, ohne die Kleidung des Betreffenden zu bemerken, aber erst jetzt fiel mir ihr offener weißer Mantel auf, ihr breiter Gürtel, ihr glänzender schwarzer Seidenrock.

Aus irgendeinem Grund, den ich mich in diesen Zeiten nicht traue, öffentlich zu nennen, war ich mit einem Mal beunruhigend dankbar, dass sie nicht irgendwelche verwaschenen, schlampigen, schlackernden Schlotterhosen anhatte.

Ich muss für ein paar Minuten abwesend gewesen sein, denn plötzlich war mir, als fasse sie mich bei der Schulter und wecke mich dadurch aus einer tiefen Trance, wie ich sie manchmal erlebt hatte, als ich in meiner unüberlegten – und dadurch unterhaltsamen – Jugend zum Yoga ging und dort meditierte.

»Ob hier wohl bald mal was passiert?«, fragte sie. Das Tier, das Ur-Tier, das Ich-will-dich-alles-vergessen-lassen-Wesen aus einem nichtexistierenden privaten 1001-Nacht-Märchen, mit einer Stimme, die mich automatisch wieder in einer unterseeischen Meereshöhle verschwinden lassen würde.

Wäre nicht in diesem Augenblick der Empfangsportier hinter

seinem Tresen aufgetaucht, mit einer Verbeugung des Oberkörpers die Wartezeit entschuldigend, während er seinen Kragen in einer Art zurechtrückte, dass man denken konnte, er hätte im Hinterzimmer in dem treuherzigen Glauben geschlafen, dass der Nachmittag sowieso keine neuen Gäste oder andere weltbewegende originelle Überraschungen bieten würde.

Mit einer gentlemanliken Handbewegung ließ ich Gitte Bristol den Vortritt. Sie bat um ein Zimmer mit Bad, Telefon und Fernseher, und bekam Nr. 213 zugewiesen sowie eine Karte, die sie ausfüllen sollte. Während sie dies tat, äußerte ich einen ähnlichen Wunsch und bekam Nr. 217 zugewiesen.

Während sie schrieb, gelang es mir, ihre Personenkennziffer zu lesen. Sie begann mit 111149. Also war sie am 11.11. geboren. Skorpion, und sicher in der Lage, zu beißen.

Nachdem die Karten mit nüchterner und gut lesbarer Handschrift zufriedenstellend ausgefüllt waren, fuhren wir mit dem Fahrstuhl in den zweiten Stock. Unterwegs riss ich mich zusammen und fragte sie, ob sie mit mir essen gehen wollte, falls sie nicht schon eine Verabredung hatte. Sie antwortete, sie habe einen Termin mit ihrem Klienten und müsse zum Untersuchungsgefängnis im Gerichtsgebäude und mit ihm sprechen, um herauszufinden, wie die Sache überhaupt zusammenhing. Es sei keine Zeit zu verlieren, da die Vorführung am nächsten Tag stattfinden solle.

Ich wies schlauerweise besorgt darauf hin, dass sie auf jeden Fall etwas essen müsse, in diesem bekümmert-nachsichtigen Tonfall, der sonst Müttern vorbehalten bleibt, und der deshalb besonders eindringlich aus dem Mund eines noch nicht impotenten Mannes wirkt, denn sonst würde sie nicht genügend Kraft für den nächsten Tag haben, und das würde ihrem Klienten schaden.

Ich fügte noch hinzu, dass ich selbst kein Gegner späten Speisens sei.

Sie sah mit einem Blick zu mir auf, der nichts andeutete, aber so alles durchblickend klar war, dass ich mich durchschaut und peinlich berührt fühlte, und sie sagte, dass sie höchstwahrscheinlich ge-

23

gen 20 Uhr zurück sein würde, aber nicht wisse, wann genau. Sie fragte mich, ob ich wüsste, wo das Gerichtsgebäude liege.

Ich erzählte ihr, dass das Gerichtsgebäude vom Hotel aus in der zweiten Straße rechts und dann die erste links liege, ca. sieben Minuten Fußweg bei normaler Kondition, und dann fügte ich mit klopfendem Herzen, wie ein Gymnasiast vor dem Schulball, hinzu, dass ich ihre Rückkehr zu einem späten Essen entweder in meinem Zimmer oder in der Hotelbar erwarten würde. In den Hauptzügen wurden wir uns einig über das Arrangement, und ich wäre aus dem Fahrstuhl im Siebten Himmel ausgestiegen, wenn sie nicht in dem Augenblick, als wir einander zum Abschied sittsam die Hand reichten, hinzugefügt hätte, dass sie nun ins Zimmer gehen wolle und sich, bevor sie zum Gericht hinüberginge, den Reisestaub abwaschen wolle, indem sie ein Bad nehme. »Ein Bad nehmen!« Manchmal – so hoffe ich, denn sonst wäre es noch viel schlimmer – wissen Frauen gar nicht, welcher Pein sie Männer aussetzen. Von der Sekunde an, als sie das gesagt hatte, sah ich sie nur noch im Bad, ihres Dekolletés beraubt, oder besser wie ein Ganzkörperdekolleté, das Dekolleté der Erdkugel oder des Universums, eine Mischung von Planeten, Himmelskörpern, Fischen, ausgelassenen Tieren, unglaublichen Blumenbeeten und bis dahin unbekannten Kräutern … Ich sah sie unter der Dusche stehen und sich die Seife unter die Achseln reiben, unter den Kiefer, den Rücken entlang, die Beine entlang, bis zu den Aushöhlungen und Rundungen ihrer Lenden, zwischen die Beine. Ich sah …

Genug davon.

Ich glaube nicht, dass ich mich verriet, aber man weiß ja nie.

Ich erreichte das Zimmer Nr. 217, ohne im juristischen Sinne eine Vergewaltigung begangen zu haben, aber unter uns gesagt war ich stolz auf meine unmännliche Zurückhaltung.

Das Zimmer war nett. Es gab ein Doppelbett, ein Schlafsofa, einen Ganzkörperspiegel, Fernseher, einen Sessel, einen Schreibtisch, Telefon, Badezimmer mit separater Toilette.

Ich hängte meinen Mantel auf, zog die Schuhe aus, holte die

Whiskyflasche aus dem Koffer hervor und bot mir selbst einen Willkommenstrunk an, während ich mich langsam an den Anblick des 1001. Hotelzimmers meines Lebens gewöhnte.

Jedes Mal, wenn man sich in einem Hotelzimmer aufhält, ist es das erste, letzte und einzige Mal.

Ich brauchte eine Viertelstunde, um nachzuholen, was ich in meinem täglichen Schnapsverbrauch zurücklag. Dann schaltete ich das Radio an und hörte P3 wie alle anderen nichtberufstätigen Hausfrauen, während ich übertrieben sorgfältig die beiden mitgebrachten weißen Hemden in den Kleiderschrank hängte.

Von irgendwoher hörte ich das Rauschen eines Badezimmers, und ich konnte es mir nicht verkneifen, mir vorzustellen, dass das Gitte Bristol war, die jetzt ihr Bad nahm. Diese Vorstellung bescherte mir eine so abstehende Fahnenstange in der Hose, dass ich gezwungen war, sie auszuziehen, um unnötige Schmerzen zu vermeiden, und als ich schon so weit war, entschied ich mich, ihrem Beispiel zu folgen und ins Bad zu gehen. Ich wusch mich gründlich, während Danmarks Radio mit aller Kraft versuchte, mich damit zu unterhalten, was der Discjockey des Tages in der Rosenørns Allé aus der Diskothek drei Stockwerke unter seinem Studio drei Minuten vor Deadline mitgebracht hatte: die übliche verzweifelte Für-jeden-etwas-Mischung von Osvald Helmuth, Mantovani, Leo Mathisen, Ivan Rebroff, Beatles, W. A. Mozart und Raquel Rastenni.

Während ich mich wusch, dachte ich an den ganzen blöden Quatsch, den man heute über »den freien Menschen« hört und liest. Der freie Mensch ist doch für 'n Arsch! Allein der Gedanke an »Einen freien Menschen« mit einem Arsch! Wir sind von Anfang an dazu verdammt, einen großen Teil unserer Zeit, das heißt: unseres Lebens, zu verwenden, um zu essen, zu scheißen, zu schlafen und uns zu waschen. Das ist es, was die Existenz ausmacht. Und nur die Löcher in diesen ewigen biologischen Prozessen sind das, was wir selbst als unser »eigentliches« Leben auffassen, und das ist es, womit sich die Nachkommen später in ihrem Nachruf feierlich beschäftigen werden: die für jedes menschliche Wesen speziellen Stunden, in denen es weder isst, scheißt, schläft noch sich wäscht.

Nun ja, man darf sich nicht beklagen, jedenfalls nicht als Mensch. Denn viele andere Säugetiere verbringen achtzehn Stunden am Tag, also Dreiviertel ihres Lebens, allein damit, Futter zu suchen.

Als ich aus dem Bad herauskam, war auch das andere Bad beendet, und Gitte war vermutlich mit Teilen des mitgebrachten Inventars, sicher von bester Qualität, wenn es zu ihr passen sollte, aus einem ihrer zwei schweren Koffer entsprechend gekleidet. Dafür hörte ich nunmehr Lärm und Stimmen aus dem Zimmer zwischen uns, Nr. 215 – Männerstimmen drangen durch die Wand, es waren mindestens drei oder vier. Worte waren nicht zu verstehen, so gut war das Hotel immerhin isoliert, aber es handelte sich offensichtlich um eine Art organisiertes Treffen. Die Anwesenden sprachen in höflichem Tonfall, einer nach dem anderen, und ihre Stimmen klangen fast verständnisvoll und vertraulich.

Es war, wie Danmarks Radio in einem außerordentlich autoritären Augenblick von sich gab, achtzehn Uhr. Danach schalteten sie zum Regionalsender um.

Da ich bereits in der Provinz war, erschien mir das nicht besonders exotisch, lieber legte ich meinen Mantel ordentlich zusammen, nahm ihn wieder hoch, warf meinen Koffer zu, zog mich einigermaßen standesgemäß an und schloss sorgfältig meine Zimmertür, um ein paar Stunden totzuschlagen, bis Gitte Bristol zurückkommen würde.

Ich konnte die Zeit totschlagen, indem ich einen Spaziergang durch Rodby machte, aber dafür brauchte ich höchstens eine Stunde, und ich hatte mindestens zwei.

Also tat ich das, was jeder vernünftige, durstige Hirsch im Tierpark machen würde: Ich suchte nach einer Wasserstelle. In Menschensprache: Ich nahm den Fahrstuhl runter in die Hotelbar.

5

Die Bar des Hotels Rodby heißt »Die Wurzel« und liegt, wie ich noch schwach erinnern konnte, ganz links im Gebäude. Von der Rezeption aus geht man durch den Frühstücksraum mit seinem abgestandenen Geruch nach ausgedienten Brötchen, und dann liegt sie auf dem Weg zum Restaurant in der stillen Hoffnung, dass die Mittagsgäste ihre internationale Klasse und ihre gute Erziehung beweisen wollten, indem sie vor der zähen Schuhsohle einen Dry Martini zu sich nehmen.

Es war ziemlich voll. Drei, vier junge Paare saßen zusammen an dem einen Ende, zwei ältere Paare an dem anderen, ungefähr in der Mitte zwei Handelsvertreter, die die Ergebnisse des letzten Wochenumsatzes verglichen. Beide sollten am nächsten Tag weiter nach Ringkøbing, was ich erfuhr, während ich mir den Weg zum Tresen bahnte.

Ich enterte einen Barhocker, bekam einen Whisky »doppelt ohne Wasser und Eis, bitte« und ließ ihn die Kehle herunterrinnen, während ich die alten Bilder von Rodby in den 90ern des letzten Jahrhunderts betrachtete. Damals muss Rodby eine niedliche Stadt gewesen sein. Alle Männer auf den Fotos waren breitschultrig, schwarz gekleidet und bärtig, und alle Frauen waren zierlich, blond, zart und weiß gekleidet.

Über der Bar hing die Reklame für die Lotterie zugunsten des Kinderhilfswerks auf einer halbrunden Pappscheibe. Die weißen Papierröhrchen der Lose waren auf beiden Seiten flachgedrückt. Sie sahen wie Joints aus.

Das brachte mich auf eine Idee, die ich sicherheitshalber auf der Herrentoilette realisierte.

Dann ging ich mir die Stadt ansehen. Rodby, Du Stadt Meiner Träume.

Rodby hatte sich nicht sehr verändert, seit ich das letzte Mal vor vier oder fünf Jahren hier gewesen war. Vom Hotel Rodby ging ich schräg über den Marktplatz mit seinem unvermeidlichen Staatsrat

Schilling zum Bahnhof, dem Knotenpunkt und Lebensnerv der Stadt, und trank ein Bier im dortigen Restaurant, wo sich die Hälfte der Bevölkerung versammelt zu haben schien. Sie saßen an den kleinen viereckigen Tischen und sagten einander Dinge, von denen ich überzeugt war, dass man sie, ein Wort wie das andere, ohne jede Variation, gleichzeitig und synchron auf den Bahnhöfen von Århus, Silkeborg, Randers und Haderslev hören könnte.

»Weißt du, und dann hat er versucht, es dem Hansen zu verkaufen, aber das wurde nichts …«

»Ja, aber was soll ich ihr denn sagen?«

»Ich sage es dir am besten gleich, Mann, damit finde ich mich nicht ab. Verflucht, ich sage es rundheraus, was ich davon halte, jawohl, das mache ich. Ich habe verdammt noch mal keine Angst vor dir!«

»Aber der Scheiß ist ja, dass ich ihn liebe. Er ist ein blödes Schwein, aber ich liebe ihn.«

»Soll'n wir noch einen nehmen?«

Letzteres schien das allgemeine Motto zu sein, und ich dachte, ich gehe lieber, und wenn nur der Abwechslung wegen. Es scheint, als wären die Bahnhöfe in den letzten Jahren der Zentralsumpf der Provinzstädte geworden, der Ort, an dem der deprimierendste Suff ununterbrochen vom frühen Morgen bis in die späte Nacht ohne Einlage anderer Art vonstatten geht. Immer sitzt jemand da und meckert, immer gibt es eine Gruppe Hoffnungs- und Arbeitsloser, immer ist dort ein Paar zu finden, das nie genau weiß, ob es nun weiterhin zusammenbleiben soll; es gibt ein Grüppchen Reisender mit Zeitungen und wachsamen Blicken sowohl auf ihre Koffer wie auf die Restaurantuhr. Und dann ist da immer die Bedienung, und die Bedienung in einem durchschnittlichen DSB-Restaurant ist eine Frau, von der man schon im Voraus weiß – wenn man nur einen Blick auf ihren zusammengekniffenen Mund geworfen hat –, dass sie entweder keinen Mann hat oder zumindest einen, der ihr nicht die geringste Befriedigung verschafft. Ihr Leben ist eine schwere Pflicht, und das strahlt sie meilenweit aus, während sie mit Märtyrermiene ein weiteres kaltes Tuborg aus dem Kühltresen hervorholt.

Der Bahnhof in Rodby ist natürlich Nachbar des Postamtes. So soll es nach einer Verordnung für dänische Provinzstädte sein, und so ist es auch. Danach folgen das Rathaus und der Konsum, und links vom Konsum kommt die Fußgängerpassage mit ihrem groß anpreisenden, knallroten 72-Punkt-Plakat-Angebot für Johnny Reimars Schlumpf-Party-Schallplatten, fürs Hafenfest in der nächsten Woche, klassische englische Tweed-Anzüge im Rodbyer Herrengeschäft und Käse für die wählerischen Kenner. In der Fußgängerpassage gibt es vier Gasthäuser, weshalb sie in Rodbys Touristikbroschüren als »Die muntere Ecke der Stadt« bezeichnet wird. Die Munterkeit besteht vorwiegend aus zahnlosen Säufern – in der Broschüre als »Originale und Bohemiens« bezeichnet –, die sich hier herumtreiben und versuchen, sich auf dem Asphalt aufrechtzuhalten, während sie den Vorbeieilenden Schimpfworte hinterherrufen, wenn ihnen danach ist, oder versuchen, diese anzubaggern, wenn sie auf dem Dampfer sind. Das ist die gewöhnliche Form dänischer Munterkeit und Lebensfreude.

Vor dem Weingeschäft stand eine ältere, zahnlose Frau mit einer Flasche Kirschwein in der Hand und murmelte, das heißt, es sah aus, als hätte sie bisher nur etwas in ihre zitternden, spuckeverklebten Mundwinkel hineingebrabbelt. Mein Auftauchen in der Passage ermunterte sie ganz offensichtlich. In dem Augenblick, als ich an ihr vorbeiging, rief sie: »An deinen Händen klebt Blut!«

Sofort blieben ein paar vorbeieilende Hausfrauen mit schweren Einkaufsnetzen in der Hoffnung stehen, noch am selben Abend etwas erzählen zu können, womit sie die Nachrichten im Fernsehen unterbrechen konnten. Der Inhaber einer Wäscherei – »Hemden binnen 24 Stunden fertig« – kam ganz zufällig vor die Tür. Ich sah unwillkürlich auf meine Hände. Sie waren vollkommen fleckenfrei, so fleckenfrei wie das Kleid Ihrer Majestät, der Königin Margrethe – pardon: die Robe – beim Empfang ausländischer Präsidenten bei deren offiziellem Besuch auf Amalienborg. »Du bist ein Mörder!«, fügte sie mit einem hohen, quäkenden Diskant hinzu. »Du bringst Menschen um! Du bist ein Faschist! Du hast kalte Augen!«

Viele Anklagen auf einmal, zu denen man Stellung nehmen sollte. Trotz der Hausfrauenaugen, die mich bereits verurteilt hatten, gelang es mir, mich in eine der Seitengassen zu flüchten, wo ein paar kleine Mädchen seilhüpften. Ich überlegte einen Augenblick lang, ob ich vorbeigehen könnte, ohne beschuldigt zu werden, ein Kinderschänder zu sein, der achtjährigen Mädchen unter ihre unschuldigen Springseile guckte. Es gelang mir.

Die Straße war ruhiger als die Fußgängerpassage. Aus den Fenstern wehte Essensgeruch, Kinder wurden reingerufen, ein Fahrrad nach dem anderen abgestellt und sorgfältig an dem Regenrohr angeschlossen. Die Häuser waren klein, rot-gelb und niedrig. Ruhe und Frieden herrschte über diesem Teil Rodbys, und die ganze Straße sah aus, als wäre sie für irgendeinen freien Platz im Freiluftmuseum ausersehen – »Dänische Kleinstadt, 20. Jahrhundert«.

Aus den offenen Fenstern war Zank zu hören, Pst-Rufe, Ermahnungen, eifrige Fragen, Anekdoten und Hintergrundradio. Es war die Zeit, in der sich Mann und Frau treffen, Frau und Kinder sich treffen, in der die Familie zusammenkommt, jeder mit seinem Tag im Hinterkopf und versucht, ihn den anderen zu übersetzen. Diese Stunde erinnert mich immer an meine Kindheit, es ist die Stunde des Friedens und der Rituale. »Alte Geschichten erfüllen die Luft« hätte mein alter Freund Bill Burroughs wohl gesagt.

Ich riss mich los und ging schräg rüber zur nächsten Querstraße, in der ich ein Restaurant fand, das bei meinem letzten Aufenthalt in Rodby noch nicht dort gewesen war. »Brot & Wein« hieß es, und ich hatte keine Zweifel, dass es lokal »Rotwein« genannt wurde. Es sah gut aus. Es sah exakt auf diese fantasielose Art und Weise gut aus, wie alle anderen dänischen Restaurants, die in den letzten Jahren so gestylt wurden, dass sie gut aussehen. Es hatte weißgescheuerte Tische. Es gab Stoffservietten. Auf runden Regalen waren eine Unmenge Rotweinflaschen ausgestellt. Es war nur zwischen siebzehn und zweiundzwanzig Uhr geöffnet, die Preise waren hoch, und es bestand kein Zweifel, dass sie nur edle französische, fettmarmorierte Charolais-Beefsteaks servierten und den ganz speziellen Birnenschnaps zum Dessert hatten.

Ich beschloss, dass Gitte Bristol und ich wohl hier essen gehen würden.

Die nächste Straße – die Seitengassen zur Fußgängerstraße waren Rodbys kleine Innere Stadt, Rodbys Quartier Latin und Minenfeld – bot unter anderem Rodbys einziges Buchantiquariat, den Secondhandshop der Heilsarmee mit den alten, aussortierten Kupfertöpfen und Kinderkleidern, die zweifellos der Rodbyer Jugend in den 40ern hervorragende Dienste geleistet hatten. Außerdem gab es hier »Gynther«, Rodbys zügellosen Jugendtempel für Jazz und Rockmusik, ein unglaublich lebendiges, kleines, dunkles Loch mit schwarz gestrichenen Wänden, wo ich in meiner verruchten Musikervergangenheit mehr als ein Mal für weniger als dreihundert Kronen einen sogenannten »Abend« lang gespielt hatte, der sich dann von einundzwanzig Uhr bis zwei Uhr erstreckte. »Gynther« hatte natürlich noch nicht geöffnet.

Ich kreuzte zurück und zog meine Kreise, ohne etwas besonders Bemerkenswertes zu erleben, und plötzlich stand ich nach dem simplen Gesetz des Zufalls vor dem Gerichtsgebäude.

Das Rodbyer Gericht ist eine imposante Angelegenheit, geplant von einem Architekten, der offenbar die Vision hatte, den Buckingham Palace erneut zu errichten. Der Klotz ist so breit und ragt so weit in die Höhe, dass er Rodbys ansonsten so stilvolles Layout vollkommen zerstört. »Mit dem Gesetz soll das Land errichtet werden« steht über dem Portal, das aussieht, als brauchte man drei Erd- und Betonarbeiter, um es zu öffnen.

Da saß Gitte Bristol jetzt drin. Allein der flüchtige Gedanke daran jagte mir Schmerzen in den Unterleib. Da saß sie in einem der hochwandigen Räume mit Eichentäfelung und konferierte mit einem jungen Mann, der festgenommen worden war, und hier ging ich draußen umher und sah wie ein blöder Teenager flackernde Bilder ihres Gesichts vor meinen Augen flimmern. Wenn ich zehn Jahre jünger gewesen wäre, hätte ich vor ihrem Fenster Serenaden gesungen in der Hoffnung, sie würde sich früher oder später zeigen.

Da ich zehn Jahre älter war, riss ich mich lieber so schnell wie möglich los, überquerte erneut den Marktplatz, wobei ich den Staatsrat Schilling inzwischen vertraulich grüßte, und steuerte mit meinen männlichen Schritten auf ein Café auf der anderen Seite des Hotels zu, ein Café, an das ich noch deutliche Erinnerungen hatte. Es war, wenn es noch existierte, eine von Rodbys wenigen Attraktionen, beherbergte sogar einen Billardtisch, die Möglichkeit zum Kartenspiel und war mit einer annehmbaren Jukebox bestückt. Und genau dort hatte ich in längst verflossenen Zeiten meine weiblichen Bekannten kennengelernt.

Erst als ich am Hotel vorbeiging, sah ich, dass es seit dem letzten Mal einen neuen Nachbarn bekommen hatte. In früheren Zeiten war es passenderweise ein Friseursalon gewesen. Der Friseursalon musste offenbar dem Fortschritt und der langhaarigen Mode weichen, oder vielleicht war ja auch der Inhaber gestorben. Jedenfalls war dort jetzt ein Sarggeschäft.

Hinter einer großen Fensterscheibe liefen zwei ältere, ernst aussehende Herren zusammen mit einer schwarz gekleideten Dame um die sechzig herum und schauten sich die verschiedenen Särge an, die im Geschäft ausgestellt und mit künstlichen Blumenkränzen dekoriert waren. Beide Herren trugen eine düstere, tragische Miene zur Schau, als würden sie versuchen, an der großen, unverschuldeten Trauer teilzuhaben, die die Witwe getroffen hatte. Die Witwe hingegen sah äußerst zufrieden aus und ähnelte einer Dame, die die neue Frühjahrsmode begutachtet und sich voller Wollust vorzustellen versucht, was ihr wohl am besten stehen wird.

Mir war der Friseur lieber gewesen, aber es geht nicht immer nach den eigenen Wünschen.

Das Café hatte sich glücklicherweise nicht besonders verändert, es war noch das gleiche wie in meiner Erinnerung, und erst als ich vor der Fassade stand, fiel mir auch sein Name ein: »Paradies«. Natürlich. Nichts weniger.

Ich benötigte weder eine Eva noch eine Schlange, um überredet zu werden, in das dunkle, tabakschwangere Innere einzutauchen. Ich setzte mich bescheiden in eine Ecke und bot mir eine Zigarette an, während ich das Publikum betrachtete.

Das Billardspiel war in vollem Gange. Billard ist – im Gegensatz zu Poker beispielsweise – in den Polizeiverordnungen zugelassen, denn Billard ist kein Glücksspiel. Die Polizeibestimmungen haben keine Ahnung. Poker ist auch kein Glücksspiel, es ist eiskaltes Abchecken, und sonst nichts. Aber nur weil beim Billard Muskelkräfte im Spiel sind, ist es eine legale Methode, Leute zu schröpfen, während Poker illegal ist, weil es ausschließlich von den Gehirnwindungen und der Konzentration abhängt. O. k., man soll ja für jede Möglichkeit dankbar sein, sein steuerfreies Einkommen auffüllen zu können.

Am Billardtisch standen zwei Amateure und zwei Profis. Es war nicht schwer, nach nur zwei Stößen den Unterschied zwischen den Gruppen zu sehen. Die Amateure tranken Bier, die Profis dünne Whisky-Sodas. Nach ein oder zwei Stunden würden die Profis ihre Tagesheuer einkassiert haben und sich mit einem warmen Händedruck verabschieden und abmachen, dass man sich mal wieder treffen sollte, um ein Spielchen zu machen.

Zwei aufgeschwemmte Lokalhuren hatten zwei fette, blühende Geschäftsmänner aufgegabelt, zweifellos zwei von einem der vielen Kongresse, von denen der Taxifahrer berichtet hatte. Eine einsame dünne Hure hing im Hintergrund und starrte die Gesellschaft an, als warte sie nur darauf, dass eine ihrer Konkurrentinnen umfallen würde, damit sie dann wie eine Aschenputtel-Statistin im klassischen 30er-Jahre-Broadway-Musical einspringen und die freigewordene Hauptrolle besetzen könne.

In der Mitte tanzte ein Ehepaar in den Vierzigern. Der Mann sah aus, als hätte er sich vorgenommen, seiner Frau heute Abend mal das volle Programm zu bieten. Groß, dünn und schlottrig hüpfte er wie eine Gemse herum, als hätte er zur Feier des Tages zwanzig Jahre von seinem Alter abgezogen. Man konnte ihm schon ansehen, dass er höchstens noch eine halbe Stunde durchhalten würde, und am nächsten Morgen müsste er sich sicher an seinen Kassenarzt wenden, der nur den Kopf schütteln und ihm den Rat geben würde, Herr Mikkelsen solle lieber dran denken, dass er keine dreißig mehr sei.

Die Frau schien sich auch nicht gerade zu amüsieren. Sie sah aus wie eine, die auf einen Tausender scharf war, aber gewohnt war, mit einem Hunderter abgespeist zu werden und jetzt ausnahmsweise mal einen Zweihunderter bekam, was immer noch zu wenig war. Resignierte Zufriedenheit darüber, dass der Mann es über sich brachte, sie in den Armen zu halten, ohne offensichtlichen Ausschlag zu bekommen, das war alles, was sie erreichte.

Mein Whisky schmeckte nach Whisky, und das Café Paradies schmeckte nach Rodby. Ich bekam in meiner diskreten Ecke, in der mich niemand störte, das endgültige Gefühl, angekommen zu sein.

Sicher wäre ich dort hängen geblieben und hätte den Lauf der Dinge weiter verfolgt, wenn nicht die dünne Hure begonnen hätte, mir kleine auffordernde Blicke zuzuwerfen. Da ihre Kolleginnen nicht tot umfielen und die Geschäftsmänner immer noch genauso sicher in ihrer Entscheidung schienen, musste sie sich nach neuen Märkten umsehen. Sie hätte sich einen Job bei IBM oder Rockwool suchen sollen.

Ich fühlte mich nicht als Markt, bei dem es sich für sie lohnen würde, etwas zu investieren. Ich spendierte ihr einen Drink und ließ sie mit großen, traurigen, einsamen, kundenlosen Augen zurück, als ich ins Hotel ging, um nachzuschauen, ob Gitte Bristol schon zurückgekommen war.

6

Es war ein heller, klarer Abend, einer dieser seltenen dänischen Frühlingsabende, der einen innerhalb weniger Stunden für den ganzen Matsch und Dreck des Winters entschädigt.

Das Sarggeschäft war inzwischen geschlossen, aber die Särge standen weiterhin ordentlich und gut beleuchtet in den Schaufenstern.

Sie sei noch nicht zurückgekommen, sagte der Empfangschef mit einem ordinären, Verständnis heuchelnden Mann-zu-Mann-Grinsen. Ich beachtete es gar nicht, ging hinauf und nahm ein erneutes Bad, zog mein Ersatzhemd an und rasierte mich besonders gründlich.

Dann ging ich in die Hotelbar hinunter. Nach einem Whisky und ein wenig Geplauder mit dem Barkeeper kam sie, schön, elegant – und besorgt. Die Stirn gefurcht, die Wangen schienen in den wenigen Stunden eingefallen zu sein.

Nichtsdestotrotz war sie schön. Sie war eine Mischung zwischen Göttin und Raubtier, ihre Füße schienen über die schweren, dunkelroten Teppiche des Hotels Rodby zu schweben. Just in dem Augenblick, als sie hereinkam, tanzte plötzlich einer der letzten Sonnenstrahlen mit dreifacher Intensität durchs Fenster und ließ sich hinter ihr nieder, sodass es aussah, als wäre sie aus ihm hervorgetreten, als wäre die Sonne ihr Mantel, als hätte die Sonne unserer Welt soeben eine ganz besondere Botschafterin gesandt.

Dann war sie bei mir, und ich stand auf und zog für sie einen Stuhl heran. Meine Mutter wäre stolz auf mich gewesen, wenn sie nicht vor fünf Jahren gestorben wäre, und das auf jeden Fall nicht aus Stolz auf mich.

»Was trinkst du?«, fragte sie. »Entschuldige, dass ich erst so spät komme, aber ich musste hinterher unbedingt erst noch ein Bad nehmen; du machst dir keinen Begriff davon, wie staubig es in allen Ecken dieses Gerichts ist.«

»Whisky, und du siehst aus, als könntest du auch gut einen vertragen.«

»Das stimmt. Es ist eine üble Sache.«

Als sie »übel« sagte, bewegte sie ihre Lippen, als sauge sie an einem Bonbon, und für einen kurzen Moment ähnelte sie einem kleinen Mädchen, das bereute, abends allein von zu Hause fortgegangen zu sein. Dann war sie wieder ganz und gar Dame von Welt.

»Und morgen wird es noch schlimmer«, fügte sie mehr zu sich selbst hinzu.

»Warum bist du Anwältin geworden?«, fragte ich sie direkt, als sie ihren Whisky bekommen hatte.

»Warum bist du Journalist geworden?«, fragte sie, während sie an ihrem Glas nippte, als wolle sie zunächst das Getränk testen.

»Ich habe zuerst gefragt.«

»O.k. Mein Vater war Anwalt, in Århus, meine Mutter war Rechtsanwaltsgehilfin – die klassische Geschichte – und mein Bruder ist Rechtsanwalt in Nordschleswig. Das liegt bei uns im Blut. Vielleicht sind wir schon so geboren.«

Sie nahm einen Schluck von ihrem Whisky.

»Mir gefällt es. Mir gefällt es, meinen Kopf zu benutzen. Mir gefällt es, zu beobachten, wie so merkwürdige Situationen entstehen, die man Fälle nennt, mir gefällt es, die verschiedenen Menschen zu betrachten, die involviert sind, mir gefällt es, eine Sache zu drehen und zu wenden und sie von so vielen Blickwinkeln wie möglich zu betrachten, wie ein Gemälde, das man plötzlich versteht.

Aber eine Sache wie diese hier, die macht mir Angst. Wirklich, sie macht mir Angst. Da stimmt was nicht. Ich glaube es einfach nicht.«

»Erzähl mehr«, sagte ich. »Vielleicht bekomme ich den Hauch einer Idee, wenn du mir das Gemälde zeigst.«

»O.k.«, sagte sie. »Aber ich habe Hunger, ich habe heute noch nichts gegessen. Wohin wollen wir? Es ist so langweilig, in dem Hotel zu essen, in dem man wohnt, nicht wahr?«

Ich schlug ihr Brot & Wein vor, wir leerten unsere Gläser und gingen. Ich hielt sie edel und stilvoll um die Schulter, um meinen festen männlichen Griff zu demonstrieren, und wir gingen zu Brot

& Wein und bestellten Schnecken, große Beefsteaks mit gebackenen Kartoffeln und Salat.

»Knoblauch?«, fragte ich.

»Ich muss morgen wieder ins Gericht«, sagte sie zögernd und schob die Unterlippe ein wenig vor, wie bei einer ernsthaften Gewissensfrage.

»Knoblauch ist ein Menschenrecht.«

»O.k., den Fall übernehme ich. Scheiße, den Geruch werde ich schon wegkriegen.«

Als der Wein und die Schnecken auf dem Tisch standen, begann sie langsam und systematisch die Geschichte zu erzählen. Sie erzählte wie jemand, der gewohnt ist, eine Sachlage darzustellen.

»Gestern um Mitternacht wurde eine Intim-Masseuse ermordet. Sie hieß Irene Pallock und arbeitete in einem Massage-Institut namens ›Taubenschlag‹ in der Schmiedgasse.«

»Nenne es ruhig Bordell, das spart Zeit«, sagte ich. »Die Schmiedgasse ist übrigens hier hinten. Da stehen ein paar niedrige Häuser.«

»Du kennst die Bordelle der Stadt?«, fragte sie anklagend.

»Ich kenne die Stadt«, antwortete ich. »Ich bin kein Bordellkunde, aber wie du selbst im Hotel gesagt hast: Mir gefällt es, unterschiedliche Menschen zu betrachten.«

Sie nickte und schickte ihre Schnecke in einen zweifellos hübschen Bauch, den zu würdigen diese sicher nicht im Stande war. Die Welt ist grausam.

»Im Bordell, da du dieses Wort so offensichtlich vorziehst, hat Irene mit zwei, drei anderen Mädchen zusammengearbeitet. Jede hatte ihr Zimmer, und dann gab es noch eine Art Gemeinschaftsraum, in dem sie saßen, sich unterhielten und Patiencen legten, wenn keine Kunden da waren. Gestern Abend ging das Geschäft schlecht, sagen sie. Es kamen nur ein paar Kunden, deren Namen sie nicht nennen wollten, nicht einmal, nachdem die Polizei ihnen Diskretion versprochen hatte.«

»Natürlich«, sagte ich. »Nicht nur Anwälte und Ärzte haben ihre berufliche Schweigepflicht.«

»Gegen halb zwölf hatte Irene den anderen gesagt, sie wolle mal frische Luft schnappen. Sie war auf die Straße gegangen und nach einer Viertelstunde zurückgekommen. Sie sagte, es würde gleich ein Kunde kommen, deshalb mache sie sich schon mal bereit. Sie ging in ihr Arbeitszimmer, das einzige, das abgesehen vom Gemeinschaftsraum einen direkten Ausgang hat, denn es liegt an der Hintertreppe. Kurz darauf hörten die anderen Irene schreien, und weil sie dachten, ein Kunde wäre vielleicht Amok gelaufen – das geschieht anscheinend ziemlich häufig, dass Bordellkunden gewalttätig werden, aber das weißt du sicher besser als ich –, stürzten sie sofort zu ihr hinein.«

»Zwei oder drei?«, fragte ich.

»Zwei«, sagte sie. »Majken und Lisbeth, wenn du die Namen wissen willst. Es wohnt noch eine da, die Annie heißt, aber die liegt im Krankenhaus.«

»Und da lag sie also blutend mit fünf, sechs Stichen an verschiedenen Stellen, und halb angezogen. Einer der Messerstiche ging in die Brust, und der hat sie getötet, die anderen hätte sie überleben können. Es war plump gemacht, wie ein Verrückter es tun würde, ein kleiner lokaler Jack the Ripper.«

»Gab es Anzeichen für eine Vergewaltigung?«

»Nur mit dem Messer, wenn du das meinst.«

»Was ich meine, ist, ob Sperma in der Scheide war ...«

»Sie war halbbekleidet.«

»Das bevorzugen einige.«

»Was du so alles darüber weißt.«

»Ich wohne schon lange in Vesterbro.«

»Nein, also es gab keine Spuren von Geschlechtsverkehr, wie es im Bericht heißt. Majken rief sofort die Polizei, während Lisbeth hysterisch wurde, sodass die Bewohner des Nachbarhauses aufwachten, und als sie Licht in dem gemeinsamen Hinterhof machten, sahen sie dort einen jungen Kerl herumstreunen und im Dunkeln nach einem Ausgang suchen. Es sah ganz offensichtlich aus. Es sah aus, als hätte er sie niedergestochen, wäre durch die Küchentreppe davon und hätte nicht gewusst, dass der Hinterhof abgeschlossen war.«

»Hm«, sagte ich.

»Aber ich glaub das nicht!«, fuhr Gitte Bristol fort. »Ich war jetzt zwei Stunden lang mit ihm zusammen. Ich habe schon viele verschiedene Menschen gesehen, und ich habe auch schon mit einigen Mördern geredet – und dieser Mann ist kein Mörder.

Preben Sørensen ist erst etwas über zwanzig, und er ist, ja, debil, man kann wohl sagen, geistig zurückgeblieben. Er redet sehr langsam und hat vor allem Angst. Er sieht so gehetzt aus, als wäre er sein ganzes Leben lang gehetzt worden, und sein Blick ist flackernd und kommt nie zur Ruhe, wenn er spricht. Er sagt, und ich glaube, er brauchte schon eine Stunde, nur um das zu sagen, dass er Irene auf der Straße getroffen habe und sie ihn angesprochen hat, er habe daraufhin gesagt, er müsse Geld von zu Hause holen – er hat nur zwei Straßen entfernt ein Zimmer – und würde dann wieder zu ihr kommen, über die Hintertreppe. Sie sagte, das Tor sei offen. Das war es auch, aber nicht, als er wieder raus kam. Er kann sich nicht dran erinnern, ob er es vielleicht selbst zugeworfen hat.

Als er zurückkam, sagte er, habe er sie bereits tot aufgefunden, so wie die anderen beiden Mädchen kurz nach ihm, und er sagte, sie sei noch nicht ›ganz tot‹ gewesen, sie habe noch ›gezappelt‹. Das war das Wort, was er benutzt hat.

Ja, und dann habe er vor lauter Panik das Messer aus ihrem Leib gerissen und war losgerannt, und als er das Messer rauszog, schrie sie, das müssen also Majken und Lisbeth gehört haben. Das ganze ging furchtbar schnell.«

»Die Frage ist also«, sagte ich, »ob jemand anders dort gewesen sein kann als Preben – wie heißt er weiter?«

»Preben Sørensen. Er hat die letzten zehn Jahre Sozialhilfe gekriegt. Eigentlich seitdem er von der Schule aufgegeben wurde. Die Mutter ist tot, und der Vater ist schon vor langem aus Rodby fort.«

»Ganz allein?«

»Nur eine entfernte Tante und der Sozialarbeiter. Aber er war es nicht, da bin ich mir sicher. Wenn du seine Augen gesehen hättest, würdest du mich verstehen. Er ist total hilflos, wie ein kleines, verletztes, sich windendes Tier, das nichts versteht, ein verschrecktes Damwild.«

Sie sah ganz mütterlich beschützend aus. Ich war kurz davor, eifersüchtig zu werden. Hier führe ich meine Traumfrau aus, und dann sitzen wir da und unterhalten uns ununterbrochen nur über junges, sich windendes Damwild.

»Tja«, sagte ich mitten im Beefsteak, »ich sehe nur zwei Möglichkeiten, den Hirsch zu retten. Die eine natürlich, wie gesagt, dass jemand vor ihm kam, unerwartet, da Irene ja eine Verabredung mit Preben hatte, und dass dieser Unbekannte es getan hat. Die andere, dass die beiden anderen Mädchen es getan haben. Es besteht wohl keine Feindschaft zwischen ihnen, oder?«

»Ich habe sie nicht gesehen, aber die hiesige Polizei sagt, sie seien Freundinnen. Irene war wohl die Klügste von den dreien.«

»War sie hübsch?«

»Jedenfalls nicht als Leiche auf dem Foto«, antwortete Gitte mit einem kleidsamen Schauer.

»Aber wenn er debil ist, der junge Sørensen, dann wird er doch nicht verurteilt, oder?«

»Nicht direkt, aber er wird sicher für den Rest seines Lebens in irgendeine Institution gebracht, und davor hat er Angst. Er ist ein Fürsorgezögling, weißt du, er spürt bereits einen geschlossenen Raum und Gitter um sich herum. Sonst hat er meistens seine Zeit damit verbracht, den Fischern unten im Hafen zur Hand zu gehen. Sie sagen, er war einfach immer da und wollte gern etwas tun, wenn er wusste, was. Die Fischer sagen, mit seinem Kopf stimmt etwas nicht, aber ansonsten ist er in Ordnung. Sie sind die einzigen, die im Protokoll etwas Positives über ihn gesagt haben. Der Polizeidirektor von Rodby hat mir gesagt, dass er doch nur ein junger Psychopath sei, und je weniger es davon auf den Straßen gäbe, umso besser. Der Polizeidirektor von Rodby ist ein reichlich konservativer Kerl. Mit ihm wird es nicht leicht werden.«

40

»Und was soll morgen passieren?«

»Nur eine Anhörung, bei der die Festnahme bestätigt und verlängert wird, während die Sache weiter untersucht werden muss, wenn ich darauf bestehe, und das werde ich tun. Aber es sieht hoffnungslos aus, er scheint schon im Voraus verurteilt zu sein.«

»Versuche, einen Aufschub zu bekommen, mehr kannst du nicht tun. Und dann müssen wir versuchen, etwas herauszukriegen.«

»Wir? Das ist mein Fall. Du musst nicht …«

»Das ist genauso sehr mein Fall. Wenn wir etwas herausfinden, was die Polizei nicht gefunden hat, wird mein Chefredakteur mich vergolden und mein Porträt in der Kantine aufhängen.«

»Was können wir tun?«

»Uns erst mal etwas umsehen. Im Dreck wühlen. Ich werde mir das Bordell morgen mal anschauen, wenn es geöffnet ist. Nur mal ein bisschen herumschnüffeln. Möchtest du einen Kaffee?«

»Ja, bitte. Es ist schön, mit dir essen zu gehen.«

Das zu hören, gefiel mir gut, aber trotz des milden Abends und der ausgesuchten Gesellschaft war es offensichtlich, dass es ihr nicht besonders gut ging, und wer konnte ihr das verdenken? Es passiert nicht jeden Tag, dass man zwei Stunden lang einem debilen jungen Mann gegenübersitzt, der für den Rest seines Lebens eingesperrt werden soll für einen Mord, von dem man nicht glaubt, dass er ihn begangen hat.

Nach dem Kaffee und den Zigaretten gingen wir. Erst an der Tür fiel mir auf, dass ich nicht einen einzigen der anderen Gäste gesehen und nicht die geringste Ahnung hatte, wer uns wohl bedient hatte.

Es war ganz klar: Wenn ich Gitte Bristol ausgesetzt war, war ich nicht mehr in der Lage, etwas anderes als Gitte Bristol wahrzunehmen.

7

Die Dunkelheit war hereingebrochen, und Rodby war dabei, ins Bett zu gehen. Wie eine große Blume, die zur Nacht ihre Blütenblätter schließt, verschwand in den Häusern um uns herum ein Licht nach dem anderen. Nur aus den engen Gassen war noch Lärm und Tumult zu hören, Rufe hallten gen Himmel, Musikfetzen und Flaschenklirren drangen zu uns.

Ich blieb bei meiner neuen Gewohnheit und legte ihr den Arm um die Schulter. Es war eine schöne Schulter, ein Traum von einer Schulter.

Sie sagte nichts. Vielleicht sah sie immer noch die erschrockenen Augen des jungen Sørensen vor sich, die sie durch die Fußgängerpassage verfolgten.

Die Uhr näherte sich Mitternacht. Ein einzelnes Saxofon trug seinen langen, schneidenden, traurigen Schrei von Gynther herüber, ein Beweis, dass auch an diesem Abend die Musiker zur Stelle waren und ihre Arbeit taten.

Der Ton erinnerte mich daran, dass ich ein Kavalier bei der Arbeit war. Kein Instrument ist so erotisch wie ein Saxofon.

Ich fragte sie, ob sie tanzen wolle. Sie blickte skeptisch auf ihre Uhr, antwortete dann aber, dass sie leidenschaftlich gern tanze, aber nur kurz. Sie brauche ihren Nachtschlaf.

Gynther ist einer dieser Orte, die aussehen, als wäre es das Hauptziel des Innenarchitekten – wenn es überhaupt einen gegeben hat – gewesen, dass niemand den anderen sehen sollte. Die kleine Bühne lag im Lichterbad da, damit auch ja keine Schweißperle auf der Stirn eines Musikers der Aufmerksamkeit entging. Und auch die Bar war gut beleuchtet. Das übrige Lokal befand sich dagegen in permanenter Finsternis, sodass man jeden Augenblick erwartete, Marlene Dietrich würde hinter einem Vorhang hervortreten und mit ihrer verschleierten, heiseren Stimme etwas sagen.

Wir rutschten auf die Tanzfläche. Ich bin kein großes Licht beim Tanzen – wobei Lichter wohl sowieso kaum gut tanzen – aber es gibt Situationen im Leben eines Mannes, in denen er für einen Abend zu einem zweiten Nijinsky wird. Ein Nijinsky in Taschenformat, ein Nijinsky, der ernste Probleme bekommen würde, wenn man ihn bitten würde, die Schritte noch einmal zu wiederholen, aber dennoch eine Art Nijinsky. Diese Situationen ergeben sich von allein, wenn der Mann genau die Frau in seinen Armen hält, die er am allerliebsten in den Armen halten möchte. Sie tanzte, wie sie sprach. In der Finsternis konnte ich nicht viel von ihr sehen, dafür konnte ich ihre Bewegungen fühlen, jeden Schritt spüren und ihren Duft einsaugen, das diskrete Parfüm, mit Knoblauch gemischt. Sie war wunderbar, versicherte ich mir selbst unermüdlich.

Ich ging sogar so weit, es ihr zu sagen.

Ich konnte im Halbdunkel ein Lächeln erahnen. Sie lächelte wie eine Katze, mit einem Lächeln, das in der Luft hängen bleibt, wie ein schwaches Echo seiner selbst.

»Du kennst mich doch gar nicht«, sagte sie.

Der Saxofonist spielte, als wäre es sein letzter Abend. Heute Abend sollte es sein, heute ging es um alles, er wollte seine ganze Geschichte erzählen, ganz gleich, ob seine Lunge hinterher platzen würde.

Der Wahnsinn des Saxofonisten vermischte sich mit meinem eigenen. In der Finsternis schimmerten Gitte Bristols Augen wie zwei graugrüne schöne Tiere, wie zwei funkelnde kleine nasse Steine im Wasser, die von der Sonne beschienen werden, wie man es von der Mole aus sieht. Ihre Augen waren tranceartig.

Plötzlich blieb sie stehen.

»Lass uns einen Augenblick hinsetzen«, sagte sie.

Wir setzten uns an eines der runden schwarzen Tischchen.

»Ich kann heute Abend nicht richtig tanzen«, sagte sie. »Es ist nicht der passende Moment. Wollen wir nicht lieber ins Hotel gehen? Oder möchtest du lieber hierbleiben?«

»Dieser Saxofonist ist hervorragend«, sagte ich. »Ich kenne ihn nicht, aber er bringt es.«

»Ich bin nicht besonders musikalisch«, entgegnete sie.

»Blödsinn«, sagte ich. »Niemand, der tanzt wie du, kann unmusikalisch sein.«

»Danke«, sagte sie und stand auf. »Kommst du mit?«

»Augenblick noch.«

Vermutlich nahm sie an, dass ich aufs Klo wollte, aber ich ging zur Bar und fragte den Barkeeper über den Saxofonisten aus. Er war aus der Stadt, hieß Ulrich und würde morgen wieder spielen. Ich hätte gern mehr von ihm gehört, wollte aber Gitte um keinen Preis verlassen, und wenn Sonny Rollins gespielt hätte.

Wir gingen, und da sie schwieg, unterhielt ich sie den kurzen Weg bis zum Hotel Rodby mit Saxofonisten, die ich gekannt und gehört hatte.

An der Rezeption reichte uns ein älterer, müde aussehender Herr mit schütterem Haar, der einem Denkmal für die Opfer der Pflicht ähnelte und aussah, als hätte er seit Kindesbeinen nicht genug zu essen bekommen, unsere jeweiligen Schlüssel für 213 und 217. Sie bat noch um eine Flasche Mineralwasser.

Als wir aus dem Fahrstuhl traten, überlegte ich, ob ich sie auf einen Drink in mein Zimmer einladen sollte, aber mir war gleichzeitig klar, dass das nicht ging. Wir modernen, sensiblen Männer spüren so etwas – wenn die Dame nicht in Stimmung ist und andere Gedanken im Kopf hat. Und das hatte sie ja dauernd. Vor ihrem Zimmer angekommen, das vor meinem auf dem Weg vom Fahrstuhl lag, drehte sie sich zu mir um, bereits mit dem Schlüssel in der Hand, und legte die Arme um mich. Sie fuhr mir mit ihrer Hand durchs Haar, küsste mich sanft und warm auf den Mund, sodass ich nach Luft schnappen musste, ließ mich wieder los und sagte mit ihrer melodiösen Stimme, der ich stundenlang hätte zuhören können, selbst wenn sie nur Gerichtsprotokolle über Hausverkäufe vorgelesen hätte: »Du bist wirklich süß. Gute Nacht!«

Dann war sie fort.

Ich ging, plötzlich furchtbar allein, in mein eigenes Zimmer. Ich legte mich vollbekleidet aufs Bett. Mir war absolut klar, dass ich jetzt nicht schlafen könnte.

Ich trank einen Schluck Whisky. Ich zündete mir eine Zigarette an. Ich drehte mich drei, vier Mal im Bett und blickte auf Rodbys Dächer, unter denen die Rodbyaner – oder hieß es vielleicht Rodbyer? – ihren gerechten und schönheitsfördernden Schlaf schlummerten.

Nach einer Viertelstunde war ich reif, wieder rauszugehen. Warum soll man im Hotelzimmer bleiben, wenn man sowieso nicht schlafen kann?

Da klingelte das Zimmertelefon.

Es war die Stimme, die ich am allerliebsten hörte.

»Kommst du auf einen Drink rüber?«, fragte sie. »Wenn du noch nicht im Bett bist.«

»Nein, nein«, sagte ich. »Ich komme.«

Ich war kurz davor, Herzklopfen zu bekommen. So summte ich mir selbst den alten Song vor:

Each night I'm asking the stars up above:
Why must I be-e a teenager in love?

Als ich das als Teenager hörte, konnte ich die Frage nie beantworten. Jetzt, zwanzig Jahre später, wusste ich es: Weil jeder in Sachen Liebe ein Teenager ist und bleibt.

Sie saß im Sessel, als ich hereinkam. Sie hatte Whisky und Mineralwasser auf das Tischchen gestellt. Aus dem Radio strömte sanft das Nachtprogramm von P3, das in einer halben Stunde zu Ende sein würde, und sie trug einen dünnen Kimono und leichte Schuhe. Der Kimono war hellblau mit roten und gelben Blumen und Vögeln darauf. Er war schön, aber bei weitem nicht so schön wie der unterste Teil ihres Beines und ihr Hals – die einzigen Körperteile, die sich dem schützenden Einfluss des Kimonos entzogen.

Ihre Augen erschienen dreimal größer als normal. Belladonna-Augen.

»Wie schön du bist«, sagte ich.

Sie antwortete nicht. Sie sah mich nur an, abwartend.

Sie sah stolz aus. Und ein winziges bisschen verloren, ein kleines bisschen Gitte-allein-auf-der-Welt.

Es gab nur eins zu tun, und das tat ich. Ich ging zu ihr und küsste sie. Ich massierte sanft ihre Schulterblätter mit den Fingern und spürte, wie ihr Fleisch unter meinen Händen weicher wurde.

Dann zog ich sie aus dem Sessel hoch, legte die Arme um sie und küsste ihr den ganzen Hals, den herrlich langen, schlanken Schwanenhals.

Plötzlich zog sie sich von mir zurück und lachte. Nur eine Sekunde war dieser Laut zu hören, ein kleines dunkles Lachen. Dann zog sie den Kimono aus und stand nur im Slip da.

Ihre Brüste waren runde, reife Früchte. Ihr Bauch wölbte sich auf das Frechste ein wenig nach außen, und dann wieder nach innen kurz vor dem Unterleib, dieser geheimnisvollen Grube des Lebens. Sie war braun. Sie … Sie … Sie … In vielleicht einer Minute war sie nur noch sie.

Dann legte sie sich aufs Bett, und ich folgte ihr. Wir sprachen kein Wort, die folgenden zwei Stunden liefen in einer Stille ab, die alles sagt, einer Stille, in der die Hände und die Augen sprechen, in der der eigene jämmerliche Körper aus Fleisch und Blut das Wort führt. Ich sank immer tiefer in sie, verschwand in ihren unergründlichen Augen und in ihren Lippen, versank in ihrem Unterleib, als wäre ich auf dem Weg in einen Spalt, einen tiefen, tiefen Spalt, aus dem ich möglicherweise niemals wieder hervorkommen würde, in den ich aber dennoch hinein musste, und wenn es das Letzte wäre, was ich in diesem Leben tun würde. So musste es dem wilden Saxofonisten gegangen sein, aber dieses Instrument würde ich gegen kein anderes tauschen.

Nach dem Feuer kommt die Asche, und die Asche der Liebe ist oft schön. In dieser Nacht war sie mehr. Ich hätte die ganze Nacht liegen können, ihre Brüste kraulen, die Fingerspitzen liebkosend über ihre Schenkel gleiten lassen, die Zunge über ihren Bauch hin und herstreichen. Ich war, wir beide waren schwer und satt voller Zufriedenheit und erfüllt mit einem warmen Nachgefühl, das das Gefühl der Geilheit eines wirklich perfekten Beischlafs ablöst: Dankbarkeit, eine vage, undeutliche, aber warm erschauernde Dankbarkeit gegenüber dem gesamten Universum, weil es so etwas gab, weil so etwas passieren konnte, weil ER Mann und Weib geschaffen hat.

Als der Schlaf kam, erschien er fast wie der Tod. So viel wurde zurückgelassen.

8

Ein schneidendes Licht durchschnitt brutal meine Augenlider. Die Sonne schien vom Hinterhof herein und durchfuhr die Gardinen wie eine Schneidbrennerflamme.

Ich wachte mit ihr in meinen Armen auf. Sie drehte sich ein wenig, als mein Körper sich bewegte.

Ich küsste sie sanft und legte sie wieder hin. Das Bett war sehr warm. Sie rollte sich wie ein Kind zusammen und schlief unbekümmert weiter.

Es gab keinen Grund, sie zu wecken.

Leicht wie ein Federball oder ein japanischer Lampion, leicht in Körper und Seele, suchte ich mein Zeug zusammen und zog das Wichtigste an. Katzenartig schlich ich mich zur Tür, zögerte einen Moment und sah zu ihr hinüber. Sie lag da mit diesem eigenartigen Lächeln auf den Lippen, die Zunge schien sich gegen die Lippen zu pressen bei dem Versuch, der Gefangenschaft des Mundes zu entkommen und selbstständig zu werden, der Körper streckte sich, als läge er auf einem Sandstrand in der Sonne. Ich überlegte, ob ich ihr eine Notiz hinterlassen sollte, einen Brief, ein »Ich liebe dich« oder »Danke für die Nacht«. Das wäre alles viel zu wenig, zu lächerlich und ganz falsch.

Selbst für Journalisten gibt es Augenblicke, in denen sie nicht nur nicht die rechten Worte finden, sondern überhaupt kein Wort. Es war ein glücklicher Morgen. Ein Morgen mit Sonne, ein Morgen mit einer schlafenden, lächelnden, schönen Frau auf dem Bett. Ein Morgen, der mindestens einen Monat lang währen sollte.

Aber ich dachte, dass eine Frau wie sie sicher lieber allein erwachte und ihre Morgenrituale ungesehen und ungestört vornähme, wie jedes andere Tier.

Wie ich auch.

Nach dem Bad und der Rasur war es 7.30 Uhr, wie das Radio dienstwillig mitteilte, und ich schloss meine Tür, ging hinunter zur Rezeption und hinaus, um Rodby am frühen Morgen zu betrachten.

Die Sonne, die so kräftig geschienen hatte, dass sie mich wecken konnte, war draußen gar nicht mehr so intensiv. Sie war zu einer dünnen, hellen, luftigen, durchsichtigen Schleierfisch-Sonne geworden. Später würde sie vielleicht wachsen und ihre Kapazität ausweiten, aber jetzt war sie nurmehr ein gelblicher Morgenfilter über dem Nebel, der schwarz über dem Hafen hing.

Am Bahnhof wimmelte die Hälfte der Einwohnerschaft mit Mappen, Taschen und Netzen hin und her, während internationale Züge nach Paris und Berlin mit der gleichen unumgänglichen Selbstverständlichkeit angekündigt wurden wie der Expresszug nach Esbjerg. Alle wartenden Passagiere sahen gleichzeitig geschäftig und müde aus, wie Maschinen, die noch nicht so richtig in Fahrt gekommen waren, sondern erstmal noch eine Aufwärmphase benötigten, um auf die richtige Umdrehungzahl zu kommen. Man hätte sie fotografieren sollen, wie sie zu den Wartesälen hinwanderten und das Bild »Die Geduldigen« nennen können.

Ich machte einen Abstecher zum Hafen. Die Fischerboote waren trotz des Nebels ausgelaufen, ihre kleinen schwarzen Silhouetten waren weit draußen zu sehen, mit dem unermüdlichen Fang des bekannten Rodby-Herings beschäftigt. Der Rauch stieg aus den Schornsteinen der Boote wie aus denen aller Betriebe im Hafen: Heringsräuchereien, Heringskonservenfabrik, Heringstransportfirma, Heringsauktionshalle. Der Fischgeruch hing schwer über dem ganzen Hafen. Die Schiffe wurden be- und entladen, und große breitschultrige Männer in Kitteln oder Overalls fuhren kleine Wägelchen mit Kisten hin und her und sahen aus, als täten sie das bereits seit Stunden.

Es fehlte allein der schwache Duft nach Bouillabaisse, dann wäre die Illusion perfekt, dass man die Hafenkais von Marseille entlangschlenderte. Ein schöner Morgen, einer dieser Morgen, an denen alles einer alten Ansichtskarte oder einem Bild ähnelt, von dem man glaubt, man habe es schon mal gesehen – womöglich in dem Lieblingsmärchenbuch seiner Kindheit.

In der Hafenkneipe, die bereits dicht verraucht war und Zulauf von der ersten Schicht der Hafenarbeiter hatte, die ihre Pause hier verbrachten, bekam ich einen Morgenschnaps. Es wurde langsam und ruhig gesprochen, konzentriert darauf, an der Pfeife oder Zigarette zu ziehen, während der Rücken sich für kurze Zeit strecken konnte.

Gefolgt von einem sonderbaren, bleichen Glücksgefühl, ging ich ins Hotel zurück, um Kaffee zu trinken und Gitte anzurufen.

Ich ging in den Frühstücksraum und bekam meinen Kaffee. Auf dem traditionellen Frühstücksbuffet mit Orangensaft, Cornflakes, Brot, Butter, Gummikäse und Pferdenacken-Speckwurst lagen auch Zeitungen, zumindest einige. Bladet war natürlich noch nicht gekommen, aber Rodby-Post stand zur Verfügung. Ich griff mit der Gier eines Zeitungssüchtigen nach der Rodby-Post als idealer Vervollständigung meines Morgenkaffees.

Am vergangenen Tag war viel in Rodby passiert, das musste man sagen. Die Sozialdemokraten in Rodby hatten gestern auf einem Treffen einen neuen Vorsitzenden gewählt, den Tischlermeister Børge Schmidt, seit fünfzehn Jahren zweiter Vorsitzender, der verkündete, er werde das Menschliche in den Mittelpunkt stellen. Hierbei wurde er ausdrücklich von seinem Vorgänger, dem Zimmermannsmeister Aage Andersen unterstützt, der eindringlich Schmidt als seinen Nachfolger empfohlen hatte. Hinterher hatten alle, wie der Rodby-Post zu entnehmen war, geklatscht. Ein ganz nettes, unschuldiges Vergnügen.

Am Wochenende sollte das Rodbyer Sommerfest stattfinden,

und zwar sowohl im Stadtzentrum als auch im Hafen. Es lud ein zu
einer Starparade mit dem Besten, was die dänische Unterhaltungs-
branche zu bieten hatte, von Sebastian und den Enkeln bis zu Lizzie Lux und dem »Guten alten, so gemütlichen Frieden-Freuden-
Freundschaftssänger mit eigener Begleitung«.

Da gab es Probleme hinsichtlich der Mülldeponie der Rodbyer
Kommune in der Nachbargemeinde, sie waren gestern Gegenstand
einer heftigen Debatte in der Kommunalverwaltung gewesen, und
eines der früheren Ratsmitglieder der Stadt war im Alter von sechs-
undachtzig Jahren gestorben. »Ältere Rodby-Bewohner werden
sich noch erinnern ... Ehre sei seinem Gedenken ...« Der Fußball-
verein aus der Regionalliga hatte in seinem Trainingsspiel gegen
Nakskov IF 3:3 unentschieden gespielt (und Steen Madsen hatte
zwei Bilderbuchtore geschossen, aber nicht den Hattrick geschafft),
und dann, ach ja, dann war noch eine Prostituierte niedergestochen
worden, aber die Berichterstattung darüber war mehr als bescheiden, Rodby-Post war ganz offensichtlich kein Boulevardblatt. Man
konnte die Nüchternheit des Redakteurs durch die kurze, zweispal-
tige Nachricht spüren, in der er weniger berichtete, als Gitte mir
während unseres Essens am gestrigen Abend erzählt hatte.

Während ich den kurzen Bericht las, hörte ich ein anhaltendes
Räuspern neben mir, dachte aber, dass das nur eine ganz normale
Erscheinung zu dieser Tageszeit sei, der raue Hals eines Handelsver-
treters. Als es sich immer häufiger wiederholte, erwachte in mir der
Verdacht, es könnte als eine Begrüßung gemeint sein. Und als ich
mich in die Richtung drehte, aus der das Geräusch kam, erblickte
ich ein Gesicht, das ich sofort wiedererkannte. Es war Polizeiinspektor Ehlers, Ehlers von meinem heimischen Polizeirevier am Halmtorvet. Ehlers, mit dem ich bei einer anderen Untersuchung »zusammengearbeitet« hatte oder – um der Wahrheit etwas näher zu
kommen – dem ich dabei vor die Füße gelaufen war.

Sein Bart stand wie immer in alle Richtungen ab, und dieser wi-
derspenstige Bart, zusammen mit dem wirr nach oben stehenden
Haar, das kleinen Speeren ähnelte, gaben ihm einen fortwährend

kriegerischen Ausdruck, was seine gedrungene, kompakte Figur noch verstärkte. Er gehörte zu der Sorte Mann, die schon seit ihrer Kindheit immer zehn Jahre älter aussehen, als sie sind. Vielleicht fühlen sie sich auch so.

»Na so was, Sie auch hier?«, fragte er.

»Ja«, antwortete ich. Ganz korrekt und nüchtern entgegnet. In Übereinstimmung sowohl mit den Regeln der Logik als auch mit den unerbittlichen Forderungen der Wahrheit.

In Verbindung mit dem erwähnten Fall hatte ich ihn schätzen gelernt, aber dennoch ist es nicht so einfach, vernünftig und alltäglich mit einem Mann zu konversieren, der einen mehrmals mit Gefängnis oder schlimmerem bedroht hat. Es kann leicht das gute Verhältnis zu seinen Mitmenschen, selbst zu den würdigen Repräsentanten des Gesetzes, zerstören, wenn man ihnen stundenlang bei greller Beleuchtung auf einem harten Stuhl gegenübersitzen und immer wieder dieselben Erklärungen wiederholen muss.

»Bitte«, sagte ich großzügig, schließlich hatte ich noch vier freie Stühle am Tisch.

»Danke«, sagte Ehlers und setzte sich. »Ich muss gleich los. Machen Sie hier Urlaub? Ein kleiner, früher Frühlingstrip, weg vom Großstadtpflaster? Oder sind Sie beruflich hier?«

»Und Sie?«, fragte ich. Als wir uns das letzte Mal gesehen hatten, wechselten wir so oft zwischen Du und Sie, dass ich jetzt die richtige Anrede suchen musste.

»Ein Fall«, antwortete er kurz. »Ein Mordfall.«

»Und warum sind Sie hier, Sie gehören doch nach Vesterbro?«

»Es wird gewünscht, dass ich mir das mal näher ansehe.«

»Ist das nicht ungewöhnlich?«

»Man glaubt wohl, dass der Fall ungewöhnlich ist.«

»Sie können mir ebensogut gleich reinen Wein einschenken. Sie wissen genau, dass ich nichts ausplaudere.«

»Das weiß ich nicht so genau.«

»Ich habe schon einiges gehört.«

»Das kann ich mir denken.«

»Wie meinen Sie das?«

»Man kommt wohl nicht drumherum, etwas von dem Fall zu hören, wenn man die Nacht mit der Anwältin des Angeklagten verbringt – selbst wenn man zweifellos anderes im Schilde führt, als die Akten dieses Falls durchzugehen.«

»Wie bitte?«

»Ja, Entschuldigung. Es ist ja nicht verboten, aber die Wände dieser Provinzhotels sind so dünn, und ich bin es gewohnt, die Ohren zu spitzen – das ist eine Berufskrankheit, die Polizisten schon nach wenigen Dienstjahren ereilt. Ich habe das Zimmer 215, und ich konnte nicht umhin, zu registrieren, dass mein einer Nachbar des Nachts meinen anderen Nachbarn angerufen hat – das Telefongespräch ging ja fast durch mein Zimmer hindurch – und ich konnte auch nicht vermeiden, zu hören, dass mein anderer Nachbar kurz darauf im Zimmer des einen Nachbarn ankam. Und da ich einen leichten Schlaf habe, konnte ich nicht vermeiden, festzustellen, dass frühmorgens eine Person aus dem Zimmer meines einen Nachbarn ins Zimmer des anderen ging. Und als ich zum Frühstück runterkam, habe ich schnell mal im Gästeverzeichnis des Hotels nachgeguckt. Sie sind wirklich schnell.«

»Danke für das Vertrauen«, sagte ich. »Aber dazu gehören zwei, wie Sie sicher wissen. Sie haben ja Kinder.«

Er sah aus, als überlege er etwas, er grübelte und sah ein paar Minuten lang trauriger und verhärmter aus als üblich, und das heißt nicht wenig, da seine Stirnfalten sich selbst unter normalen Umständen gut als Markisenstoff eignen würden.

»Sehen Sie«, sagte er. »Dieser Fall soll gründlich untersucht werden. Ich bin gestern ein paar Stunden vor Ihnen gekommen, und ich habe schon mit den Polizeibeamten gesprochen.«

Natürlich. Das waren die ruhigen, beratenden Töne gewesen, die ich gestern Nachmittag in meinem Zimmer gehört hatte. Die Wände waren wirklich dünn wie Papier.

Ich freute mich langsam, dass ich Ehlers nicht täglich zum Nachbarn hatte.

52

»Ich muss los«, sagte er plötzlich, während er seine Tasse leerte und sich den Mund mit meiner Serviette abwischte. »Vielleicht sehen wir uns ja noch, Rodby ist eine kleine Stadt. Sie waren gestern Abend sicher noch aus?«

»Ein wenig.«

»Ja, das können Sie sich erlauben, in Ihrer Stellung. Guten Morgen!«

»Guten Morgen.«

Ich kann nicht mit Sicherheit sagen, welches der beiden »Guten Morgen« sarkastischer klang, aber ich bin überzeugt davon, dass beide gute Chancen bei einem internationalen Sarkasmuswettbewerb hätten.

Als ich bei Gitte anrief, nahm niemand ab.

Als ich bei der Rezeption fragte, teilte mir derselbe Zwinkerzwinker-Bruder wie gestern mit, dass sie vor einer halben Stunde gegangen sei, ohne – worauf er äußerst gedehnt und betont Nachdruck legte – mir eine Nachricht zu hinterlassen.

Ich ging zurück in den Frühstücksraum und las in einem Aushang in der Rodby-Post, dass die Vorführung von Preben Damhirsch-Sørensen für zehn Uhr angesetzt war. Sicher waren Ehlers wie auch Gitte dorthin geeilt.

Ich wollte lieber dem Strom folgen, wenn es so weit war.

9

Die Sonne hatte die Zwischenzeit genutzt, um sich zu stärken. Alles in Rodby atmete Frieden, Mütter gingen mit ihren Kindern langsam die Straße entlang in der Art, die davon kündet, dass das Leben unter allen Umständen weitergeht, dass alles wie ein ewiger Strom fließt, von dem man selbst ein Teil ist, und an solch einem Morgen wird man gleichzeitig froh darüber und melancholisch, weil es eines Tages vorbei sein wird, weil der kleine Rotzjunge mit dem hellblauen Häubchen in dem rostigen Secondhandkinderwagen und die stolze, lächelnde Mutter dahinter (in diesem Augenblick könntest du ihr die gesamten steuerfreien Einnahmen aus Im- und Export des Öls der ganzen Welt für das Kind anbieten, sie würde dir nicht einmal zuhören), weil sie eines Tages verschwunden sein würden. Weil sie unter Mumps, Grippe, Krebs, Alkohol, schlaffen Brüsten, Eifersucht und was auch immer leiden würden. Weil sie immer wieder leiden würden, und dann verschwinden, und nur selten diese glücklichen Sonnenmorgen erleben würden, an denen der kleine Rotzjunge lacht wie alle Kinder lachen und man sieht, dieses Kind bedeutet die ganze Welt.

»An deinen Händen klebt Blut! Du hast kalte Augen!«

Die Verrückte von gestern war schon in der Fußgängerpassage unterwegs und hatte ihr Repertoire nicht gewechselt. Sie schüttelte anklagend einen zittrigen Finger direkt vor meinem Gesicht. Sie ähnelte einer klassischen Hexe mit dem einen Unterschied, dass sie schon von weitem nach Schnaps roch, nach einem bitteren, medizinischen Schnaps. Sie stank wie eine Apotheke, die schon bessere Tage gesehen hatte.

Ich duckte mich wieder – jede Anklage ist irgendwie berechtigt – und schlich mich, ohne jemanden zu stören und ganz bestimmt ohne irgendein Teil des Rodbyer Straßenbildes gewaltsam anzugreifen, zum Gerichtsgebäude und in den Saal Nr. 2. Der Staat gegen Preben Sørensen, Ankläger: Philip Feuerspiegel, Verteidigerin: Gitte Bristol.

Der Gerichtssaal war kalt und feucht. Die hohen Mauern schienen die Menschen von jeder Form der Teilnahme an dem Sonnenschein draußen abzuschirmen, man war in ein anderes Land gekommen, das seine eigene Temperatur hatte, und diese behalten würde, ganz gleich, was woanders auch geschehe. Die Wände waren trostlos, und ihnen entströmten bereits von vornherein Vorsehung und Strafe, Vorsehung, Strafe und Strenge. Es war schlimmer als eine Kirche, denn in einer Kirche gibt es jedenfalls eine schwache Hoffnung, einen Trost und ein Gebet. Im Gerichtssaal gibt es nur das

Urteil. Urteil leuchtete es aus den Holzbänken, Urteil leuchtete es vom Zeugenplatz, und die fünfzehn oder zwanzig Zuhörer sahen aus, als hätte sich das Urteil ihrer bemächtigt und leuchte jetzt auch aus ihren Augen.

Am Tisch vorne im Saal, direkt unterhalb eines Richters, der einer Karikatur aus einem Buch ähnelte, das jeder einigermaßen anständige Verlag schnurstracks zurückschicken würde, saßen Gitte und ihr Klient. Sie war bleich, er war bleich, und sie hatte sich bei ihm angesteckt – jetzt ähnelten beide verwundeten Tieren.

Aber sie war gefasst und konzentriert, obwohl sie zitterte. Man konnte es nicht sofort sehen, ihr Nacken betonte ihre Beharrlichkeit; und wenn ich nicht letzte Nacht mit ihr zusammengewesen wäre, hätte ich es sicher auch nicht bemerkt. Man lernt viel über einen Menschen, wenn man mit ihm ins Bett geht.

Sie hatte Preben Sørensen gut geschildert. Mager, eckig, zerzaust, mit schiefen Schultern, auseinanderstehenden, flackernden Augen, unruhigen Händen, die keine Sekunde an einer Stelle bleiben konnten und ununterbrochen am Stuhl entlang rutschten.

Das Merkwürdige war, dass er eigentlich hübsch war. Er sah wie eines dieser Mädchen aus, die zum festen Inventar der Illustrierten gehören, so eine, die man »Vorher« und »Nachher« sieht, d. h. bevor und nachdem der Schönheitsexperte der Zeitschrift sie in seinen Fängen hatte und aus einer unansehnlichen, tollpatschigen Verkäuferin bei Føtex eine ganz besondere, sophisticated Halbweltdame der europäischen Topklasse machte. Ich ertappte mich bei dem Gedanken, dass er, wenn man ihm nur etwas über Hemden erzählte und ihm ein wenig beibrachte, wie er sich einen geraden Rücken antrainieren konnte, dann könnte er eine Art dänischer Jean-Paul Belmondo werden mit einer leisen, romantischen Gitarrenmelodie im Hintergrund.

Rechts saß der Ankläger Philip Feuerspiegel, und genau so sah er auch aus. Feuerspiegel sah aus, als wäre er im Alter von zwanzig bereits Mitglied von vierzig anerkannten und registrierten Vorständen von Vereinen und Verbänden gewesen. Er sah nicht so aus, als wäre er jemals Sonntagnachmittags ins Kino gegangen oder hätte mit einem Mädchen am Strand geflirtet.

In der hintersten Reihe saß Ehlers und schaute ausdruckslos zu. Ich setzte mich neben ihn und hörte ebenfalls zu.

Es war ein äußerst einfacher Prozess. Philip Feuerspiegel hatte das Messer, an das er sich halten konnte, und das tat er nicht gerade wenig, aber es war offensichtlich, dass er den Fall nicht mochte. In regelmäßigen Abständen rückte er seinen Kragen zurecht und räusperte sich bedauernd, als entschuldige er sich bei seinen Bekannten vom Lion's Club, dass er in einem Fall über einen debilen jungen Mann und eine »Intim-Masseuse« mitwirken musste. Er wandte sich allen zu, als trüge er diplomatische, weiße Glacé-Handschuhe – über dem Mund.

Feuerspiegel ließ sich von nichts mitreißen. Er forderte nur in pedantischem Tonfall die Aufrechterhaltung der Untersuchungshaft und die Anberaumung eines formellen Anklagetermins, wozu der Richter zustimmend nickte, als wollte er sagen, dass er darauf ohne den ganzen Zirkus auch allein gekommen wäre.

Gitte Bristol war dafür in ihrer Verteidigungsrede um so leidenschaftlicher. Zu leidenschaftlich, nehme ich an. Sie hob immer wieder die unglückliche Vergangenheit des Angeklagten hervor, seine geringen Fähigkeiten und die großen Probleme, und jedes Mal, wenn sie Preben Sørensens Behinderung erwähnte, sah ich, wie der Richter und der Ankläger sich um einen Grad müder anblickten. Es war nichts zu machen, der Fall war verloren.

Der Richter hielt die Untersuchungshaft aufrecht und setzte eine neue Anhörung für den folgenden Montag, den 6. Mai an. Ankläger und Verteidigerin erklärten sich einverstanden. Gitte ähnelte in diesem Augenblick einem kleinen, frischgeborenen Wesen, das sich nicht auf den Beinen halten konnte, einem Bambi, das auf seinen tollpatschigen Kälberbeinen auf dem Eis in einem der ältesten Walt-Disney-Filme rutscht.

»Das ist Mord!«, sagte eine Stimme neben mir.

»Ja, natürlich«, stimmte ich zu.

»Das ist Mord an ihm«, sagte Ehlers langsam und deutlich, mit Betonung auf jedem Wort, aber mit wachsender Wut bei jedem Buchstaben. »Die bringen ihn um. Er kriegt keine Chance.«

»Die Beweise sind so einleuchtend.«

»Natürlich, natürlich – sie sind alle zusammen korrekt und vollkommen überzeugend. Als Polizist kann ich niemandem etwas vorwerfen. Aber ich muss dir sagen (jetzt hatten wir also wieder die Anrede geändert, offensichtlich hatte Ehlers wohl einen Anfall von Gefühlen bekommen), ich sage dir, ich glaub nicht dran. Wenn man meinen Job schon so lange ausübt, kriegt man einen Riecher dafür. Ich glaube jedenfalls nicht dran. Er ist kein Mörder. Er könnte es gar nicht tun. Vielleicht würde er gern, aber er könnte es nie fertig bringen. Er würde sich höchstens ein Messer besorgen und dann über die Türschwelle stolpern, sich in den Finger schneiden und hinterher so lange herumjammern, bis sein auserwähltes Opfer mit Jod und Verbandszeug kommt. Da stimmt was nicht, er war's nicht.«

Ehlers hatte während seiner Rede, gegen alle polizeilichen Vorschriften, seine Stimme lauter werden lassen, so laut, dass die Leute in der Reihe vor uns anfingen, ihn zur Ruhe zu ermahnen, während der Richter dabei war, einen Beschluss in einer verschnörkelten Sprache mit lateinischen Siebzehnsilbenwörtern vorzulesen, der nur das besagte, was wir schon seit zehn Minuten wussten: dass der Fall am 6., üblicherweise Montag genannt, erneut verhandelt werden sollte.

Ehlers fiel zusammen. Fast im gleichen Augenblick begann ein allgemeines Gescharre und Gemurmel im Saal. Die Séance war vorbei, und die wenigen Zuhörer verschwanden langsam mit ihren Mänteln und Taschen. Einzelne Gespräche waren zu hören.

»Er sah schlecht aus.«

»Sie war ganz gut, nicht wahr?«

»Da ist nichts zu machen.«

Preben Sørensen wurde von zwei Beamten weggeführt. Gitte stand allein am Tisch und schob ihre Papiere in eine glänzende Mappe, wobei sie aussah, als überlege sie angestrengt, wie man es nur anfangen sollte, so was in eine Mappe hineinzukriegen. Ich hätte ihr gern geholfen, aber das wäre taktlos gewesen. Dennoch stand ich auf und ging halbwegs zu ihr – nur um sie näher ansehen zu können.

Was sagt man nach so einer Nacht? Mein Kopf war leer wie der eines Redners am Verfassungstag. Man kann doch nicht sagen »Vielen Dank für die Nacht«. Man kann auch nicht sagen »Wie geht's?«. Und man kann nicht übers Wetter reden.

Man steht da, mit einer großen Zärtlichkeit im Bauch, einer großen, weichen Zärtlichkeit, die Schwierigkeiten hat, herauszukommen, weil sie nicht weiß, wo.

Ihr Blick war betrübt, auch als er meinen einfing. Wir sahen einander wie zwei Gefangene in einem Gerichtssaal an.

Sie war es, die zuerst etwas sagte.

»Ich habe jetzt einen Termin mit der Polizei, und hinterher will ich nochmal mit dem Angeklagten sprechen. Ich muss mich beeilen.«

»Ich würde gern hinter dir herlaufen, aber ich werde mich zurückhalten.«

»Mit wem hast du da gesessen?«

»Mit Polizeiinspektor Ehlers vom Halmtorvet. In Rodby sind im Augenblick ziemlich viele Kopenhagener. Er ist deiner Meinung. Er glaubt auch nicht, dass Preben Sørensen jemanden umgebracht hat. Er sagt, das kann er spüren.«

Gitte sah richtig aufgemuntert aus. Ich wünschte, ich könnte ihr erzählen, dass der König, der Ministerpräsident, der Ombudsmann und der dänische Filmpreisgewinner des Jahres das Gleiche gesagt hätten. Ein Augenblick, in dem ihre Augen glänzten, war stärker als greller Sonnenschein.

Dann wurde sie wieder die geschäftige, effektive Rechtsanwältin. »Ich muss los«, sagte sie.

»Sehen wir uns heute Abend? Wollen wir zusammen essen? Ich weiß, wie es dir geht, aber essen muss man ja trotzdem ...«

Das ist das Merkwürdige daran, verliebt zu sein, mit einem Mal ist man, wie vor langer Zeit die eigene Mutter, besorgt um den Körper des anderen, ob er genug zu essen bekommt, genügend Schlaf, sich nicht erkältet.

»Ich bin sicher gegen achtzehn Uhr fertig. Ich treffe dich dann im Hotel.«

»Gut«, sagte ich.

Und dann schlüpfte es mir heraus, ohne dass der Mund ahnte, was für einen Laut er hervorbrachte.

»Danke.«

Und dann, eine lange, ängstliche Pause später ... aber das war nicht ich, der da redete, das war der Mund:

»Meine Geliebte.«

Sie drückte mir für einen Augenblick die Hand, dass ich hinterher das Gefühl hatte, sie brenne, und dann ging sie mit dem Richter hinaus, der missbilligend dagestanden hatte und irritiert auf das Ende dieser Unterbrechung seines rechtmäßigen, gerechten und gesetzmäßigen Weges durch die vorgeschriebenen Zeremonien wartete, der ihn sicher zum Mittagessen führen würde.

Ich ging schnell.

In der Tür wartete Ehlers. Er hielt sie offen wie einen Mantel, den er gerade auszog.

»Kommen Sie mit?«, fragte er höflich.

10

Es war eine Erlösung, aus dem klammen Gerichtsgebäude in die reale Welt hinauszukommen, eine wirkliche Welt, in der die Leute Waren einkauften, in der die Kinder auf den Höfen Ball spielten und in der die Vögel sangen.

Ehlers lief durch Rodbys »Kleine Anlage«, als wäre er hier zu Hause, und setzte sich auf eine Bank. Ich nahm neben ihm Platz, und so saßen wir da und sahen die jungen Paare Hand in Hand zwischen den bald hellgrün explodierenden Büschen und Blättern herumschlendern. Hundert Meter hinter uns fuhren die schweren Lastwagen vom und zum Hafen.

Ehlers sah aus, als hätte er zu wenig geschlafen. Die Ränder unter seinen Augen und seine zerfurchte Stirn sprachen eine deutliche Sprache. Ich sagte es ihm.

»Ja, zum Teufel«, sagte er. »Alle diese Termine, und ich versuche vergeblich, herauszufinden, wie man dem jungen Sørensen helfen kann. Erinnern Sie sich übrigens, als wir uns das erste Mal getroffen haben, da saßen wir auf einem Spielplatz in der Istedgade.«

»Ja«, sagte ich. »Damals trank ich ein Fassbier, während wir den Kindern auf einer Wippe zusahen. Und es war nicht mal so warm wie heute. Soll ich uns nicht ein Bier holen?«

»Ich bin dran«, sagte Ehlers und verschwand.

Ich bot mir selbst eine Zigarette an und betrachtete eingehend ein Eichhörnchen, das lange Zeit vor einem Baum stand und aussah, als überlegte es, ob das nun der richtige Baum sei. Plötzlich fasste das Eichhörnchen einen Entschluss und rannte ohne zu zögern zu einem anderen Baum, vor dem es nur kurz anhielt, um dann mit einem leisen, verzückten Piepsen dran hochzuflitzen. Endlich hatte es den richtigen Platz gefunden.

Ein älteres Ehepaar setzte sich auf die Nachbarbank. Sie waren alt, verbraucht, zerfurcht, sahen aus, als hätten sie mindestens während der Regierungszeiten von vier Königen bei jedem Wetter draußen gearbeitet. Sie sagten nichts, saßen still in der Sonne und fassten einander bei der Hand. Sie sahen so zerbrechlich aus, dass man Angst haben konnte, sie würden kaputtgehen. Ehlers kam mit dem Bier zurück. Wir öffneten die Dosen, legten den Kopf in den Nacken und ließen es rieseln, wie das nur die bierseligen Dänen im Bierland Dänemark können, die es regelmäßig seit ihrem zwölften Geburtstag tun.

»Und jetzt erzählen Sie mir mal, warum Sie hier sind«, versuchte ich ihn zu überreden. »Und wollen wir nicht ein für alle Mal beim Du bleiben? Dieses Mal stehe ich doch nicht unter Verdacht, oder?«

»Sie haben nie unter Verdacht gestanden, aber Sie waren immer verdammt verdächtig«, antwortete Ehlers mit salomonischer Miene, als wollte er um jeden Preis fair sein. »Aber in Ordnung, dann sind wir per Du, prost!«

Dann dachte er einen Moment lang nach, bevor er zu reden begann.

»Ich kann mich noch gut dran erinnern, wie diskret Sie – du – letztes Mal warst. Deshalb werde ich dir erzählen, was ich und wohl noch ein paar andere bei der Polizei in Kopenhagen glauben – du musst aber versprechen, kein Wort weiterzutragen, und denk dran, das meiste sind Dinge, die wir glauben, wir wissen nicht viel, und es ist gefährlich, zu viel zu glauben, wenn man zu wenig weiß. Es geht um Drogen. Davon hältst du ja 'ne ganze Menge.«

»Blödsinn. Ich rauche ab und zu mal 'n Pfeifchen Hasch, und ich bin alt genug dafür, das ist nicht schlimmer als ein kaltes Bier, und das weiß mittlerweile sogar die Polizei. Ich bin kein Fixer, Ehlers, und das weißt du genau. Und nun komm nicht wieder mit dem ›Milieu‹; jeder, der in einer Großstadt lebt und ein wenig herumkommt, kennt natürlich ein paar Fixer, wie er ein paar Alkoholiker kennt, ein paar Neger, ein paar Rothaarige und ein paar Verkäufer in Tabakläden. Das lässt sich gar nicht vermeiden. Kopenhagen ist kein Kloster.«

»Nein, und Rodby auch nicht. Es geht also um Heroin. In den letzten paar Monaten gab es ungewöhnlich viel Heroin in Kopenhagen, ja eigentlich in ganz Dänemark, und wir haben die Sache untersucht, bis uns die Köpfe rauchten – wenn ich dir erzählen würde, wie viele erfahrene Polizisten wie viele Stunden damit verbracht haben, würdest du sofort einen Artikel über die Ineffektivität der Polizei schreiben. Wir haben alle normalen Vertriebswege untersucht, die Schmuggelrouten, die wir kennen oder die wir unter Verdacht hatten – und haben übrigens mehrmals unseren Verdacht bestätigt bekommen. Wir haben mit den meisten der großen Fische geredet, die schon mal verurteilt worden waren oder jedenfalls fast. Wir blieben bei unserer Meinung, dass das Zentrum in Kopenhagen sein müsste. Dort ist der größte Markt, und dort wohnen die meisten

Kunden. Aber wir konnten nicht herausfinden, woher das ganze Heroin kommt, und es waren große Mengen, viel größere, als wir gewohnt sind.« Eine Pause, ein Schluck Bier, eine kleine Wolke vor der Sonne. Die beiden alten Menschen hatten die Augen geschlossen und sahen aus, als schliefen sie.

»Nun gut, wir haben vor kurzem einen Kurier geschnappt, und dieser Kurier war neu in der Branche, ein junger Kerl. Er bekam fürchterliche Angst und hat uns alles erzählt, was er wusste. Das war nicht besonders viel, aber genug, um uns einen Schritt weiterzubringen. Er kam aus Rodby, und von ihm erfuhren wir, dass das ganze Heroin aus Rodby kommt. Wenn man es sich überlegt, ist es ja auch total einleuchtend. Wir haben Kopenhagen mit der Zeit ganz gut abgedeckt – natürlich kommt immer etwas rein, natürlich wird immer etwas reinkommen, aber das ist nichts gegen das, was da vor zehn Jahren zirkulierte, und wir haben es ganz gut im Griff – oder hatten es, bis diese neue Bande anfing.

Nun ja, Kopenhagen wird überwacht, und was nun? Also sucht man sich einen anderen Ort, an dem die Ware an Land kommt. Rodby ist perfekt. Gute Verbindungen in alle Ecken der Welt, Hafen, Bahnhof und Flugplatz. Rodby ist genau der Ort, den ein vernünftiger Drogenring sich aussuchen würde. Und das haben sie anscheinend auch getan, und deshalb müssen wir natürlich dieses Loch stopfen. Also wurde von höherer Seite – ich kann keine Namen nennen, aber die Sache ist bis ins Ministerium gegangen – dem Rodbyer Polizeidirektor bedeutet, dass man eine gründliche Untersuchung empfehlen würde und dass er dafür im ausreichenden Maße speziell ausgebildete Leute aus Kopenhagen oder Århus anfordern könnte oder sogar Leute vom nationalen Drogendezernat, die seit Jahren nichts anderes getan haben, als Drogenhaie zu jagen und jeden noch so beschissenen Trick in der Branche kennen, Leute, die sich einfach nicht von einem Koffer mit doppeltem Boden oder einem dicken Spazierstock bluffen lassen, der hohl ist und mit kleinen Briefchen vollgestopft werden kann, denn das sind für sie Lektionen aus ihrer Kindheit.«

»Und dann?«, fragte ich.

»Und dann schrieb der Rodbyer Polizeidirektor zurück, er hätte volles Vertrauen zu seinen Leuten und würde sie schon darauf ansetzen, aber im Übrigen hätte er seine Zweifel an unseren Informationen, er glaube nicht, dass es irgendeine Form von professionell organisiertem Drogenhandel oder -transport in Rodby gäbe, und er meinte, er würde die Stadt ja wohl am besten kennen, da er sein Amt seit zwanzig Jahren zur vollsten Zufriedenheit ausübe.

Das ist jetzt drei Monate her, und der Polizeidirektor hat anscheinend nichts unternommen, jedenfalls nichts, was irgendwelche Auswirkungen hat, denn das Heroin kommt weiterhin an. In der letzten Woche schnappten wir wieder einen Kurier, fast unter den gleichen Umständen wie beim letzten Mal: ein fürchterlich nervöser junger Kerl am Flughafen. Er konnte sich nicht rauswinden, wir hatten ihn bei der Kontrolle geschnappt. Er begann mit der üblichen Geschichte von vertauschten Koffern, aber da sein Name drin stand – dieser Idiot! – klang die Geschichte etwas hohl. Nach einer Stunde brach er dann zusammen und erzählte praktisch die gleiche Geschichte wie der andere. Er hatte den Job durch jemanden bekommen, den er kannte, wollte dessen Namen aber nicht nennen (das geschieht übrigens öfter, als man glaubt, dass sie ihre Freunde nicht verraten wollen), aber er gab zu, dass es in Rodby war. Er selbst war in Århus geboren, aber vor einem halben Jahr nach Rodby gezogen, ungefähr zu der Zeit, als das Heroin zu zirkulieren begann. Er war in Århus bereits vorbestraft.

Also war was dran«, sagte Ehlers und schloss die Augen, als wollte er sich eine spezielle Szene wieder vor Augen führen. »Eine einzelne Aussage konnte eine Lüge oder Fantasie sein oder einfach nur in die Welt gesetzt, um irgendwas zu sagen, aber zwei gleichlautende Kurieraussagen, das war zu viel, um es zu ignorieren. Man entschloss sich auf höchster Stelle, einen Mann herzuschicken, um sich hier erst mal umzuschauen.«

»Und die Wahl fiel auf den bekannten Polizeiinspektor Ehlers vom Revier Halmtorvet?«

»Genau. Man legte mir alles vor, was es gab, machte mich zu einem zeitweise abgesandten Repräsentanten der Kopenhagener Polizei und schickte mich innerhalb von zwei Stunden los, sodass ich nicht mal Zeit hatte, meinen Kindern einen Abschiedskuss zu geben.

Aber das Beschissene an der Situation ist, dass es gewisse Regeln gibt, wie weit man gehen darf. Ich kann nicht einfach drauflos stürmen, wie ich es gewohnt bin, ich muss Rücksicht auf Rodbys Polizeidirektor nehmen, und unter uns gesagt«, anklagend sah er zu den beiden bewegungslosen Alten hinüber und senkte seine Stimme, »… unter uns gesagt, er ist ein absolutes Arschloch. Reaktionär, verknöchert und derart von sich überzeugt, wie ich es noch nicht erlebt habe. Er meint, Rodby sei ein Paradies auf Erden. Er meint, er sei vollkommen in der Lage, seine Arbeit zu verrichten, und er meint vor allem, es sei eine unglaubliche Unverschämtheit, dass ich hier bin, und das zeigt er ganz offen. Na ja, mir würde es auch nicht gefallen, wenn ein Fremder in meinem Büro am Halmtorvet herumschnüffeln würde, und Sie – du – wärst sicher auch nicht begeistert, wenn ein Journalistenkollege plötzlich in deinen Spalten herumwühlen würde, oder?«

»Bestimmt nicht.«

»Aber solange Polizeidirektor Matthiasen, dieses Aas, auf seinem fetten Arsch sitzt und in der Rotary-Loge im Hotel Rodby gemeinsam mit dem Bürgermeister, dem Rektor und dem Oberarzt Wein säuft, während sich alle gegenseitig bestätigen, wie hübsch doch ihre Stadt ist, dank ihrer selbst, und aufeinander nette Reden halten, so lange passiert überhaupt nichts. Und nun soll ich also als Chamäleon auftreten. Ich habe die Anweisung, umsichtig zu sein und nach eigenem Ermessen zu handeln. Das ist doch eine wunderbare Anweisung, hört sich gut an, nicht? Aber in der Praxis ist sie nicht viel wert. Und dann kommt noch dieser Sørensen-Mordfall hinzu. Und weil man schon im Vorfeld dem Rodbyer Polizeidirektor nicht so ganz getraut hat, soll ich das auch gleich mal mit untersuchen, und das ist eine Nummer schlimmer. Heroin ist die reine

Scheiße, es bringt Leute um, vor allem junge, und ich habe genug menschliche Wracks gesehen, um das zu wissen. Das ist beschissen genug. Aber ein Mord ist noch eine Nummer schlimmer, und am schlimmsten kommt es, wenn der Verkehrte dafür hängen soll. Und das Gefühl habe ich.«

»Die Untersuchungen laufen, oder?«

»Man kümmert sich drum.«

»Warum gehen wir dann nicht zum Taubenschlag und schauen zu?«

»Denk dran, das hier ist streng vertraulich.«

»Natürlich.«

»O. k.«

»Also, dann lass uns mal …«

Wir standen auf, und ich fand einen Papierkorb für unsere leeren Bierdosen. Nun ja, trotz allem war ich schließlich mit einem Bullen zusammen.

Die beiden Alten saßen immer noch Hand in Hand mit halb geschlossenen Augen da. Sie lächelten.

II

Die Schmiedgasse ist eine gemütliche kleine Straße, eines dieser dänischen Provinzstadtgässchen, die aussehen, als hätten sie bis auf ein oder zwei Fernsehantennen ihr Aussehen in den letzten vierhundert Jahren nicht verändert, als könnte heute noch der Pfänder hinter einem Bauern in Kniebundhose herlaufen, oder ein Knecht auftauchen, um den Fußsteig zu fegen, wobei er die Straße beobachtet und seinen Priem kaut. Nur die Autos zerrissen die Stille.

»Der Taubenschlag« befand sich in Nr. 16, eingerahmt zur Linken von einem Kaufmannsladen und zur Rechten von einem Friseur, alle drei kleine, niedrige gelbe Häuser mit Erdgeschoss, erstem Stock und einem winzigen Dachboden. Sie sahen aus, als hätten sie sich um einen Dorfteich gruppiert, und gerade als das Abkommen beschlossen und der Vertrag unterzeichnet worden war, war der Dorfteich nach Südamerika abgehauen.

Es war ein ganz typischer Teil des alten Rodby, und in einigen Jahren würde es zweifellos von einem dynamischen, »fortschrittlichen« Bürgermeister wegsaniert werden, aber jetzt lag es noch mit seinen schiefen Häuschen dort in einer ruhigen, anmutig eingefassten Umgebung mit einzelnen leeren Grundstücken zwischen den Häusern, die aussahen wie Löcher in einer Zahnreihe in einem ansonsten gut bestückten menschlichen Mund.

Die alten Friseur- und Kaufmannsschilder gehörten ins Nationalmuseum. Der Friseur hatte altmodische Buchstaben an seiner Tür, und diese wies immer noch seine Nummer bei der Rodbyer Telefonzentrale auf, die nach der Automatisierung vor mindestens zwanzig Jahren geschlossen worden war. Der Kaufmann hatte sein Fenster im gleichen Stil voller Reklame für im ganzen übrigen Land unwiederbringlich verschwundene Zigarettenmarken und für schon lange vergessenes Waschpulver, das man nur noch aus den Werbesendungen der eigenen Kindheit kannte. Beide Geschäfte sahen so verstaubt und betagt aus, so pensionsreif, als würden sie nur noch dahinvegetieren, bis sie einen Grund fänden, um endlich zu schließen. Die ganze Schmiedgasse wirkte wie ein Bühnenbild, das nicht zu verändern war, eine festgefrorene Kulisse, die ihren Platz für alle Zeiten gefunden hatte und so weitermachen würde, als wäre nichts geschehen, und jeden Tag die gleiche Komödie aufführen würde, bis »die Große Hand« von oben eingriffe und alle Bausteine zusammenstürzten, sodass das Ganze innerhalb von nur zwei Minuten zu Staub zerfiele.

Ich weiß nicht, ob Sie verstehen, was ich meine. Ich bin mir nicht sicher, ob ich es selbst verstehe, aber genau so empfand ich es – um ein großes Wort zu benutzen.

Aus dem einzigen Wirtshaus der Straße, dem »Café Schmied«, drangen bereits Musikboxtöne – der Hit war damals »Die Sonne scheint bei Tag und Nacht«, er verfolgte einen in allen Straßen – und laute Stimmen heraus. Die Tür zur Straße und zur Sonne war geöffnet. Ein großer, kräftiger Mann mit Kellnerweste und aufgekrempelten Ärmeln stand in der Tür und stocherte in den Zähnen, während er in die Sonne blinzelte und den Kaufmannsladen zu grüßen schien.

Um die Türöffnung und auf den Treppenstufen hingen oder saßen einige Frauen mit Kindern und Männern mit Bier. Mir fiel auf, dass es viele Ausländer waren, viele Einwanderer, dunkelhäutig und dunkeläugig.

Alle Fenster zur Straße waren weit aufgerissen.

Ehlers klingelte beim Taubenschlag, der ziemlich anonym aussah und in seiner ganzen niedrigen Gelbheit eher einem Kükennest ähnelte. Es gab nicht einmal ein Türschild.

Niemand öffnete.

Ehlers klingelte erneut. Dann schlug er mit seiner Faust gegen die Tür und erklärte, dass hier die Polizei sei.

Falls es jemand hören konnte, kümmerte er sich jedenfalls nicht darum.

Selbst durch meinen Rücken konnte ich spüren, dass alle Augen von den Türen, Treppen und Fenstern uns folgten.

»Ich will rein«, sagte Ehlers kurz. »Ich geh zum Gericht und hol mir die Erlaubnis für eine Hausdurchsuchung, das kann das Aas mir nicht verweigern. Ich will mir das hier angucken.«

»Das möchte ich auch gern.«

»Ausgezeichnet, ich werde den Beschluss schon kriegen. Kommst du mit?«

»Nein, ich glaube, ich gehe inzwischen ins Café Schmied und hör mal, was die Leute so reden.«

»Ausgezeichnete Idee, aber trink nicht zu viel.«

»Nein, da hast du Recht. Vielleicht lasse ich mir auch inzwischen die Haare schneiden, das wäre doch nett.«

»Wie du willst. Es wird so etwa eine Stunde dauern. Ich geh davon aus, dass du in der Nähe bist.«

»Ich werde schon nach dir Ausschau halten.«

Wir verabschiedeten uns wie Freunde, und ich ging ins Café

Schmied, verabschiedete mich von der Großen Goldenen Runden Sonne und begrüßte zwölf Tonnen Nikotin in meiner Lunge, die Dunkelheit und ein lautes Stimmengewirr. Das Lokal war reichlich mit Tischen vollgestellt, und die Leute saßen in Grüppchen verteilt, während die größte Gruppe eine äußerst gemischte und physiologisch lehrreiche Sammlung von Ärschen ausmachte, die dicht an dicht an der Bar aufgereiht waren. Ich stellte mich in diplomatischem Abstand zu der Gruppe dazu und bat, als die Augen sich an die Höhlenfinsternis gewöhnt hatten, um einen doppelten Whisky ohne Wasser und Eis. Der große, kräftige Mann, der in der Türöffnung gestanden hatte, lieferte diesen ohne Einwand ab und kassierte – auch ohne Einwand – seine fünfundzwanzig Kronen. Er sah mich dabei kaum an, er war vertieft in ein Gespräch mit der Gruppe an der Bar.

»Ich glaube nicht, dass er es war«, sagte einer mit piepsender Stimme, so ein magerer Hering mit Zigarette zwischen den Lippen, einer Jacke und Mütze, die beide schon vor Generationen bessere Tage gesehen hatten. »Ich glaube es einfach nicht.«

»Aber sie haben ihn schließlich mit dem Messer geschnappt, und da war Blut dran, Mann.«

»Aber ich habe gehört, dass er gesagt hat, er hätte es bei ihr gefunden und mitgenommen.«

»Ach, Mann, die reden doch alles Mögliche. Warum zum Teufel sollte er es denn tun?«

»Er war doch gaga, oder?«

»Und sie war sonst ein süßes Mädchen, die Irene ...«, ertönte es plötzlich wehmütig von einem der Älteren aus der Gruppe, einem großen, vierschrötigen Mann mit einem Körper wie eine Tonne, einem Islandpullover von der Größe eines Campingzeltes für eine Großfamilie und einem Gesicht wie eine Bulldogge. Er sah aus, als hätte ein kubistischer Maler ihm seine Form gegeben, alles an ihm wirkte viereckig, bis hin zu den quadratischen Augen.

»Ach, warst du auch bei ihr?«, fragte ein schlauer Kopf schnell.

»Halt's Maul, Kenn!«, kam die Antwort, und danach herrschte

für einen Augenblick eine unheimliche Stille, während die beiden Kampfhähne einander anstarrten und Maß nahmen.

Dann war alles vorbei, und irgendjemand gab eine Runde aus, warf eine Münze in die Musikbox, und wir hörten: »Die Sonne scheint bei Tag und Nacht«.

Eine Stimme von einem der Tische schrie nach vier Würfelbechern. Eine andere Stimme erhöhte auf fünf.

Das Leben ging seinen Gang im Café Schmied wie in tausenden solcher Cafés, die es im ganzen Land gibt.

Ich dankte dem Barkeeper herzlich und verabschiedete mich von ihm, während ich von der Türöffnung aus die kleinen Gebäude mit dem Taubenschlag in der Mitte betrachtete. Ich entschied mich, es beim Friseur zu versuchen. Da ich außergewöhnlich gut rasiert war – Gitte Bristol sei Dank – war es sinnlos, ihn um eine Rasur zu bitten, aber auch wenn die Haare schon kurz sind, kann man sie immer noch ein Stück kürzer schneiden.

Die Tür war kurz davor, aus dem Rahmen zu fallen, als ich sie anfasste. Der Staub lag fingerdick auf den Scheiben und sah aus, als hätte ihn jemand mit einer klebrigen, gelblichen Substanz eingefärbt. Es gab zwei unbesetzte Stühle im Geschäft, einen Tresen, eine Kasse aus dem Stadtarchiv, sechs zerfledderte Zeitschriften von vor zwei Sommern und einen Geruch, der zu gleichen Teilen aus Rasierwasser, Schuppen und Alkohol bestand.

Der Friseur saß in einem winzigen Hinterzimmer und kreuzte mit zwei Freunden die Flaschen. Es gab keinen Versuch, zu verbergen, was da vor sich ging, keine unterwürfige Fassade.

»Schneiden oder Rasieren, der Herr?«, fragte er mit halbprofessionell alkoholverschleierter Stimme, sicher das Resultat von vielen Jahren Training, während er unsicher auf den drei Stufen balancierte, die den Friseursalon von seinem Privatgemach trennten.

»Schneiden, bitte«, antwortete ich. »Aber nur ein bisschen.«

»Wird gemacht, der Herr. Bitte, nehmen Sie Platz, nur einen Augenblick.«

Er ging nach hinten und sagte seinen Freunden leise ein paar

Worte, leerte – nach einem deutlich hörbaren Rülpsen zu urteilen –
sein Bier und kam zurück.

Man sagt, alle Friseure seien redselig, aber wer das behauptet,
der war noch nie in Rodby. In Rodby, jedenfalls in der Schmiedgasse, kann sogar ein leicht versoffener und kahlköpfiger Friseur
mit Leichtigkeit eine prämierte Auster ausstechen, was die Schweig-
samkeit angeht. Er schnitt, als müsse er seine ganze Konzentration
auf die Schere legen, als wäre er ein virtuoser Weltkünstler, der un-
eingeschränkte Stille während seiner Arbeit an einer neuen Symphonie benötigte, oder ein Boxer, der alle zur Verfügung stehenden
Muskeln sammelt, um den entscheidenden K.-o.-Schlag in der siebten Runde zu landen.

Und er brauchte das auch. Seine Hände waren nicht allzu sicher.
Es ist nicht gesund, wenn dem Friseur die Hände zittern. Wie bei
Pianisten und Revolverhelden dürfen sie das überhaupt nicht.

Das kam sicher daher, weil ich ihm keine Chance ließ. Ich fragte,
wie die Dinge in Rodby so stünden, und er sagte, alles liefe »wie
immer«. Dann sagte ich, mir schiene – was eine absolute Lüge war,
aber eine mehr oder weniger in meiner Branche, darauf kommt es
nicht an –, als hätte Rodby sich ziemlich verändert, woraufhin er
nachdenklich bemerkte, dass sich heutzutage ja alles ändere. Dem
konnte ich nicht widersprechen, und ich fand keine Gelegenheit,
von diesem inspirierenden Punkt aus den Faden wieder aufzu-
nehmen.

Also kam ich direkt zur Sache, als er stinkendes Haarwasser über
die Reste meiner Haare ausgoss.

»Ich habe eben im Café gehört, dass hier bei Ihnen in der Straße
ein Mord passiert ist?«

Der Friseur sah mich einen Moment lang an, als wäre das etwas,
worüber man nicht spricht. Dann sagte er abwiegelnd:

»Ja, das war eine Prostituierte. Sie haben den Schuldigen schon,
es war ein Kunde von ihr, ein junger Kerl hier aus der Stadt. Er ist
wohl geisteskrank.«

Das Wort »geisteskrank« sagte er mit einem gewissen Stolz darüber, dass er das Wort kannte und nicht einfach »schwachsinnig« gesagt hatte, es schien, als würde er jeden Sonntagvormittag die Reste einer guten Erziehung wieder aufpolieren.

»Sie haben nichts davon gehört?«, fragte ich naiv.

»Ich schließe jeden Abend um halb sechs, Herr … Das ist nachts passiert. Ich kannte die Dame kaum. Ich bin ein Herrenfriseur.«

»Ja«, sagte ich. Ich sah, dass er fast fertig war mit den neun, zehn langen Haaren, die theoretisch einen Haarschnitt legitimieren konnten. »Ja, vielen Dank auch. Was macht das?«

Nachdem ich bezahlt, aber noch bevor ich die Tür wieder geschlossen hatte und ich tat, als suchte ich in einer tiefen Innentasche nach einer Zigarette, hörte ich ihn wieder zu seinen Freunden im Hinterzimmer gehen und irgendeine Geschichte weiterdiskutieren, bei der ich sie unterbrochen hatte.

Ich schlenderte die Straße in der Sonne ein wenig auf und ab, ohne mehr Bemerkenswertes zu erleben als ein paar Bengel, die um Zigaretten bettelten, und eine einsame Hure, die mir bereitwillig ihre Dienste zur Verfügung stellen wollte.

Rufen, Gläserklirren und Musikfetzen waren die ganze Zeit über aus dem Café Schmied zu hören. In dem Kaufmannsladen dagegen schien das Leben stillzustehen, kein Kunde kam, keine Geschäftsglocke klingelte munter und verkündete neuen Umsatz. Ich hatte das Gefühl, es dauerte furchtbar lange, bis Ehlers zurückkam.

12

Aber das Warten lohnte sich. Als er endlich kam, sah er aus wie ein Unwetter, das sich zusammenbraute oder ein wütender Vulkan, der seine letzte Warnung bereits an die Naturschutzbehörden geschickt hat. Ich könnte schwören, dass Schwefelgeruch aus seinem Mund drang.

»Dieser Idiot!«, sagte er. »Matthiasen, meine ich. Zum Essen!

Zum Essen um zwei Uhr! Nicht anzutreffen! Ich sollte warten, bis das Essen beendet ist!«

Er hielt einen Moment inne, um nach Luft zu schnappen. Die Wut hatte seinen normalen Atemrhythmus auf das doppelte Tempo erhöht.

»Ich habe den Hausdurchsuchungsbefehl von einem Untergeordneten gekriegt – gegen Quittung!«, sagte er vorwurfsvoll, als würde er mich anklagen, ja, als zöge er die ganze Schmiedgasse vorläufig zur Verantwortung – bis die gesamte Mitgliederzahl der Vereinten Nationen erfahren würden, welchen Leiden er ausgesetzt war.

»Aber nun komm!«, sagte er, immer noch zitternd, und zog mich wie einen Hund an der Leine zur Nr. 16.

»Ich habe niemanden rein- oder rausgehen sehen«, sagte ich.

Er antwortete nicht. Er klopfte, er rief, klopfte erneut, mit einer Sorgfalt, als übe er ein mystisches orientalisches, religiöses Ritual aus. Dann zog er einen Dietrich aus seiner Jackentasche und machte sich daran, das Schloss damit zu bearbeiten.

Das Schloss hielt nicht lange. Ich zündete mir eine Zigarette an, und als ich zum ersten Mal meine Asche abstrich, öffnete sich die Tür bereits.

Im Haus herrschte vollkommene, grenzenlose Stille. Nichts rührte sich. Und dennoch lag ein unterschwelliges Unbehagen, eine schwache Vorahnung in der Luft, ein Gefühl, das aus den Holzdielen und der graubraunen Treppentapete herauszuströmen schien, ein Gefühl von der Art, wie es einen ergreift, wenn man mitten in einem Horrorfilm einen schrillen Geigenton hört, während der Wind die Baumwipfel erfasst und man weiß, jetzt passiert es, jetzt gleich …

Das letzte Mal, als ich dieses Gefühl hatte, kehrte ich um und entging dadurch im letzten Moment einem schlingernden besoffenen Autofahrer mit festem Kurs auf mich zu. Ich habe keinen Zweifel, dass er sein Bestes tat, mich zu umsteuern, so war das nicht gemeint.

Ehlers schaute auf die Tür mit der erhellenden Information »Andersen« auf dem Schild. Dann ging er die Treppe hinauf und bot mir mit generöser Handbewegung die einmalige Gelegenheit, ihm zu folgen.

Die Treppe knarrte. Sie war uralt, das Holz hatte sich aufgeworfen, alle Stufen waren schief, und bei jedem Schritt gaben sie so viele Geräusche von sich, dass man sich vorstellen konnte, dass sie an betriebsamen Abenden wie eine Musikbox klingen mussten. Auch im ersten Stock gab es nur eine Tür, und da war der Taubenschlag. Aber der Taubenschlag hatte sich vor möglichen Wölfen und Füchsen geschützt. Ich hatte bereits zweimal auf die Treppe geascht (was ich zutiefst bedaure und bis zu meinem Tode bereuen werde, aber es gab keine andere Möglichkeit), bevor Ehlers die Tür aufbekam.

Der Eingang war hellrot, oder man sagt wohl pink, mit einer Nuance, die einer bestimmten Sorte Softeis ähnelt, das drei Tage auf der Heizung gelegen hat. Im Flur gab es sieben leere Haken und einen Mantel, nicht besonders überfüllt, wie in so vielen Wohnungen. Der Flur führte zu einem Zimmer.

Das musste das mittlere Zimmer sein, in dem die Mädchen ihre Pausen miteinander verbracht hatten. In der Mitte stand ein runder Tisch, wie man sie in Restaurants sieht, nie in Privathäusern, ein Tisch mit Messingbeinen, und auf ihm standen Aschenbecher voller Filterkippen mit Lippenstiftabdrücken, eine leere Flasche Gin, zwei leere Bierflaschen, ein aufgebrauchter Lippenstift, eine Zeitschrift mit einem bekannten Schauspieler auf dem Titelblatt, zwei Kartenspiele in unordentlichen Haufen, eine Thermoskanne und ein paar kleine Teller mit Kuchenresten. Er ähnelte einem Tisch, wie man ihn in einer Feuerwache oder einer Taxizentrale sehen kann.

Um den Tisch standen vier Stühle, der Rest der Möblierung bestand aus ein paar Schränkchen, auf einem von ihnen stand ein Telefon. Kleine gelbe Lampen standen anscheinend überall herum und brannten auch am helllichten Tag, kleine gelbe Lampen, die den Eindruck vermittelten, den man vom Anblick des Olympischen

Feuers erwartet, nämlich dass das hier ewig währt, wir sind immer hier, immer aktiv.

Das merkwürdigste war der Geruch im Zimmer. Es roch, als wäre alles, woran man einmal – vor langer, langer Zeit – geglaubt hatte, aufgegeben worden, ganz gleich, was; die Illusion war verpufft wie das Feuerwerk vom letzten Silvester. Das Zimmer wirkte vom Boden bis zur Decke, von der Tür bis zu den Gardinen, als hätte es genug erlebt und wünschte eigentlich nichts mehr, und dieser Trieb stieg in die Nasenlöcher wie eine Mischung herber, scharfer Gerüche, eine stinkende Mixtur aus Samen, Huren, Lust, Liederlichkeit und Gleichgültigkeit, ein Gestank, den man sonst nur in südamerikanischen Hafenvierteln erlebt.

Ehlers sah sich oberflächlich im Zimmer um, als hätte er es schon dreimal gesehen. Dann ging er nach links in eine kleine Küche, machte dort seine Runde, drehte sich um zu einem angrenzenden Badezimmer und öffnete das Zimmer der ermordeten Irene Pallock.

Es war sehr bescheiden. Es gab eine Topfpflanze auf einem Nachttisch, so eine, die man »Schwiegermutters scharfe Zunge« nennt, und der einzige weitere Gegenstand auf dem Nachttisch war ein noch verschlossenes Paket Kondome. Das Fenster stand offen, und der Wind wehte herein. Blutflecken auf dem Laken und der Bettdecke auf dem einsamen melancholischen Eisenbett an der Wand zeigten deutlich, dass niemand seit dem Mord sauber gemacht hatte. In der Ecke gegenüber dem Kopfteil des Betts stand ein Kleiderschrank, daneben gab es ein Waschbecken, und in einem Papierkorb unter dem Waschbecken lagen ein paar schmutzige Unterhosen und die Lokalzeitung von vorgestern. Ehlers schaute sich diese Herrlichkeiten prüfend an und öffnete dann die weit vom Bett entfernte Hintertür, die der Mörder benutzt haben musste. Wir blickten auf eine wacklige Treppe von einem Format herab, das besagte, dass die Treppe nur gebaut worden sein konnte, weil zu jener Zeit ein Zwerg der Bauherr des Hauses gewesen sein musste.

Zurück im Zimmer öffnete er die nächste Tür. Der Raum war eine exakte Kopie von Irenes Zimmer: Bett, Waschbecken, Papierkorb – nur das Fenster war verschlossen, der Geruch abgestandener und die Gardinen hatten schmale, hellrote Spitzen. Ehlers wollte etwas sagen. Doch stattdessen öffnete er die letzte Tür, und wie im Märchen ähnelte das dritte Zimmer den anderen beiden. Es gab die gleichen Möbel und denselben faden Geruch. Aber wie in den Märchen besaß der dritte Raum etwas Besonderes.

Das Besondere war ein totes Mädchen auf dem Bett.

Man brauchte keine medizinische Fachausbildung, um festzustellen, dass sie tot war. Sie bewegte sich nicht, und ein Messer steckte in ihrer Brust. Sie war vollständig bekleidet. Sie war rothaarig. Sie war rundlich.

Es handelte sich vermutlich entweder um Majken oder Lisbeth. Ehlers ähnelte einer Steinsäule, als er sie entdeckte. Er blieb wie erstarrt stehen, beugte sich weder vor noch zurück, war am Boden festgefroren und starrte mit einem alles aufsaugenden, konzentrierten Blick auf die Frau.

Ich selbst schaute weg, soweit es sich machen ließ. Ich sah, dass die Tote die beste Aussicht des Bordells gehabt hatte. Das Fenster zeigte direkt auf den einzigen Baum des Hinterhofs, eine große, in diesen Tagen üppig blühende Buche. So ein Baum, den man unwillkürlich in seinem Jahreszeitenrhythmus beobachtet, ein Baum, den man jeden Morgen, sobald man aufwacht, ansieht und dabei das Wetter abschätzt.

Ich überlegte für einen Augenblick, wie viele meiner Geschlechtsgenossen wohl im Laufe eines Jahres auf diesem Eisenbett gelegen hatten, in den Unterleib dieser Frau eingedrungen waren und einen Moment lang gestöhnt hatten, während der Saft sie verließ und sie zur gleichen Zeit aus dem Fenster auf die Buche schauten, auf diesen Baum, in Sonne, Regen und Schnee. Oder wie oft das Mädchen es selbst getan hatte.

Dann zwang ich mich, die Leiche erneut anzusehen.

Sie trug eine rote, enge Bluse und einen roten Rock, und das Blut, das unterhalb ihrer Brust trocknete, hatte fast dieselbe Farbe wie die Kleidung, es war schwer davon zu unterscheiden.

»Das ist ein Küchenmesser«, sagte Ehlers. »Ich hab solche da draußen gesehen.«

Ich schaute das Messer genauer an. Es hatte einen schwarzen, polierten Griff, so einen, der zu einem großen, saftigen Steak auf einem Reklamefoto in einer Essenszeitschrift passt.

Ich war froh, dass ich nichts gefrühstückt hatte, das ich jetzt wieder hätte von mir geben können.

»Das ähnelt dem anderen Mord zum Verwechseln«, sagte Ehlers so trocken wie ein Briefmarkensammler, der seine Neuerwerbungen ins Album einsortiert. »Abgesehen davon, dass sie vollständig bekleidet ist, aber das muss nichts bedeuten. Und außerdem gibt es auch hier viele ungezielte Stiche wie bei der anderen.«

Mein Gehirn begann wieder zu arbeiten. Wie ein Reisender in der Wüste, der fieberhaft nach Wasser sucht, fand es einen positiven Aspekt im Lauf der Dinge, zumindest einen Blickwinkel, von dem aus sich nicht alles nur um den Tod drehte. Das menschliche Gehirn ist voll von provisorischem Blendwerk und Bluff.

»Aber«, sagte ich zu Ehlers, »dann steht jedenfalls Preben Sørensen besser da. Jetzt sieht es wie eine fortgeführte Mordserie aus, und das kann er nicht gewesen sein. Jetzt ist er frei von Verdacht.«

»Nein«, sagte Ehlers. Er sah nicht mehr allein wie ein Unwetter aus, sondern wie ein dreifaches, dreidimensionales Unwetter, das mit bebendem Bart auf unbeweglichen Beinen stand. »Nein, ganz im Gegenteil. Nein, überhaupt nicht. Es sieht schlechter für ihn aus als je zuvor.«

Ich brauchte keine Frage zu stellen, mein Gesichtsausdruck reichte.

Ehlers erbarmte sich meiner.

»Er ist abgehauen, vor zwei Stunden, kurz nachdem er im Gericht war. Er ist einem Beamten entwischt, der ihn ins Gefängnis zurückbringen sollte. Das ist passiert, kurz nachdem wir das Gericht verlassen haben. Ich habe es erfahren, als ich den Durchsuchungsbefehl holte.«

Mit frisch erwachter Wut starrte er auf ein Stück Papier, das er

76

aus der Tasche gezogen hatte, als müsste sich das Papier jetzt verteidigen.

»Er ist abgehauen«, wiederholte er tonlos. »Und das sollten Sie
jetzt auch lieber tun.«

»Sie?«

»Jetzt Sie, heute Abend können wir wieder per Du sein. Jetzt
heißt es arbeiten. Jetzt muss die einheimische Verstärkung geholt
werden, Spezialisten, Ärzte. Jetzt muss das dritte Mädchen gefunden und erneut verhört werden. Jetzt müssen alle Nachbarn ver-
nommen werden. Und dann muss ich noch meinen Bericht nach
Kopenhagen schicken. Das ist eine polizeiliche Untersuchung, und
Sie gehören nicht dazu. Sie sollten lieber gehen.«

»Wenn ich gesiezt werde«, sagte ich verletzt, »dann sieze ich Sie
auch. Ich bin Journalist, auch wenn ich es ab und zu vergesse. Darf
ich über diese Geschichte schreiben – natürlich ohne Ihre vertrauli-
chen Informationen zu verwenden?«

»Ich wüsste nicht, wie ich Sie daran hindern könnte«, sagte Ehlers, während er sich nachdenklich die Stirn massierte. »Aber eins
will ich Ihnen noch sagen: Es würde mir sehr weh tun, wenn Sie in
Ihrem Artikel unterstellen würden, dass der Rodbyer Polizeidirektor seiner Stellung nicht gewachsen ist.«

»Ich verstehe, was Sie meinen«, erwiderte ich. »Danke. Bis später.«

»Viel später«, sagte er melancholisch.

Als ich ihm den Rücken kehrte, um hinauszugehen, war er bereits dabei, alle die festbesoldeten Leute anzurufen, die dem Gesetz zufolge in einer rechtsstaatlichen Gesellschaft herbeigerufen
werden müssen, wenn eine Hure niedergestochen wird. Die rote
Graham Bell des Bordells klingelte lustig.

13

Eigentlich durfte nicht viel Zeit vergangen sein, aber das täuschte. Der Tod verlängert immer die Zeit.

Jedenfalls war der Nachmittag mit einem Mal schwer, schwül und schläfrig geworden. Die Sonne hatte eine flackernde Wolke adoptiert, hinter der sie sich versteckte, und selbst die Musikbox aus dem Café Schmied klang viel schüchterner.

Ich überlegte, was die Gruppe an der Bar wohl sagen und denken würde, wenn ich mit den neuesten Nachrichten aus dem Taubenschlag zu ihnen ginge.

Aber das machte ich natürlich nicht. Ein Mann ist ein Mann, und ein Scheck ist ein Scheck, und ein Mann ist kein Mann ohne einen Scheck, so einfach ist das. Ich ging also direkt und dreist ins Hotel zurück, sah, dass die Uhr bereits auf siebzehn Uhr zuging, warf mir sechs, sieben Hand voll Wasser ins Gesicht, fluchte entsprechend oft, griff dann zu meinem Zimmertelefon und rief Otzen an, um ihm die letzten Neuigkeiten zu berichten.

»Fantastisch!«, rief er sofort, als hätte ich persönlich die erfrischende Initiative zu Ehren der Leser des Bladets ergriffen und eine Masseuse ermordet. »Fantastisch, mein Junge! Habe ich nicht gesagt, dass das eine Story ist?«

So direkt hatte er es nicht gesagt, aber na gut: Wenn ich immer noch sein Junge war, dann war zumindest der nächste Monat gerettet.

»Das Problem ist nur, dass wir noch nicht wissen, welche von beiden es ist, wenn es eine von beiden ist«, sagte ich.

»Scheiß drauf, mein Junge. Dichte eine hübsche Geschichte, dann kannst du später anrufen, wenn du den Namen hast, und wir setzen ihn dann ein. Nehmen wir es, wie es kommt. Ich stell dich rüber zur Nachrichtenredaktion.«

»Ich rufe selbst an. Bis dann.«

»Ja, bis dann. Und viel Glück!«

Ich wollte selbst anrufen, weil ich gern noch fünf Minuten Zeit haben wollte. Selbst ein guter alter, abgebrühter Journalist braucht eine Tasse Kaffee, nachdem er eine Leiche gesehen hat, die noch vor wenigen Stunden im Sonnenschein geatmet hat. Mit einer Kanne Kaffee auf meinem Zimmer übermittelte ich meinen Artikel – courtesy of Graham Bell – schnell der Nachrichtenredaktion. Ich sagte, weitere Details zu Sørensens Flucht und den Namen der Leiche würde ich nachreichen. Ehlers zuliebe deutete ich an, dass Beobachter daran zweifelten, dass die örtliche Polizei ihren Aufgaben gewachsen sei. Dann lehnte ich mich zurück, knöpfte mein Hemd einen Knopf weiter auf, blickte über die Hausdächer und rauchte Zigaretten mit einer Geschwindigkeit, als wäre ich im Akkord.

Um 17.45 Uhr, gerade als das Radio, nachdem es die Uhrzeit genannt hatte, mit »Die Sonne scheint bei Tag und Nacht« begonnen hatte, rief Gitte Bristol an, und mit einem Satz kehrte ich auf die Erde zurück, oder besser gesagt, in eine andere Welt, eine neue und bessere.

»Ich bin unten in der Hotelbar«, sagte sie mit einer Stimme, die mein Rückgrat in einen wimmelnden muskulären Ameisenhaufen verwandelte mit lauter Kribbeln, Krabbeln und Kriechtieren. »Kommst du runter?«

»Ja«, sagte ich.

Ich hielt Wort und traf sie unten in der kleinen Bar, in der wir – wie am Tag zuvor – einen Whisky bekamen. Sie war jetzt eine ganz andere, eine dritte, eine vierte – nein, um genau zu sein: eine fünfte.

Zuerst war sie die tüchtige, formale, diplomatische Rechtsanwältin gewesen, mit der ich auf dem Flugplatz gesprochen hatte. Dann war sie das neugierige, direkte, erfahrene Mädchen gewesen, dem ich etwas nähergekommen war. Nummer drei war ein leidenschaftlicher, geschmeidiger Panther, den ich des Nachts traf. Nummer vier das bleiche, ängstliche Mädchen, das im Gerichtssaal mit einem unmöglichen Fall dastand.

Die fünfte, jetzige Gitte Bristol war eine ruhige, besorgte Frau, eine Frau, die langsamer als gewohnt sprach und aussah, als wäre ihr genau so viel zugestoßen, wie sie noch ertragen konnte, und deshalb würde sie weitere Portionen dankend ablehnen.

Bleich, aber selbstbewusst erwachsen. Ich hätte sie gern in meine Hände genommen und sie gestreichelt, wie man es mit einem jungen Vogel oder einem Kätzchen macht. Ich hätte gern ihren Kopf an meine Schulter gedrückt und sie gebeten, sich doch bei mir auszuweinen.

Aber ich saß in der Bar vom Hotel Rodby, deshalb begnügte ich mich damit, ihre Hand zu nehmen.

»Hast du gehört, dass er geflohen ist?«, fragte sie ohne weitere Einleitung, aber mit einem Seufzer, geladen wie die Luft vor einem Gewitter.

»Ja«, sagte ich. »Wie denn?«

»Ich habe es nur vom Richter gehört«, sagte sie. »Aber der hat einen Bericht vom Polizeidirektor gehabt. Als er rausgeführt werden sollte, wollte der Beamte, der ihn begleitet hat, ihm Handschellen anlegen, und während er dabei war, hat ihn jemand angestoßen, und er hat sich einen Moment umgedreht. Diesen Moment nutzte Sørensen aus, um zu verschwinden, er ist aus dem Gericht rausgelaufen, in die Fußgängerzone hinein. Keiner weiß, wo er geblieben ist.«

Sie war wie ein Traum, aber dafür, dass sie wie ein Traum war, sprach sie reichlich viel über einen gewissen »er«, und das sagte ich ihr. Natürlich hätte ich das nicht tun sollen.

»Hör auf mit dem Blödsinn«, sagte sie mit einer herrischen Stimme, wie ich sie seit dem Flughafen nicht mehr gehört hatte, einer autoritären Stimme der Sorte, die klingt, als wäre die Betreffende dreißig Jahre lang Volkshochschulleiterin gewesen und hätte während ihrer gesamten Amtszeit die Morgenandacht abgehalten. »Merkst du nicht, dass sein Fall dadurch noch schlimmer wird?«

»Das macht seinen Fall noch viel, viel schlimmer«, sagte ich, ohne zu übertreiben.

Während ich ihr von den Ereignissen des Nachmittags erzählte, wurde sie noch blasser. Die bronzene Haut, die ich so bewundert hatte, schien einem weißen Schleier zu weichen, als würde ihr Gesicht Schicht um Schicht mit dem Schmerzenspinsel gekalkt. Am Ende meines Berichts, als ich zu der toten Frau auf dem Bett kam, nahm sie wie ein kleines Mädchen ihren Zeigefinger in den Mund und lutschte daran. Ich fasste rasch den Rest zusammen. »Dann glauben sie, dass er es wieder war«, sagte sie hoffnungslos.

Jeglicher Glanz von gestern hatte ihre Augen verlassen. Selbst der Kampfesmut vom Gericht war verschwunden.

»Ja. Wo er wohl abgeblieben ist?«

»Er hat sich versteckt«, antwortete sie mit gelassenem, intuitivem Wissen über die Art und Weise, wie sich gewisse Wesen zu verhalten pflegen.

»Das glaube ich nicht«, entgegnete ich. »Man kann sich in Rodby nicht verstecken, hier gibt es einfach keinen Platz.«

»Man kann sich überall verstecken.«

Sie antwortete, als hätte sie es schon versucht. Dem war nichts hinzuzufügen.

Es entstand eine lange, angespannte Stille zwischen uns. Wenn ich sie über den Tisch hinweg hätte küssen können, wäre dem nicht so gewesen, aber der Mann ist noch nicht geboren, der quer über einen Bartisch mit zwei hohen Gläsern hinweg küssen kann. In Ermangelung besserer Alternativen küsste ich das Glas.

»Hör mal«, sagte ich in einem Anfall von Inspiration, »Hör mal, geh rauf, nimm ein Bad und ruh dich ein wenig aus. In der Zwischenzeit werde ich versuchen, mehr darüber zu erfahren, was sie rausgekriegt haben, falls sie überhaupt was rausgekriegt haben. Du siehst aus, als würdest du jeden Augenblick umfallen, du solltest dich ein wenig hinlegen. Ich komme in ein paar Stunden zurück und erzähle dir alle Neuigkeiten, und dann gehen wir aus und essen ein wenig.«

»Ich kann nichts essen.«

»Du musst aber was essen.«

»Du redest wie mein Vater.«

»Das ist mir schon klar, aber im Augenblick kannst du einen Vater auch ganz gut gebrauchen.«

Dann schlug ihre Stimmung plötzlich vollkommen um – unberechenbar, aber äußerst natürlich, so wie Frauen nun mal sind, und sie sagte mit einem leicht gehobenen Blick, bedeckt von einigen Schleiern wie eine Sonne, die versucht, sich durch eine Smogschicht den Weg zu bahnen:

»Du bist vielleicht süß.«

Das war nun das zweite Mal, dass ich süß war. So langsam fasste ich Vertrauen in die Zukunft. Natürlich hätte ich es vorgezogen, zum Beispiel stark, dynamisch oder intelligent zu sein, aber süß ist besser als gar nichts, und ich hatte den Verdacht, dass ich – wie ein Schulbub – darüber Buch führen würde, wie oft ich ihrer Meinung nach süß war.

Sie stand auf, als wäre das – trotz ihrer grazilen Gestalt – anstrengend, nahm ihre Tasche und sagte:

»Aber du setzt dich mit mir in Verbindung?«

»Ja«, sagte ich, »Natürlich, da kannst du Gift drauf nehmen«.

Und das war sehr mild ausgedrückt.

Als sie die Bar verließ, zwang ich mich, zum Barkeeper zu gucken, um nicht ihren Rücken und Po zu sehen und zu sehr an die letzte Nacht zu denken, sodass mein Unterleib steif würde. Diese Aufgabe nahm mich vollkommen in Beschlag.

Dann ging ich zum Telefon in der Rezeption, rief das Bladet an, gab der Nachrichtenredaktion die notwendigen Details über Sørensens Flucht und fügte nach reiflicher Überlegung ein paar Zeilen über den Dilettantismus der Provinzpolizei und den eigentümlich lässigen Umgang mit Arrestanten und Handschellen hinzu. Ich versprach, später nochmals anzurufen.

Als ich aus der Telefonzelle herauskam, ging Ehlers hinein, zumindest versuchte er es. Wir stießen an der Schwingtür zusammen.

»Hallo«, sagte ich.

»Hallo«, sagte er. »Ich geh gleich wieder in die Schmiedgasse zurück, ich muss nur erst nach Kopenhagen Bericht erstatten.«

»Was Neues?«

»Das Mädchen ist untersucht worden. Sie ist höchstwahrscheinlich zwischen vierzehn und fünfzehn Uhr erstochen worden, das heißt, während ich wegen dieses blöden Formulars auf der Polizeiwache war und Sie sich im Viertel herumgetrieben haben und frisieren ließen. Sie hieß Majken Green. Es gibt drei Zeugen, die sie identifiziert haben.«

»Und sonst noch was?«

»Sonst noch was? Oh ja, das will ich wohl meinen. Sie wohnte auch privat in der Schmiedgasse, hatte eine Wohnung in Nr. 8, zwanzig Meter die Straße hoch. Diese Wohnung teilte sie sich mit dem dritten Mädchen, Lisbeth, vollständiger Name Lisbeth Holgersen, die im Viertel, wie ich gehört habe, als ›die blonde Lisbeth‹ bekannt war.«

»Und was sagt sie?«

»Sie sagt gar nichts.«

»Was soll das heißen?«

»Sie ist nicht da. Sie ist nicht aufzufinden. Sie ist verschwunden – wenn sie nicht auch noch tot ist. Aber ich glaube eher, sie ist geflohen.«

»Warum das denn?«

»Weil wir in der Küche vom Taubenschlag zwölf Pakete Zucker gefunden haben, und ich fand, das war reichlich viel Zucker bei nur einer Tüte Kaffee. Das war auch gar kein Zucker, was Polizeidirektor Matthiasen fürchterlich wunderte. Das heißt, in einer Packung war Zucker, komischerweise in der, die offen war. In den elf anderen war Heroin. Ich hätte denen fast erzählen müssen, wie Heroin aussieht.«

Ich verdaute die Informationen »jäh vom Schlag getroffen, hart zu Boden gegangen«, wie es in einem unserer patriotischen Lieder heißt. Ich stützte mich an die Tür der Telefonzelle.

»Aber jetzt würde ich gern in die Telefonzelle«, sagte Ehlers mit Nachdruck. »Seien Sie so nett und lassen Sie mich durch. Und Sie dürfen kein Wort von dem verschwundenen Mädchen oder dem Heroin fallen lassen, wenn Sie beim Bladet anrufen. Sonst sind wir beide für alle Zeiten geschiedene Leute!«

Ich nickte und trat aus der Zelle. Ich würde es mir schon verkneifen können, Gerüchte über verschwundene Mädchen und gefundenes Heroin zu verbreiten. Es war gar nicht nötig, zu solchen Extremen zu greifen. An der Geschichte war bereits jetzt genügend Fleisch.

14

Die Entfernungen in Rodby sind nicht unüberschaubar. Zehn Minuten später war ich erneut in der Schmiedgasse. Eine nunmehr äußerst veränderte Schmiedgasse.

Der Duft der vielen kleinen Küchen erfüllte die Straße, von Fenster zu Fenster variierend, aber es gab noch einen anderen Geruch, einen Geruch nach unterdrückter Gewalt oder Wut, nicht von einer bestimmten Person, sondern in der gesamten Atmosphäre, eine Art kollektiver Empörung der Art, die man bei sogenannten »Rassenunruhen«, einer politischen Demonstration oder auch einem Fußball-Länderspiel erleben kann.

Es hingen immer noch genauso viele in den Türen, aber vor wenigen Stunden hatten sie gelächelt, genickt und miteinander geredet und den Kopf in den Nacken gelegt, jetzt standen sie wie große, steife Statuen da, wie sie für die bräunlichen Fotos in Großmutters Fotoalbum drapiert wurden. Sie sprachen nur wenig und ganz kurz miteinander und sahen bedrohlich aus.

Sogar die Kinder waren von der Situation beeinflusst und schauten mit einem verwunderten, forschenden, angsterfüllten Blick in die Gesichter ihrer Eltern.

Fast alle schauten zum Taubenschlag hinüber.

Vor dem Haus standen zwei Polizeiautos mit rotierendem Blaulicht, völlig überflüssig um 18.30 Uhr im Monat Mai. Drei Bullen bewachten den Eingang, indem sie hin und her wanderten und gemeinsam eine Art Absperrung darstellten.

Die Leute auf der Straße waren auf der Hut, man konnte sehen, dass bisher niemand wusste, was eigentlich passiert war, aber alle das Schlimmste befürchteten.

Beim Film spricht man davon, ein Bild »einzufrieren«. So sah es aus.

Zwei Frauen kamen, um ihre Männer zum Essen hereinzuholen. Der eine nickte geistesabwesend und ging mit, der andere schüttelte nur mit dem Kopf und blieb unverdrossen stehen.

Die Alltagsroutine war gebrochen, und das wussten alle. Jetzt war die Welt anders, jetzt war die Schmiedgasse anders. In der kommenden Nacht würden die meisten, die jetzt auf der Straße standen oder in der Küche das Essen zubereiteten, merkwürdige Träume haben, und noch Jahre später würde man sich in der Schmiedgasse gegenseitig und allen Neuankömmlingen von dem Abend berichten, an dem die Peterwagen zum zweiten Mal innerhalb von zwei Tagen kamen, und jeder Bewohner hätte seine spezielle Version von der Geschichte und seine eigene Meinung, die die anderen Bewohner in einer endlosen, dreißig Jahre währenden Diskussion an den Tischen des Cafés Schmied anzweifeln würden.

Ich ging zu dem mir am nächsten stehenden Polizisten und zeigte ihm meinen in Plastik eingeschweißten Presseausweis, wobei ich ihn fragte, was denn geschehen sei.

»Ich darf Ihnen nichts sagen«, erklärte er mir. »Wenden Sie sich bitte an den Polizeidirektor.«

Er sah verwirrt aus, jung und blond unter der Schirmmütze, als würde er selbst darüber spekulieren, was da geschehen sei.

»Noch ein weiterer Mord, oder?«, fragte ich.

»Das kann ich Ihnen nicht sagen«, wiederholte er unglücklich und schaute flehentlich seine beiden weitermarschierenden Kollegen an.

Die Augen der Straße verfolgten uns.

Ich hörte auf, ihn zu ärgern und ging ins Café Schmied. Dort war es still. Die Musikbox war abgestellt, und man hörte nur noch das kurze, knallende Geräusch von Würfelbechern, die auf den Tisch trafen. Das Lokal roch nach Schweinefleisch, es war okkupiert von Schweinefleisch, Schweinefleisch stand über allen Tischen, Stühlen und Gesichtern, geschrieben mit der unsichtbaren Schrift des Geruchs.

Völlig überflüssigerweise stand auf einem Schild über dem Tresen: »Tagesgericht: Schweinefleisch«.

Alle wandten mir ihre Köpfe zu, als ich hineinkam. Die Gespräche verstummten für einen Augenblick und wurden dann einen Grad leiser, als hätte man eine Dusche abgestellt.

Der Barkeeper bediente mich widerwillig. Selbst hier hatte sich die Nervosität hineingeschlichen. Heute Abend würde es bestimmt keine Schlägerei mehr geben, kaum eine Wette. Äußerst schlecht fürs Geschäft.

Es gab keinen Grund, hier hängenzubleiben. Ich ging in der selben unheilschwangeren Stille, in der ich gekommen war. Mit aller Augen im Rücken versuchte ich, wie ein zufällig vorbeikommender Passant zu wirken, der sich nur ein kleines Gläschen vorm Essen gönnen wollte, hahaha.

Niemand belästigte mich.

Ich schlenderte die Fußgängerpassage zum Hotel hinauf und dachte für einen Augenblick, dass ich auf dem Holzweg oder einem LSD-Trip sei, so irrsinnig war der Anblick.

Die Fußgängerzone war für das Rodbyer Sommerfest herausgeputzt worden. Zwischen den Häusern hingen kränkelnde lange grüne Girlanden einer bisher nicht existierenden Plastikpflanze und versprühten auf die Vorübergehenden einen sanften Sternenregen in Form von gelben Glühlampen, Kränzen aus roten Herzen und riesenhaften Vergrößerungen des Rodbyer Stadtwappens – eine Eiche mit drei stilisierten Wurzeln.

In jedem Schaufenster prangte das Sommerfest-Plakat mit der charakteristischen flatternden und wechselnden Typografie eines einheimischen Buchdruckers, der nur ein einziges Mal im Jahr seine sämtlichen speziellen, überaus lustigen alten Typen benutzen durfte, und im Schallplattengeschäft hingen Werbeplakate und LP-Hüllen derjenigen, die die »Künstler des Jahres« präsentierten: Sebastian und seine Enkel, Lizzie Lux und »der gute alte, gemütliche Friede-Freude-Freundschaftssänger«.

Selbst der klassische alternative Plunder mit handgezogenen Kerzen, selbstgegerbtem Leder und südafrikanischen Recycling-Schals waren zu finden – Rodbys Hippieshop »Grant Avenue«, aus dem zeitweise der unverwechselbare Shitduft drang, nahm an dem Trubel mit einem T-Shirt mit dem Aufdruck »I love Rodby« teil. Sicherlich gab's jetzt in der Caféteria Rodby-Sommer-Burger. Diese ganze kitschige Festivität hatte es jedoch nicht geschafft, die alte Frau zu ändern. Sie stand an ihrem Stammplatz gleich vorm Supermarkt und klagte in jammervollem Ton, wobei sie ab und zu wie ein dressiertes Tier in einem Zirkuskäfig das halbe Gebiss in einem unhörbaren, geflüsterten Fluch entblößte.

Heute war ich nicht ihr Lieblingsopfer, vielleicht war sie auch schon fertig mit mir. Ich bekam nur im Vorbeigehen einen Blick zugeworfen.

Mehr gönnte ich dem Staatsrat auf dem Marktplatz auch nicht. Ich ging zum Bahnhof, kaufte alle Zeitungen und starrte erneut mit halbglasigen Augen auf das merkwürdige Schauspiel, wie einander vollkommen unbekannte Menschen zwischen Abfahrt und Ankunft hin- und hereilten, Abfahrt und Ankunft, die sie zu einer neuen Abfahrt und einer neuen Ankunft bringen würden, mit Kindern, Taschen, Koffern, Netzen und Zeitungen.

Als ich zum Hotel zurückging, war im Beerdigungsinstitut immer noch Licht, als machten sie dort Überstunden. Des einen Tod, des andern Brot. Einer der Leichenbestatter saß mit einem Rechnungsblock im Hinterzimmer und sah aus, als würde er sorgfältig und fair, genau in jedem Kostenpunkt, dabei sein, herauszufinden, was der Tod kostete.

Ich ging in mein Zimmer und las die Zeitungen, während die bleiche Abenddämmerung sich gegenüber einer mittlerweile ermatteten Sonne zu behaupten versuchte, einer Sonne, die eine gute

Mahlzeit und einen ausgiebigen Schlaf nach einem Tag intensiver Arbeit gut gebrauchen konnte.

Nichts ist, sagt das Gesetz, sagen die Propheten und sogar die Rolling Stones, nichts ist so langweilig wie die Zeitungen von gestern. Diese Zeitungen waren von heute, aber was die Sache betraf, nach der ich schaute, so hätten sie auch von gestern sein können. Es gab nur zwei- bzw. dreispaltige Berichte, die meisten im Ach-Gott-Stil – eine Hure in der Provinz umgebracht, ein Schwachsinniger der Täter, ist das so interessant? Die konservative Zeitung brachte zu dieser Sache den Kommentar, dass »dieser tragische Fall« zeige, dass die Liberalisierungspolitik und die steigende Tendenz, nicht verantwortungsfähige Individuen freizulassen, zu einem Ansteigen der Gewaltrate führe. Die konservative Zeitung erwartete, dass unsere Politiker und die verantwortlichen Sozialarbeiter diese Tatsache beachteten.

Die christliche Zeitung dagegen sah den Fall von einem anderen Gesichtspunkt aus: Wäre man dem Vorschlag der Christlichen Partei gefolgt und hätte systematisch alle Bordelle abgeschafft, dann wäre so etwas nie passiert. Sie ging anscheinend davon aus, dass es, solange es Bordelle gab, immer jemanden gab, der die Gelegenheit nutzte, um darin zu morden.

Jedem seine Meinung, selbst so eine naive, die glaubt, man könne Bordelle »abschaffen«. Wahrscheinlich glaubten diese Leute auch, man könne Begierde, Lust, Leidenschaft, Wut, Träume, Eifersucht, Ekstase, Paranoia, Wahnsinn »abschaffen« … Vermutlich stellten sie sich vor, dass man zur Segnung der Welt nur einen heiligen menschlichen Unkrautvernichter benötige, der alle unsere Fehler und Schmerzen einfach ausrottet, alle unsere inneren eitrigen Wunden, alles, was uns unvollkommen und ungeheuer unzweckmäßig macht.

Das brachte alles nichts, aber so würde es sein. Die Zeitungen, die ich las, während die Dämmerung hereinbrach, waren nur der Anfang, sie waren nur der kleine Schneeball, den man gar nicht bemerkt, wenn er losrollt, von dem man aber später weiß, dass er die Lawine in Gang gesetzt hat. Heute Abend oder heute Nacht würden die Nachrichten über die Flucht des Festgenommenen und den neuen Massagemord herausgehen, und auch wenn das Bladet das einzige war, das damit prahlen konnte, dass einer seiner Mitarbeiter vor Ort war, würden die anderen Hunde schnell Blut riechen und sich auf die Beine machen. Ich hatte so das Gefühl, dass morgen auf dem Rodbyer Flughafen viel Betrieb sein würde, die Empfangsdamen und -herren zwei Stockwerke unter mir außergewöhnlich viel Schweiß auf der Stirn haben würden und es morgen Abend vielleicht notwendig wäre, jemanden vom Küchenpersonal rufen zu lassen, um sich der Probleme mit der Telefonzentrale anzunehmen, da die verschiedenen Kollegen alle daheim anrufen wollten.

Ich gähnte bereits bei dem Gedanken an diese Posse. Ich gähnte bei dem Gedanken an die Posse, die sich das Leben nennt oder so oft eine zu sein scheint, eine traurige alte Posse, die man schon so oft gehört hat, dass man den Refrain mitsingt, bevor die erste Strophe überhaupt beendet ist, eine Posse, die mich betreffend mal wieder Hotels, Telefonate, Taxis und Arbeit bedeutete. Ich verwelkte innerlich allein bei dem Gedanken, zum zehntausendsten Mal in einem Hotelzimmer mit den Zeitungen vom Tage zu liegen.

Ich warf sie in den Papierkorb und dachte lieber an Gitte Bristol. Es war erst 20.30 Uhr.

Vielleicht ging es ihr inzwischen besser. Vielleicht hatte sie Lust auf einen Drink. Vielleicht hatte sie Lust auf mich.

15

Wieder falsch geraten: Das Einzige, wozu sie Lust hatte, war, ihr Hotelkopfkissen nass zu heulen, ich konnte es bereits an ihrer Stimme hören. Sie weinte, aber sie weinte sehr kultiviert und diskret und war viel zu wohlerzogen, um es zuzugeben. Sie würde in einer Viertelstunde rüberkommen.

Einen Whisky und eine Viertelstunde später klopfte sie an die Tür. Ich ging zu ihr auf den Flur.

Sie war schön, schön wie immer, aber fürchterlich bleich. Sie erinnerte mich an eine Melodie, die vor gut fünf Jahren mal populär gewesen war, eine von Procol Harum, mit einer großen, dröhnenden und rollenden Orgel, eine die »A Whiter Shade of Pale« hieß – weißer als weiß, bleicher als bleich.

Sie trug schwarz, und sie war geschaffen dazu, schwarz zu tragen. Mein Herz änderte den Takt. Der Hotelflur schmolz dahin und wurde zu einem Strand in Südeuropa. Die blassen Glühbirnen an der Decke wurden eine Sonne, die fast zerbarst.

Und ich hatte keine Ahnung, was ich sagen sollte.

Also sagte ich schnell: »Hallo, da bist du ja. Lass uns rausgehen und ein wenig Luft schnappen.«

Auf dem Weg zum Fahrstuhl gab ich ihr einen vorsichtigen Kuss. Im Fahrstuhl sagte sie: »Ich habe keine Lust, heute Abend irgendwo hinzugehen, das schaffe ich nicht. Können wir nicht einfach hier im Hotel essen, oder wenn du willst, dann geh doch lieber allein in die Stadt.«

»Es ist mir scheißegal, wo ich hingehe, Hauptsache, du sitzt mir gegenüber.«

»Dann lass uns im Hotel bleiben. Ich möchte gern früh ins Bett. Ich habe Kopfschmerzen.«

Schon merkwürdig: Bei einem Mann bedeutet »Kopfschmerzen«, dass ihm der Kopf weh tut. Bei einer Frau bedeutet »Kopfschmerzen«, wenn sie es in diesem Ton sagt, alles von Menstruation über Liebeskummer bis zu allgemeiner Depression.

Das Restaurant im Hotel Rodby war kalt und vornehm, einer dieser Orte, an denen sich niemand zu Hause fühlt, wo aber alle eine Art schlechtes Gewissen haben, weil sie es eigentlich tun sollten. An den Tischen in der kultiviert gedämpften Beleuchtung, vor fleckenfreien karierten Tischdecken, die das Café Schmied in Erstaunen versetzen würden, saß die gute und anscheinend genau so fleckenfreie Gesellschaft und aß sorgfältig und freudlos, wobei sie aussah,

90

als dächte sie daran, wie teuer es doch inzwischen geworden sei –
und schaute dabei hin und wieder zu den anderen Tischen hinüber,
um zu sehen, ob es nicht andere gab, die merkten, dass man es sich
immer noch leisten konnte, auch wenn es so teuer war. Wir fanden
einen ruhigen Ecktisch am Fenster. Der Kellner kam mit der Speise-
karte und ausgebreiteten Armen herbeigeeilt, als probte er für ein
Engagement bei der Mailänder Oper.

»Ich möchte nur eine Kleinigkeit«, sagte Gitte.

»Auf jeden Fall brauchst du erst mal einen Whisky«, entschied
ich, »und inzwischen werde ich dir erzählen, was ich gehört habe.«

»Ich wünschte, ich hätte nie etwas von dem Fall gehört.«

»Dazu ist es jetzt zu spät.«

»Das stimmt. Du bist sicher auch von der Sorte, die immer Recht
hat. Hast du deine Frau damit nicht zum Wahnsinn getrieben?«

»Welche Frau? Und wieso denn? Das hat doch nichts mit dem
Fall zu tun, und warum soll ich eine Frau gehabt haben, die ich
zum Wahnsinn getrieben habe?«

»Es gibt nicht viele Männer in deinem Alter, die nicht verheiratet gewesen sind.«

»O.k., also habe ich eine Frau gehabt – ja, um ganz genau zu
sein, so waren es sogar zwei. Aber die erste ist wahnsinnig lange
her, und die zweite erscheint mir schon lange her. Und was ist mit
dir?«

»Ich war einmal verheiratet, und das hat mir gereicht.«

»Mit einem Juristen?«

»Woher weißt du das?«

»Ich habe nur geraten. Die meisten Schauspieler, die ich kenne,
sind mit Schauspielerinnen verheiratet, die sie an irgendeinem
Theater kennengelernt haben, wo sie ein Engagement hatten. So
ist das mit allen Berufen. War es für dich ein Albtraum, ich meine,
verheiratet zu sein?«

»Für dich?«

»Ich habe zuerst gefragt.«

»Ja, das war es. Es war beängstigend, und ich habe überhaupt keine Lust, darüber zu reden, und ich würde mich freuen, wenn ich nicht mehr daran denken müsste, aber es kommt mir viel zu oft in den Sinn.«

»O. k., reden wir von etwas anderem. Also, hör zu …«

Und dann erzählte ich ihr, was es Neues aus der Schmiedgasse gab, von Ehlers und von den Kopenhagener Zeitungen. Dabei bestellten wir, sie Hähnchen, ich Beefsteak.

»Wie lange wirst du bleiben?«, fragte ich, während ich wie ein Kind mit den Fingern auf dem vorgewärmten Teller spielte.

»Bis auf weiteres – ich meine, bis wir etwas wissen«, sagte sie ganz vernünftig. »Auf jeden Fall werde ich ein paar Tage warten, aber es ist ja nicht auszuhalten.«

»Letztens hast du gesagt, dass du deine Arbeit gern tust.«

»Heute hasse ich sie.«

»Das eine gehört zum anderen.«

»Phrasen!«

»Überhaupt nicht. Neun von zehn Menschen wird übel bei den Sachen, die sie tun sollen und den Touren, die sie fahren sollen, um die Hausmiete bezahlen und den Brotkorb füllen zu können. Aber wir tun es. Wir tun es, du tust es, der Kellner tut es, der Automechaniker wischt seine Scheiben ab und tut es – und in gewissen Zeiträumen wird uns davon speiübel. Aber die Miete muss schließlich bezahlt werden, und der Mensch kann ohne Essen nicht leben.«

»Du bist zynisch.«

»Bin ich nicht, ich sehe nur den Tatsachen ins Auge.«

»Das kann man auf verschiedene Arten tun.«

»Ja klar, Kinder und Hunde zum Beispiel, die sehen die Welt aus einer ganz anderen Höhe als wir, fast aus Kniehöhe, und bekommen dadurch eine ganz andere Perspektive. Und Hunde können keine Farben erkennen, deshalb erleben sie eine ganz andere Welt als wir. Und Katzen …«

Jedenfalls gelang es mir, sie in ein wenig bessere Laune zu versetzen. Mit Betonung auf ein wenig.

Das Essen erschien planmäßig, garniert mit großen Armgesten, und sie spießte ein Stück Hähnchenfleisch auf und starrte es anklagend an, als wäre dieses Stück Hähnchen eine ganz perfide Verhöhnung, und fragte mich dann mit gedämpfter, aber ernster Stimme:

»Warum können Männer keine intelligenten Frauen ab?«

»Wieso meinst du, das können sie nicht?«

»Nein, vielleicht für einen Abend. Jedenfalls nicht für jeden Tag.«

»Vielleicht können sie es nicht ertragen, zugeben zu müssen, dass die eigene Frau klüger ist als sie selbst.«

»Das ist immer schwierig, egal, wie die Würfel gefallen sind.«

»Das ist zu schwierig, lassen wir's lieber.«

Wir waren auf gefährliches Terrain gelangt. Ihre Augen glühten tiefschwarz, während sie auf ihrem Hähnchen kaute.

»Jeder möchte gern mit jemandem zusammen sein«, sagte ich nicht besonders intelligent, um überhaupt etwas zu sagen. »Keiner ist gern allein.«

»Ich habe nichts dagegen, allein zu sein«, sagte sie wütend, als wäre diese Banalität eine persönliche Beleidigung. »Ich bin gewohnt, allein zu sein, von Kindheit an. Ich war auch allein, während ich verheiratet war.«

»Ich war auch viel allein. Ich habe festgestellt, dass das seine Vorteile hat«, sagte ich.

»Und welche?«

»Dass man niemanden sonst dafür verantwortlich machen kann, wenn etwas schiefgeht«, antwortete ich. »Man weiß immer, dass es nur der eigene Fehler gewesen sein kann.«

»Bin ich damit gemeint?«

»Zwischen dir und Fehlern ist ein Riesenunterschied. Was ist nur los mit dir? Du wetzt die ganze Zeit das Messer!«

»Ich bin nur müde. Mir geht's nicht so gut. Tut mir leid! Und außerdem bringst du mich ganz durcheinander.«

»Ich bin nur verliebt in dich.«

»Das reicht, um mich durcheinanderzubringen.«

»Mich auch. Aber es ist fantastisch. Deine Augen …«

»Ich weiß nicht, was eigentlich los ist.«

»Wir sind im Restaurant vom Hotel Rodby und …«

»Ach hör auf, ich meine das Ganze. Ich fühle mich, als wäre ich seekrank. Ach, darf ich jetzt gehen? Ich möchte hinauf und mich hinlegen, ich bin erschöpft. Wärest du sehr traurig?«

»Ja«, sagte ich und meinte es auch. »Aber tu, was du für richtig hältst.«

Das tat sie. Ich aß zu Ende und bekam auch den Kaffee und den Whisky allein serviert.

Wie ich jetzt erst entdeckte, saß am Tisch mir gegenüber eine von der Sorte Frauen, die zu ihrer Zeit als ›alte Schachteln‹ bezeichnet wurden, ein Weib in den Fünfzigern, tief ausgeschnitten, mit betonten Kurven und spitzen Brüsten, wie sie physisch nicht möglich sind. Ihr Hals war faltig, und die angeklebten Wimpern gaben sich dem geübten Beobachter dadurch zu erkennen, dass der Klebstoff sich links bereits ein wenig gelöst hatte.

Ich warf noch ein weiteres Mal diesem Freilichtmuseum der Geschmack- und Taktlosigkeit einen heimlichen Blick zu.

Was sie als Kompliment auffasste. Sie lächelte mir inniglich zu und dachte ganz offensichtlich selbstzufrieden, dass sie immer noch jüngere Kerle entflammen konnte.

Immerhin war ich fünfzehn Jahre jünger als sie, wenn mich auch bereits einige der Mädchen als älteres Semester bezeichnen würden.

Ich zog blitzschnell meinen Blick zurück und betrachtete die Decke mit großer, unverdienter Genauigkeit, wie ein Kunststudent, der intensiv über Michelangelos Fresken nachdenkt.

Ich nahm den letzten Drink in der Bar ein, wobei ich überlegte, was ich jetzt tun sollte. Es gab verschiedene Möglichkeiten, drei, vier oder fünf. Ich konnte auch hinaufgehen und schlafen. Ich konnte in die Schmiedgasse hinübergehen und nachsehen, wie es dort mit der Mordstatistik stand. Ich konnte zu Gynther gehen und Ulrich Saxofon spielen hören. Ich konnte einen Spaziergang zum Hafen machen. Ich konnte alle Kneipen der Stadt besuchen.

Aber das Einzige, was mir im Kopf herumging, das war Gitte

Bristol, und mitten in die süßlichen Synthesizer-Schlager der Bar erschien mir ihr Bild, wie sie gestern Abend ausgesehen hatte, als sie mich zu einem Drink einlud.

Ich wusste nur zu gut, dass es ungerecht, herzlos, brutal und chauvinistisch war, aber ich hatte nur diesen einzigen Gedanken, sie, in meinem Kopf, also tat ich es. Ich ging hinauf und klopfte sie heraus, mit schlechtem Gewissen und gleichzeitig dem Gefühl, einem starken Trieb ausgeliefert zu sein, den man meinetwegen Chemie oder Biologie oder wie man will nennen kann, davon ändert er sich nicht und wird auch nicht geringer.

Und – wie es so diskret in den alten Sagen heißt – »Sie ließ ihn ein«.

16

In dieser Nacht war sie eine andere Frau, Ihr Körper hatte seine hitzige Leidenschaft verloren, er war schwer, aber dennoch fast einladend, sehr entgegenkommend.

Vielleicht war ich in dieser Nacht auch nicht der leidenschaftliche Liebhaber, aber ich war ein sanfter Liebhaber, und den brauchte sie. Sie weinte fast dabei, wie kleine Mädchen weinen, aus Rührung, eine Rührung, die Glück und Schmerz gleichzeitig beinhaltet und keines von beiden, eine Rührung, die unerklärlich ist.

In diesen Fällen hilft weder Cola noch Popcorn.

Sie schlief in meinen Armen ein, und die Last war so süß, dass ich selbst nicht schlafen konnte, sondern dalag, sie in den Armen hielt und genau wusste, was ich tat. Wenn ich auch einschlief, wüsste ich es vielleicht nicht mehr. Das erschien mir äußerst wichtig.

Aber die Nacht kam, der Schlaf, und der Morgen und damit der 3. Mai.

Sie wurde als Erste wach, aber sie hatte auch am längsten geschlafen.

»Raus mit dir!«, sagte sie fast alltäglich und hellwach, als sie die Beine über die Bettkante schwang und mir einen umwerfenden Rücken zeigte. »Raus, bevor das Zimmermädchen kommt!«

»O. k., ich gehe runter und schau mal nach dem Kaffee. Kommst du auch?«

»Das schaffe ich nicht, es ist schon fast neun. Ich muss um zehn Uhr im Gericht sein.«

»Was machst du da?«

Plötzlich wurde mir bewusst, dass wir die ganze Nacht über kein einziges Wort gewechselt hatten.

»Mit dem Polizeidirektor über die Suche nach meinem Klienten sprechen. Hast du ihn etwa vergessen?«

»Nein, ich habe ihn nicht vergessen. Kann ich nicht mitkommen?«

»Warum denn?«

»Um den Polizeidirektor mal zu sehen. Ich habe ihn als eine zoologische Besonderheit beschrieben bekommen, ein Fossil aus der Urzeit Dänemarks.«

»Er ist grässlich. Er kann den Umgang mit Frauen nicht vertragen, jedenfalls nicht in beruflichen Belangen, sagt er selbst die ganze Zeit, und dabei grinst er und zieht mich mit den Augen aus.«

»Wirklich? Soll ich nicht mitkommen? Du könntest mich doch als deinen Verlobten vorstellen.«

»Lass den Quatsch. Wir sind nicht verlobt, und selbst wenn wir es wären, dann nimmt man nicht seinen Verlobten zu Besprechungen ins Gericht mit. Wir können uns später treffen.«

»Wann?«

»Kann ich noch nicht sagen. Hinterlasse eine Nachricht oder ruf an, ich werde das Gleiche versuchen.«

»O. k.«

»Und nun mach, dass du raus kommst, das Zimmermädchen kann jeden Moment hier sein.«

Sie verschwand im Badezimmer. Ich schlüpfte in meine Sachen, die dekorativ im Zimmer verstreut herumlagen, öffnete die Badezimmertür und sang den alten Music-Hall-Song »Farewell My Lovely«. Es gelang mir, einen kalten Schwamm aufzufangen, den ich ihr mit einem gut gezielten Wurf mitten ins Gesicht warf, während sie unter der heißen Dusche stand. Ich konnte mich gerade noch bücken, als er zurückkam.

Derartig aufgemuntert ging ich zum Kaffee hinunter, und als müsste sich hier in Rodby alles in automatischer Regelmäßigkeit wiederholen, als wäre das Leben in Rodby eine riesige Schweizer Kuckucksuhr mit vorausprogrammierten hervorspringenden Figuren, kam Ehlers zwei Minuten später, noch bevor ich mit der Rodby-Post begonnen harte, und ließ sich neben mir nieder.

Ich legte höflich die Zeitung zur Seite, während er sich Kaffee einschenkte.

»Was Neues?«, fragte ich.

»Nichts«, antwortete er lakonisch. »Nichts. Ich kam gegen Mitternacht heim, wenn man dieses verfluchte Hotel als Heim bezeichnen kann, und da wusste ich nicht mehr als zu dem Zeitpunkt, als wir uns beim Telefon getroffen haben. Nichts. Überhaupt nichts. Null und nichts! Und das Schlimmste dabei ist«, hierbei stieg seine Stimme ins cholerische, »dass ich Order bekommen habe, hierzubleiben, nicht nur einen oder zwei Tage, sondern bis auf weiteres – was alles Mögliche bedeuten kann. Ich werde hier noch verrotten!«

»Das ist ein schönes Hotel, um darin zu verrotten.«

»Sie haben gut reden. Sie sind allein und nutzen das Ganze noch für eine Romanze. Ich habe Frau und Kinder anderswo, und ich vermisse sie, und sie vermissen mich.«

»Das muss eine außerordentliche Familie sein.«

»Pfui! Was wissen Sie schon von Familien?«

»Man kann sie heutzutage überall sehen, sogar auf öffentlichen Straßen und Plätzen. Außerdem sind wir per Du, Ehlers, denk endlich mal dran, wir sind und bleiben jetzt beim Du, und wenn du das Bladet gelesen hast, wirst du denken, wir reden uns schon fast mit Vornamen an.«

»Na ja«, sagte Ehlers, offensichtlich aufgemuntert, und schenkte sich eine weitere Tasse Kaffee ein. »Na ja, ich hoffe nur, du hast die Bemerkungen, die ich über die örtliche Polizei fallen gelassen habe, nicht falsch verstanden.«

»Das denke ich nicht.«

»Prima. Aber leider bedeutet das kaum was.«

»Erklär mir das doch bitte näher.«

»Ganz einfach. Irene Pallock wurde vorgestern im Taubenschlag niedergestochen. Majken Green wurde gestern erstochen. Das dritte Mädchen, Lisbeth Holgersen, ist verschwunden, und da sie mit Majken Green allein wohnte, weiß niemand, wo sie hin ist. Wir haben gestern die ganze Schmiedgasse rauf und runter ausgefragt. Wir haben mit der Kneipe geredet, dem Kaufmann, dem Friseur, mit allen Nachbarn. Entweder sie wussten nichts, oder sie wollten nichts sagen, jedenfalls haben wir nichts rausgekriegt, überhaupt nichts, nur, dass alle der Meinung waren, dass es sich um drei nette junge Mädchen handelte, die es nicht einfach hatten – und dann verstummten sie wie die Austern. Kein Einziger grinste wissend oder erzählte von einer Affäre, die ein anderer mit einer von ihnen hatte, kein Einziger.«

»Das hätte dir auch zu Hause in Vesterbro passieren können«, warf ich ein.

»Natürlich«, gab Ehlers zu. »Das hier ist Rodbys Vesterbro. Die Menschen kennen einander, sie haben sich aneinander gewöhnt, und kümmern sich eher um ihre Nachbarn als um uns andere oder um so etwas, was Gesellschaft genannt wird und für sie nur aus Finanzamt und Bullen besteht. Aber es kann doch nicht sein, dass keiner irgendwas weiß.«

»Hör zu: zwei ihrer Nachbarinnen sind in den letzten beiden Tagen erstochen worden. Sollte einer von ihnen reden, haben alle Angst, dass dasselbe sich wiederholen wird, denn alle haben Angst, es könnte einer von ihnen gewesen sein.«

»Glauben Sie?«

»Was heißt glauben? Ich glaube, dass die Menschen in der Schmiedgasse so empfinden. Ich glaube nicht, dass der Mörder aus diesen Kreisen stammt, du?«

»Das glaube ich merkwürdigerweise auch nicht.«

»Ich kann es nicht erklären.«

»Ich auch nicht.«

Eine kurze Pause. Ich angelte eine Zigarette aus der Tasche und dachte, dass dieses sicher der erste Morgen seit mindestens fünf Jahren war, an dem ich schon fast eine Stunde wach war, ohne mir eine angesteckt zu haben.

»Hast du eine Idee?«, fragte ich Ehlers.

Er zuckte mit den Achseln. »Was ist mit der vierten Frau, der im Krankenhaus, Annie?«

»Annie Andersen. Ich habe sie überprüft. Sie wohnt sogar im Taubenschlag, und nach den Papieren gehört ihr das Haus. Das Wohnzimmer ist ihrs. Sie wohnt da schon seit vielen Jahren, mindestens seit zehn. Die anderen Mädchen sind neuer. Es gibt keinen Zweifel, Annie ist so was wie die Bordellmutter. Sie wird heute Nachmittag entlassen, und dann werde ich hinfahren und sie aus dem Krankenhaus abholen. Gestern durfte ich sie nicht sehen. Diese verfluchten Ärzte haben es mir verboten!«

»Rede mal etwas freundlicher über die Ärzte. Es besteht die Gefahr, dass du selbst in ihre Klauen kommst.«

»Bisher konnte ich es umgehen«, sagte er zufrieden.

Ich betrachtete seine kräftige, vierschrötige Gestalt und musste zugeben, dass er auch nicht so aussah. Er sah aus wie jemand, der noch als Achtzigjähriger Wert darauf legt, das Brennholz täglich selbst zu hacken und in eigener Person aufs Hausdach zu klettern, um es zu reparieren.

»Und weshalb war sie im Krankenhaus?«

»Eine Unterleibserkrankung.«

»Ist sie noch eine aktive Hure?«

»Das glaube ich nicht, sie ist mindestens fünfzig Jahre alt, ich glaube vielmehr, sie ist die Chefin. Aber das werde ich heute Nachmittag genauer wissen, und ich gehe davon aus, dass sie mir mehr über die Mädchen erzählen kann, wer sie waren und woher sie kamen.

Keine von ihnen hat länger als drei, vier Jahre in Rodby gelebt. Und keine von ihnen ist polizeilich gemeldet, das habe ich gestern untersucht.«

»Das ist merkwürdig.«

»Das kommt häufiger vor, als man denkt.«

»Wird so was nicht überprüft?«

»Das würde ein ganzes Heer von Beamten erfordern.«

»Hm.«

»Also, ich muss los«, sagte Ehlers und stand auf. »Ich muss ins Gericht.«

»Du auch?«

»Wer denn noch?«

»Gitte Bristol.«

»Ja, sie muss ihre Sachen verfolgen.«

»Ja.«

»Ich werde sie grüßen.«

»Lieber nicht. Wie hieß noch der Polizeidirektor?«

»P. C. Matthiasen. P. C. für Paul Clemens, ich habe nachgesehen. Was willst du von ihm?«

»Ich bin langsam neugierig geworden. Ich denke, ich werde ihn interviewen.«

»Das wird er niemals mitmachen.«

»Du unterschätzt die Macht der Presse.«

»Vielleicht. Also, tschüs so lange.«

»Tschüs – du.«

Ich hatte das letzte Wort.

Warum nicht den Polizeidirektor interviewen, wenn das die einzige Eintrittskarte für einen armseligen Journalisten war, um zu einem hohen Tier zu gelangen, mit dem ein Kopenhagener Polizeiinspektor und eine Rechtsanwältin offenbar bis ins unendliche Treffen abhielten? Und warum dann nicht sofort? Sobald das Bladet am Nachmittag Rodby erreichen würde, könnte der Polizeidirektor möglicherweise ungnädig sein, aber bis jetzt konnte er noch nichts wissen.

Also ging ich zur Rezeption, bat, die Nummer des Gerichts für mich zu wählen, bekam die Sekretärin des Präsidenten an die Strippe und danach den Polizeidirektor selbst, stellte mich als Redakteur, nicht nur als Journalist vor, und fragte, ob ich die halbe Million wartender Leser des Bladets darüber informieren könnte, wie er die Situation als »erfahrener Polizeimann« sah.

Er schluckte den Köder augenblicklich. Seine Stimme war pompös und selbstgefällig und ließ keinen Zweifel daran, dass er sonst was dafür gegeben hätte, um wen auch immer über was auch immer zu informieren. Der Telefonhörer erschien mir schmierig, als ich auflegte.

Aber die Verabredung war im Kasten. Ich sollte ihn um vierzehn Uhr treffen, eine Stunde, bevor das Bladet in der Stadt ankam.

Selbstzufrieden hinterlegte ich Gitte eine Nachricht. Ich schrieb, dass ich leider einen wichtigen Termin im Gericht hätte – ich schämte mich selbst über das Wort »leider« – und deshalb frühestens gegen fünfzehn, sechzehn Uhr im Hotel zurück sein konnte.

Zunächst einmal ging ich nach oben, um ein Bad zu nehmen und mich zu rasieren. Dabei stellte ich P3 an, um ein paar kitschige alte Schlager zu hören, bevor ich Rodbys goldene Gassen mit meiner edlen Erscheinung beehrte.

17

Der letzte Song, mit dem Dänemarks Radio P3 mich beim Rasieren zu zerstreuen versuchte, war natürlich einer von einem hohlen Folksänger mit Pickeln und Polypen, so ein Song, in dem er von dem üblichen kindischen Wunsch der Menschen sang, die ganze Welt, inklusive Gitarre und am liebsten noch darauf klimpernd, in den Armen zu halten:

Let me take you by the hand
and lead you through the streets of London …

Das ließ mich die Tür besonders laut zuwerfen, bevor ich auf the streets of Rodby hinausging. Was zum Teufel bildete sich der junge Milchbart nur ein? Dass man nicht allein durch die Straßen gehen kann, ohne dass einem erzählt wird, wer in welchem Haus an Überanstrengung starb oder welche Straße viel, viel volkstümlicher und authentischer ist als die anderen, womit man dann später in der biodynamischen Wohngemeinschaft prahlen konnte.

Die Götter mögen es wissen, dass die Welt auch so lächerlich genug ist. Die Götter wissen zweifellos auch, dass das Lächerlichste diese siebzehnjährigen Besitzer zerlumpter Sandalen und einer ungestimmten Gitarre sind, die die Befreiung der Welt und das Schicksal der unterdrückten Völker mit ihrer eigenen Fähigkeit, genügend Kronen- und 25-Örestücke zu erbetteln, um eine Nacht in der Jugendherberge bezahlen zu können, verwechseln. Rodby war an diesem Vormittag widerlich, und ich spürte in mir eine Wut aufsteigen, dieses Gefühl, das mich in früheren Zeiten immer ereilt hatte, als ich als Musiker durch die Provinz tingelte und gezwungenermaßen mehrere Tage in der gleichen Stadt bleiben musste. In dieser Hinsicht war Rodby wie jede andere Stadt und befolgte gewissenhaft die festgeschriebenen Regeln für unfreiwillige Gäste, die in drei Stufen verliefen, die exakt drei Tagen entsprachen:

Am ersten Tag war alles neu und spannend. Aha, eine andere Stadt, ein neues Hotel, andere Straßenschilder, was kann hier nicht alles geschehen?

Am zweiten Tag war alles vertrauenerweckend bekannt und intim: Ja ja, hier ist das und das, ja, hier halten sich die Trunkenbolde auf, ja, hier kann ich ein bisschen Hasch organisieren.

Der dritte Tag war trostlos ermüdend, halt der dritte. »Nun ja, Rodby ... Tja, ... Wann fahren wir nach Århus, Flemming?«

Und in Århus würde sich genau dasselbe zutragen: erster Tag: Neugier (Jippie!); zweiter Tag: dasselbe Gefühl, als besuchte man seine Mutter im Haus der eigenen Kindheit, in dem sich seit dreißig Jahren nichts verändert hatte und man permanent Angst hatte, einen der Stoffhasen kaputtzumachen, mit denen man als Kind gespielt hatte; dritter Tag: ein so erstickendes Gefühl wie in der Schule, die man besucht hat.

Diese Stimmung überkam mich mit der Solidität einer Hafenmole, nachdem ich zwanzig Schritte gegangen war. Wäre ich jünger gewesen und weniger pflichtbewusst, dann hätte ich sofort ein Taxi und ein Flugticket bestellt.

Aber das tat ich nicht, sondern ging stattdessen zum Bahnhof und rief das Bladet an. Auf dem Rodbyer Bahnhof wimmelte es an diesem Tag aufgrund einer anscheinend gemeinsamen mystischen Absprache nur so von jungen Menschen beiderlei Geschlechts in Jeans, mit kompletter Zeltausrüstung, Schlafsack und Kaffeekannen auf dem Rücken. Sie sahen alle aus, als würden sie ausschließlich damit beschäftigt sein, zu beweisen, dass es möglich war, sich mit dieser Ausrüstung durch ganz Europa zu bewegen, und dass jeder, der sich nicht mit dieser Ausrüstung durch ganz Europa bewegte, ein faschistischer Klugscheißer war. In dieser beruhigenden Atmosphäre – vermutlich hatte eine der örtlichen Hochschulen genau an diesem Tag das Frühlingssemester beendet – schlich ich mich zur Telefonzelle und versuchte auszusehen, als hätte ich mich nicht rasiert. Ich erwischte das Bladet, holte Otzen aus einer Chefredaktionskonferenz heraus – aber das machte nichts, weil Otzen Bladets einziger aktiver Chefredakteur ist, seine beiden Kollegen sind Sohn des Sohnes des Gründers bzw. Cousin des Sohnes des Gründers –, und ich fragte ihn, ob ich nicht bald zurück in die Stadt kommen könnte. Ich sagte ihm offen und ehrlich, dass ich für den Nachmittag ein Interview mit dem Polizeidirektor der Stadt verabredet hatte und das rechtzeitig nach Hause bringen würde, aber ob ich dann nicht den Abendflug nehmen könnte, falls es aus diesem Rabennest eine Abendmaschine gab?

Mir war nicht klar, dass ich so dachte, bevor ich es gesagt hatte. Ich musste reichlich deprimiert sein.

»Nein«, sagte er, klar und deutlich, kein Mann halber Beschlüsse. »Nein, du bleibst da. Da passiert noch mehr, das kann ich fühlen.«

»Kannst du denn nicht jemand anderes schicken?«

»Komm, nimm's nicht so schwer, du hast nur einen Provinzrappel. Entspann dich, gönn dir einen Drink, rede mit dem Polizeidirektor, schick die Geschichte rüber – und dann lass uns weiter reden.«

»Du hast gut reden.«

»Nun mach schon, Mann. Das Bladet ist stolz auf dich. Und nach deinem Artikel heute werden sich alle Konkurrenten in ein oder zwei Stunden auf den Weg machen.«

»Ich habe ihn noch nicht gesehen.«

»Aber die anderen.«

»O. k.«, sagte ich mit einem tiefempfundenen Seufzer.

Das ist es, was ich immer sage: Sobald Mama und Papa nicht mehr die Miete bezahlen, ist man auf dieser Schiene, auf diesem tiefempfundenen Schon-wieder-Seufzer, und das kann bis in alle Ewigkeit so gehen, wenn man nicht zu unpassender Zeit eine Thrombose bekommt. Was die meisten Menschen betrifft, so geht es so bis zu ihrem Tod, dann erhalten sie einen Kranz aus dem Sonderangebot von der Firma für einige Jahre treuer Dienste ohne Kündigung.

»Ich habe eine Nachricht für dich«, fügte Otzen hinzu. »Genaugenommen zwei.«

»Schieß los.«

»Die eine ist von deiner Frau.«

»Ich habe keine Frau.«

»Das ist mir egal, ich mische mich nicht ins Privatleben meiner Mitarbeiter. Sie hat sich als deine Frau vorgestellt und gesagt, sie heiße Helle.«

»Meine frühere Frau.«

»Ist mir egal, ich mische mich wie gesagt nicht ein. Ich soll dir nur ausrichten, dass du anrufen möchtest. Die zweite Nachricht ist von Barbara mit im Großen und Ganzen dem gleichen Inhalt.«

»Danke.«

»Keine Ursache. Ruf an, sobald du was Neues hast.«

»Ja.«

»Also bis dann, mein Junge. Viel Glück.«

»Auf Wiedersehen, Vater.«

Otzens Junge hatte bis vierzehn Uhr, bis zum Interview mit dem Polizeidirektor, nichts zu tun. Otzens Junge hatte schlechte Laune und Depressionen. Otzens Junge wünschte, er wäre woanders. Otzens Junge wünschte, er hätte einen anderen Job. Otzens Junge wünschte sich am allermeisten, er hätte eine andere Vergangenheit, am liebsten gar keine Vergangenheit.

Helle und Barbara anrufen!

Helle war meine zweite Ehefrau, und wir waren seit fast zwei Jahren geschieden, aber aufgrund ihres guten Herzens begleitete sie mich weiterhin mit liebevoller Sorge und freundlicher Nachsicht. Die Scheidung wäre sehr viel leichter gewesen, wenn sie nur ein ein klein wenig boshafteres Herz gehabt hätte.

Und dann auch noch Barbara! Barbara, meine Schwester, meine beste Freundin viele Jahre hindurch. Und außerdem meine Kollegin beim Bladet, wo sie die Leserbriefe betreute und die albernen Fragen der Leute mit niemals ermüdendem geduldigem Sarkasmus beantwortete.

Hübsche, gute und intelligente Frauen, alle beide. Frauen, von denen jeder Mann träumt, alle beide. Frauen, von denen jeder Mann gerne angerufen werden möchte, alle beide. Frauen, die darüberhinaus jeden Mann aufmuntern, ihm schmeicheln und ihn reizen, wenn sie ihn anrufen.

Falls der gleiche Mann nicht zufällig in Gitte Bristol verliebt ist. Ich ging ins Bahnhofsrestaurant und überhörte und übersah alle, was keine geringe Aufgabe war, und mir war klar, dass niemand es bemerken würde. Ich setzte mich in eine Ecke mit Blick auf den Marktplatz, aufs Hotel und das Denkmal des Staatsrats und dachte nach. Sofort wurde mir schwindlig. Das hat man davon, wenn man nachdenkt.

In meinem Kopf liefen drei Programme, wie im dänischen Rundfunk. Das eine war Helle, das andere Barbara, und das dritte Gitte.

Ich sah alle drei Gesichter vor mir, alle drei Personen, das jeweilige Lächeln, ihre Art zu gehen, ihre Art, die Beine zu öffnen.

Als ich beim zweiten Whisky war, ähnelte es bereits einem Lebensglücksrad, das sich in einem fort drehte, einem Fantasieglücksrad, bei dem man im Traum sein Leben auf eine Nummer setzt und hofft, den Einsatz zurückzubekommen. Aber so ist das wirkliche Leben nur selten, man bekommt seinen Einsatz nie zurück.

Und dennoch muss man sich entscheiden.

Ich weiß nicht, wie lange sich das Glücksrad in meinem Kopf drehte, aber ich glaube schon, dass ich nach außen hin ruhig und vernünftig wirkte, ich versuchte, wie ein gewöhnlicher Fahrgast auszusehen, der seinen Zug in irgendeine Richtung erreichen wollte, aber einfach zu früh am Bahnhof war und jetzt dasaß und geduldig darauf wartete, dass sein Zug ausgerufen wurde. Währenddessen wirbelten Helle, Barbara und Gitte in meinem Kopf herum, genau wie ich es einmal mit den Figurenkarten eines Pokerspiels erlebt habe, bei dem nur das Pikas, die Kreuzdame und der Herzkönig mit derselben irritierenden Geschwindigkeit herumwirbelten und mit der immer existenten Möglichkeit, sie zu verwechseln, wie der Spieler sie kennt, wenn er von Anfang an der Meinung ist, eine Pikdame zu haben, und dann, wenn alle ihre Karten aufdecken, einsehen muss, dass er gar keine Pikdame hat, sondern einen Pikbuben, und dennoch steif und fest behauptet: »Ja, aber ich hatte die Pikdame! Ich schwöre, es war die Pikdame!«

Ich hatte keine von allen. Aber die Pikdame war zumindest hier in der Stadt. Und um sie ging es.

Plötzlich fiel mir ein altes dänisches Lied ein, eines von der Sorte, wie wir sie bei der Morgenandacht in der Schule gesungen haben: »Schau, nun steigt die Sonne aus des Meeres Schoß«, deren Refrain lautete: »Mutter, Schwester, Geliebte – meine Liebe«.

Mir wurde klar, dass Helle wie meine Mutter war – nein, nicht war, auch nie gewesen war, sondern sich selbst dazu gemacht hatte – eine Frau, verknüpft mit einem unartigen Jungen, von dem sie sich nie richtig hatte befreien können. Mir wurde klar, dass Barbara meine Schwester war. Helle war nachsichtig und verständnisvoll wie eine Mutter, Barbara neckend, kollegial und einfühlsam wie eine Schwester, die mich gut genug kannte, um mich gleichzeitig zu hassen und zu mögen – wie es nur ein Familienmitglied kann.

Und Gitte – sie war »die Geliebte – meine Liebe«. Jetzt.

Und weiter? Höchstwahrscheinlich hatte jede dieser Frauen auch frühere oder zukünftige männliche Freunde, die in gleicher Art und Weise in jedem einzelnen Nervenzentrum tätig waren.

Und weiter?

Weiter nichts.

Weiter noch ein doppelter Whisky.

Und weiter raus hier und los – bevor jemand käme und mir die Mitgliedschaft bei den »Vereinten Jammerlappen«, der »Das Leben ist schwer GmbH« oder dem »Mein Gott, wie schwer ich es doch habe-Verein« anbot, alles aktuelle Vereine mit Zukunft, die das Recht jedes Dänen unterstreichen, seine Forderung und seinen Hang dazu, Rotz und Wasser zu heulen, bis alle Anwesenden darin ertrunken waren und zugaben, wie ungerecht es doch war, dass man nicht mit gebratenen Tauben im Mund geboren wurde, oder zumindest die Tauben falsch gewürzt waren.

Ich stand auf und ging mit steiferen Schritten als noch vor dreißig Minuten – die Vergangenheit rächt sich – aus dem Bahnhof.

Als ich mir den Weg hinaus bahnte, hörte ich wie üblich diese Mischung von Repliken, alle diese Viertelgeschichten, die einen tagelang verfolgen können, von jedem Tisch eine:

»Und dann habe ich ihr gesagt: Nun reicht es aber, habe ich gesagt! Ich lasse mir das nicht gefallen!«

Und er setzte sich in Positur.

»Du musst doch zugeben, ich habe nie eine Chance gehabt. Sie haben mich immer unterdrückt. Wenn ich nur einmal …«

»Wenn er mich nur verstanden hätte, sich nur ein wenig darum bemüht hätte, mich zu verstehen, ich meine: Ich mochte ihn ja, wirklich, aber er hat noch nicht einmal versucht, mich zu verstehen, ich meine, ich …«

Zwei Freundinnen am Ausgang.

Sic transit gloria mundi.

Non scholae sed vitae discimus.

Jacta est alea.

Oder – auf dänisch: Ich will weg hier.

18

Und das tat ich.

Aber weg wovon? Es gab keinen Ort, an den man fliehen könnte. Als Kind konnte man sich in einem Winkel verkriechen, wenn es einem so ging, man konnte sich die Bettdecke über den Kopf ziehen, und dann war man weg.

Das ging nicht mehr.

Als ich rauskam, regnete es. Ein zarter, feiner, andauernder Regen fiel langsam auf die Straßen. Ein Regen, genau passend zu meiner Laune.

Ich ging in einen Supermarkt, um Zigaretten zu kaufen, und wurde noch deprimierter. Überall drängelten Hausfrauen mit ihren Einkaufswagen, vollbeladen mit Schweinekamm, Karotten, Butter, Selter und italienischem Salat in Plastik. Der Lautsprecher erzählte von Sonderangeboten in Mayonnaise und Remoulade. Niemand schien den anderen oder sonst irgendetwas zu bemerken.

Ich floh mit meiner Packung Zigaretten, ging ins Café Paradies und fand dort einen Fenstertisch, von dem aus ich den Regen betrachten konnte. Das Café Paradies erinnerte mich trotz allem noch am meisten an Vesterbro, eine ganz gewöhnliche dreckige Spelunke, die man auch ohne Abitur verstand.

Außerdem hatte ich die letzten zwei Tage nicht besonders viel getrunken. Es war an der Zeit, das nachzuholen.

Ich war hysterisch, mochten die Götter wissen, weshalb eigentlich. Es gab keinen besonderen Grund dafür, aber wenn die Hysterie jedes Mal einen guten Grund brauchte, würde sie nur sehr wenige Menschen befallen. Wie aus heiterem Himmel fühlte ich mich wie jemand, der nicht schlafen kann. Man liegt da und sieht den einen Albtraum nach dem anderen heranspazieren, man ist deren schutzloses Opfer, denkt nur daran, endlich die Augen schließen zu können, aber in dem Augenblick, wenn man es tut, kommt ein noch schlimmerer Albtraum, und man gibt es auf. Man weiß, man wird nie wieder schlafen können.

Und dann, mit einem Mal, wenn man kurz davor ist zu schreien, da schläft man, und alles ist vergessen.

So ging es mir also. Mit diversen Whiskys vor mir, der Aussicht entweder auf die Bar und den Billardtisch auf der einen Seite oder die Regentropfen und die krummgebeugten Menschen auf der Straße draußen, gelang es mir irgendwie, das Chaos in meinem Privatleben, in meinem Unterleib, zu vergessen. Jedenfalls bis 13.30 Uhr, wenn ich gezwungen sein würde, die alte Posse fortzusetzen, meinen Job, und den Polizeidirektor Matthiasen interviewen würde.

Ich sagte an der Information im Gerichtsgebäude, dass ich einen Termin hätte. Das Tresentier sah mich misstrauisch an, aber ich wurde ohne Leibesvisitation hereingelassen.

Polizeidirektor Matthiasen saß hinter einem breiten Schreibtisch, der mit offiziellen Papieren übersät war und außerdem die größte Stempelsammlung trug, die ich jemals gesehen hatte. Er sah aus, als hätte er den wichtigsten Job der Welt, und als würde alles zusammenbrechen, wenn er nicht hinter seinem Schreibtisch saß. Er war ungefähr sechzig, fett und ungesund anzusehen. Er rauchte ein Zigarillo. Hinter seinem Rücken hingen sieben, acht Porträts sauer aussehender Männer, die dreinschauten, als versuchten sie, ihre aufgedunsenen Gesichtszüge dem Fotografen zu Ehren stramm zu ziehen, höchstwahrscheinlich die früheren Rodbyer Polizeidirektoren.

Er erhob sich nicht von seinem Stuhl. Ich ging bis zum Schreibtisch, gab ihm die Hand und stellte mich nochmals vor. Ich fragte ihn höflich, wie er die Lage sah und zog meinen Notizblock hervor.

109

»Als Allererstes«, sagte er, »möchte ich alle auffordern, nicht in Panik zu geraten. Es kann sich nur um Stunden handeln, bis wir den entflohenen Preben Sørensen gefunden haben.«

»Wissen Sie, wo Sie suchen müssen?«

»Wenn er noch in Rodby ist, werden wir ihn finden. Und er kann nicht abgereist sein, wir haben Bahnhof und Flughafen überwacht und werden es weiterhin tun.«

»Ist es sicher, dass Preben Sørensen der Mörder ist?«

»Ich persönlich war keinen Augenblick im Zweifel darüber.«

»Wie konnte er entkommen?«

»Es war ein Fehler, ein höchst bedauerlicher Fehler. So etwas kann vorkommen, aber das darf nicht das Vertrauen der Bevölkerung in die Polizei schmälern. Fehler können immer passieren, aber wir versuchen natürlich, sie zu vermeiden, und es ist viele Jahre her, dass die Polizei in Rodby einen Fehler begangen hat, jedenfalls nicht während meiner Amtszeit.«

»Wie lange sind Sie schon Polizeidirektor?«

»Seit zweiundzwanzig Jahren.«

»Rodby hat sich in dieser Zeit sicher sehr verändert?«

»Es gab große Fortschritte, und die Stadt ist gewachsen. Aber verändert hat sie sich eigentlich nicht. Rodby ist eine lebendige Handelsstadt mit einer rasanten Entwicklung.«

»Wie lange ist es her, dass hier der letzte Mord begangen wurde?«

»Fünfzehn Jahre, glaube ich. Das war eine Messerstecherei unten am Hafen. Der Mörder sitzt immer noch im Zuchthaus von Horsens. Und da wird Preben Sørensen auch hinkommen.«

»Was tun Sie, um ihn zu finden?«

»Wir haben alle zur Verfügung stehenden Leute eingesetzt, um die Stadt zu durchkämmen.«

»Und was ist mit der verschwundenen Masseuse, dem dritten Mädchen aus dem Taubenschlag?«

»Wir suchen sie, aber ich persönlich glaube nicht, dass mit ihr etwas nicht stimmt. Sie hat sicher Angst gekriegt nach dem, was mit den beiden anderen passiert ist. Sie wird von allein wieder auftauchen, wenn das Ganze vorbei und Sørensen gefasst ist.«

»Sie glauben nicht, dass es noch andere Möglichkeiten gibt, als dass Sørensen der Mörder ist?«

»Nein, alles deutet auf ihn hin. Und lassen Sie mich eins sagen, denn ich kenne die Presse, jede Sentimentalität oder jedes Mitleid ist in diesem Zusammenhang vollkommen überflüssig. Der Mann ist ein Herumtreiber, der zu einer normalen Arbeit nicht in der Lage ist.«

»Er ist geistig behindert.«

»Das sagt man heutzutage von allen, die zu faul sind, einen Finger zu rühren.«

Der Polizeidirektor demonstrierte seinen eigenen Fleiß, indem er einen Finger rührte, um die Asche von seinem Zigarillo abzustreifen. Mir war klar, dass das hier nichts brachte. Ich versuchte es anders, mit voller Diskretion Ehlers gegenüber.

»Es heißt, in Rodby gäbe es Drogenprobleme?«

»Woher haben Sie das denn?«

»Gerüchte. Man hört so viel.«

»Das muss ich mit allem Nachdruck dementieren. Es gibt in Rodby keinen Ort, an dem Drogen verkauft werden. Und wenn es so etwas gäbe, dann wäre ich der Erste, der davon wüsste.«

Ich hätte ihm gern alle Zuckertüten aus dem Taubenschlag an den Kopf geworfen, konnte es aber nicht tun, ohne Ehlers zu verraten, und so viel anständiger Pfadfindergeist war dann doch noch in mir vorhanden.

»Nein«, sagte Polizeidirektor Matthiasen abschließend, während er sich ein neues Zigarillo anzündete und sich vertraulich über seinen Schreibtisch vorbeugte. »Nein, wenn Sie Ihren Lesern und den Einwohnern von Rodby einen Gefallen tun wollen, dann schreiben Sie nur, dass die Polizei die Klärung des Falls, das heißt die Ergreifung des Mörders innerhalb der nächsten vierundzwanzig Stunden erwartet. Es gibt nichts, worüber man sich aufregen könnte. Wir haben die Lage vollständig unter Kontrolle und ...«

Welche Banalitäten er noch verkünden wollte, wurde nie bekannt, denn im gleichen Augenblick ging die Tür auf, und Ehlers stürmte herein. Sein Bart war so widerborstig, wie er nur sein konnte, wenn Ehlers erregt war, und er sah wie ein Besoffener oder Wahnsinniger aus, aufgebracht über etwas, was er nicht allein tragen konnte.

»Entschuldigen Sie, dass ich Sie mitten in einer Konferenz störe«, sagte er mit bissigem Sarkasmus, »aber ich denke, Sie sollten die Neuigkeit erfahren. Eine Frauenleiche schwimmt unten im Hafenbecken herum.«

»Eine Frauenleiche?«

»Ja. Und wenn ich mich nicht irre, dann entspricht die Leiche der Beschreibung nach der gesuchten Lisbeth Holgersen.«

»Woher wissen Sie das?«, brauste Polizeidirektor Matthiasen auf.

»Es ist bisher keine Vermisstenanzeige eingegangen.«

»Dann erstatte ich sie«, sagte Ehlers hitzig. »Ich bin am Hafen spazieren gegangen und auf einen aufgeregten Arbeiter auf dem Weg von seiner Schicht gestoßen, der erzählte, was er glaubte, im Wasser gesehen zu haben, als er ein Schiff mit Fischkonserven entlud. Ich bin mit ihm dorthin gegangen und konnte es sehen: langes, blondes Haar, Frauenhaar, kein Zweifel, direkt an der Wasseroberfläche. Das Wasser im Hafen ist zu trübe, als dass man den Körper sehen könnte, aber auf jeden Fall handelt es sich um eine blonde Frau. Und auf jeden Fall ist sie tot. Sollten wir nicht zusehen, dass wir sie rausholen?«

»Sie geben hier nicht die Anweisungen!«, brauste der Polizeidirektor auf.

»Das war keine Anweisung«, erwiderte Ehlers mit kalter, vernichtender Verachtung. »Das war ein Vorschlag. Haben Sie vor, die Leiche aus Ihrem Öltümpel von Hafen herauszuholen oder nicht?«

Polizeidirektor Matthiasen sah uns einen Augenblick lang an, als verdächtige er uns beide, Frauenleichen ins Hafenbecken zu werfen, um seine Nachmittagsruhe zu stören. Dann zog er noch einmal ausgiebig an seinem Zigarillo.

»Natürlich werde ich die Sache untersuchen«, antwortete er dann sauer. »Sie brauchen sich hier gar nicht so aufzuspielen.«

»Ich habe den Eindruck«, erwiderte Ehlers, fast wahnsinnig vor Wut, »ich habe den Eindruck, dass auf dieser Polizeistation überhaupt nichts passiert, wenn sich nicht jemand ein wenig aufspielt.«

»Reißen Sie sich zusammen«, sagte Matthiasen würdevoll.

»Nun tun Sie doch endlich was!«, schrie Ehlers, absolut nicht würdevoll.

»Ich bin Polizeidirektor dieser Stadt!«, fuhr Matthiasen laut auf, während sein fetter Bauch unter dieser großen Anstrengung ächzte und stöhnte.

»Wohl nicht mehr lange«, sagte Ehlers kalt. »Sie sind dafür verantwortlich, dass die Leiche geborgen und identifiziert wird, und zwar je eher um so besser, sonst wickelt sie sich noch um eine Schiffsschraube und ist dann nicht mehr identifizierbar. Und jetzt habe ich keine Zeit mehr, Sie weiterhin über Dinge zu belehren, die Sie eigentlich auf der Polizeischule gelernt haben sollten, denn ich muss mit der Chefin der Mädchen, mit Annie Andersen reden – was Sie schon lange hätten tun sollen.«

Die Feindschaft war nun ganz offensichtlich, und der Polizeidirektor Matthiasen sah gleichzeitig wütend und beleidigt aus, als hätte jemand sein Vertrauen dadurch missbraucht, einfach so herumzuliegen und im Hafenwasser zu dümpeln – in seiner hübschen Stadt.

Ehlers stand auf und machte auf dem Absatz kehrt, um rauszurennen. Ich schaffte es gerade noch, ihm zuzuflüstern, dass er eine Sekunde warten sollte, als er meine Schulter streifte.

Sobald er vor der Tür war, sagte ich, da ich sähe, dass der Polizeidirektor viel zu tun hatte, wollte ich ihn nicht länger stören, danke ihm jedoch für seine Ausführungen.

Er sah aus, als wäre er gar nicht im Stande, zu hören, was ich sagte. Er sah mich nur mit einem weit entfernten Blick an. Sein Zigarillo war ausgegangen.

Ich ging. Ehlers stand draußen, von einem Bein aufs andere trippelnd.

»Was ist?«, fragte er ungeduldig. »Ich muss los. Sonst stirbt die Letzte auch noch, während das fette Schwein Papiere abstempelt und Zigarillos pafft!«

»Nichts«, sagte ich. »Ich wollte nur sagen, dass Sie es ihm gut gegeben haben. Wenn Sie zu Annie Andersen rausfahren, werde ich zum Hafen gehen und nachsehen, was da passiert, dann kann ich später im Hotel berichten.«

Dieses Mal war es meine Schuld, dass wir per Sie waren, aber das hier war ein reiner und ehrlicher Berufsdeal. Keiner von uns konnte an zwei Orten gleichzeitig sein. Wir brauchten einander. Meine Informationen gegen deine Informationen.

»O.k.«, sagte Ehlers. »Aber verflucht nochmal, denk endlich dran, dass wir uns duzen!«

Dann verschwand er, wild mit den Armen in der Luft nach einem Taxi wedelnd.

Ich selbst ging zum Hafen hinunter. Es regnete immer noch, das würde mit der Zeit den Wasserstand dort unten erhöhen, aber meine Melancholie und meine unheilbare Depression waren verschwunden. Und zwar aus demselben Grund, aus dem jede andere Melancholie auch verschwindet: ich hatte einfach keine Zeit mehr, an sie zu denken.

19

Unten am Hafen hatte sich bereits der klassische Menschenauflauf angesammelt. Vor einem der Schiffe stand eine große Gruppe Männer, Fischer, Seeleute, Zöllner, Transportarbeiter, und drehten der Stadt den Rücken zu, da sie etwas im Wasser betrachteten.

Ich bahnte mir meinen Weg durch die ernst aussehenden Rücken und ließ meinen Blick den anderen Augen Richtung Wasser folgen.

Richtig, da schwamm etwas unter der Wasseroberfläche, etwas, das öliger Tang sein konnte, aber gelblicher war und sich auf den zweiten Blick deutlich als helles Frauenhaar entpuppte. Die Haare schwammen im Takt der leichten Wellen, die in den Hafen hineinrollten, hin und her, wie eine Qualle oder ein Nöck, der sich bei jeder neuen Bewegung in seinem Element zusammenzieht oder ausdehnt.

Niemand sagte etwas. Es war heute im Hafen genauso still, wie es gestern in der Schmiedgasse gewesen war.

Aber rundherum wurde gearbeitet, die tägliche Routine nahm ihren Lauf. Männer in Öl- und Drillichzeug schleppten schwere Kisten, Schiffsdecks wurden gewischt und geschrubbt, Fabriksirenen heulten und kündeten damit vom schichtweisen Kommen und Gehen zu den Tempeln der Konservenindustrie, und die riesigen Lagerhäuser wurden in regelmäßigen Abständen geöffnet und geschlossen, wenn LKWs hinein- und hinausfuhren.

Nur die Menschentraube an der »Marstal« mischte sich nicht unter das pulsierende Arbeitsleben. Mit stummen Rücken standen sie rauchend da, starrten ununterbrochen ins Wasser. Einer wollte gerade seine Kippe ins Hafenbecken werfen – sicher eine reine Reflexbewegung, die er schon tausend Mal gemacht hatte –, als ihn ein anderer am Arm packte, nach unten deutete und etwas murmelte. Daraufhin trat der Mann seine Zigarette lieber auf dem Hafenpflaster aus. Ehrfurcht vor dem Tod.

Ich ging ins Hafencafé und wartete.

»Dann kamen wir zur Marstal, und da sagt Tony: ›Du, da unten ist was Komisches.‹ Na, ihr kennt ja Tony, er sieht immer irgendwas Komisches, also sagte ich: ›Ja, ja, nun lass uns die Heringe fertigmachen, damit wir Mittag machen können, ja?‹ Aber er zwingt mich einfach, hinzusehen, und da gibt es keinen Zweifel. Mein Gott, das arme Mädchen!«

»Sie war bestimmt schwanger und kam damit nicht zurecht. Da war schon mal ein schwangeres Mädchen, das hier ins Wasser gesprungen ist.«

»Ja«, piepste ein dritter, »stimmt, ich hatte damals gerade hier angefangen, ich war erst den dritten Tag hier!«

»Erzähl, Anders«, forderte einer der anderen.

Und Anders erzählte, während der Kellner mit weiteren Bieren kam. Anders erzählte die alte Geschichte, so banal und simpel und sicher wahr wie eine alte Volksweise, von einem Mädchen, das im Stich gelassen wurde und keinen anderen Ausweg sah.

»Ich habe geholfen, sie herauszuziehen«, sagte Anders. »Hinterher habe ich mich übergeben. Seitdem habe ich ihre Augen nicht vergessen können. Sie sah ... so, so lebendig aus.«

»Wir hatten mal das Gleiche, als ich im Hafen von Ålborg gearbeitet habe«, sagte ein großer, vierschrötiger Mann mit einer Pfeife im Mund. »Aber man hat nie herausgefunden, warum sie es eigentlich getan hat.«

»Ach, du bist auch mal in Ålborg gewesen?«

Es hatte nicht den Anschein, als könne sich auch nur einer von der ganzen Gang in den nächsten paar Stunden losreißen. Nichts schweißt die Leute enger zusammen als Geschichten von Gewalt. Draußen war ein durchdringendes Sirenengeheul zu hören, und ein großer Peterwagen fuhr aufs Hafengelände. Zwei Taucher stiegen aus und gingen zum Kai, gefolgt von drei uniformierten Polizisten. Die Gruppe von Zuschauern war immer noch genauso groß, auch wenn sie jetzt von dem andauernden Regen vollkommen durchnässt sein musste.

Ich ging hinaus und verfolgte das Geschehen. Es dauerte nur wenige Minuten, bis die beiden Taucher die Leiche herausgeholt hatten. Ich erspähte eine große, blonde Frau mit großen, weit auseinanderstehenden Augen. Sie sah nicht unglücklich aus, sie sah einfach nur tot aus. Es schien, als hätten das Wasser und der Tod gemeinsam ihre Züge weggewaschen, jede möglicherweise vorhandene Falte auf der Stirn, jedes Glänzen in den Augen.

Die Taucher und einer der Polizisten bedeckten sie mit einer feuchten Plane. Die anderen beiden liefen herum und stellten Fragen.

Ich wartete die Antworten nicht ab. Ich begrub meine Hände tief in den Taschen und wanderte ziellos im Hafen herum, bevor ich zurück zum Hotel ging.

116

Im Hotel Rodby herrschte, wie ich befürchtet hatte, das reine Chaos. Die Presse war angekommen. Vier, fünf Journalisten, von denen ich die meisten mit Vornamen kannte, standen mit ihren Fotografen da und warteten darauf, sich anmelden zu können. Es wäre unmöglich, sich vorbeizuschleichen, und wenn ich es dennoch versuchte, würden sie mich sofort aufhalten und ausfragen.

Also überlegte ich, dass es doch sicher einen Kücheneingang geben müsste. Ganz richtig: Vom Hinterhof aus konnte man eine Hintertreppe hinaufgehen.

Ich erwischte einen jungen Kellnerlehrling, der gerade die Reste der gestrigen Mahlzeiten in den Container warf, interessiert von einigen kritischen Katzen beobachtet, die genauestens jeden Happen inspizierten. Ich fragte ihn, ob er sich etwas verdienen wollte, indem er meinen Schlüssel aus der Rezeption holte. Das wollte er nur zu gern.

Zehn Minuten später saß ich in meinem Zimmer, trocknete mich ab, so gut es ging, holte meinen Notizblock hervor und rief das Bladet an.

»Die Meute ist da«, erzählte ich Otzen, »aber wir haben immer noch einen Vorsprung. Ich habe den Polizeidirektor interviewt. Und was schlimmer ist: Im Hafenbecken ist eine weibliche Leiche gefunden worden. Ehlers vom Halmtorvet glaubt, dass es sich um die dritte Masseuse vom Taubenschlag handelt, aber sie ist gerade erst rausgeholt worden und sicher noch nicht identifiziert.«

»Ausgezeichnet, mein Junge. Ich stelle dich sofort zur Nachrichtenredaktion durch.«

»O. k.«

Nachdem ich meine Geschichte diktiert hatte – oder zumindest so viel, wie ich bisher hatte – und das Telefondiktat mit dem üblichen »das war's« beenden wollte, sagte der Diensthabende, »Einen Augenblick«, und eine neue Stimme war in der Leitung, Barbaras.

»Hallo, Schatz«, sagte sie, wie immer irritierend gutgelaunt und mit einem Klang in der Stimme, der mich irgendwie an den Duft

117

ihres sorgfältig ausgewählten Parfüms erinnerte. »Ich höre, du amüsierst dich in der Provinz?«

»›Sich amüsieren‹ ist nicht gerade das richtige Wort. Es scheint, als habe jemand vor, alle Prostituierten von Rodby umzubringen.«

»Welcher Verlust für dich!«

»Und welcher Gewinn fürs Bladet!«

»Des einen Tod …«

»Richtig.«

»Nun ja, ich will dich nicht länger aufhalten, du hast sicher genug damit zu tun, Spuren zu sammeln«, sagte Barbara. »Ich wollte dir nur erzählen, dass du Konkurrenz bekommen hast. Rodby ist nicht länger dein persönlicher Spielplatz.«

»Ich weiß. Ich habe die ganze Horde im Hotelempfang gesehen.«

»Es wird noch schlimmer.«

»Wie meinst du das?«

»Das Fernsehen ist auf dem Weg. Ich habe zufällig vor 'ner Stunde auf dem Flughafen mit einem gesprochen, als ich aus Århus von einem Treffen kam. Du kannst stolz sein – die gesamte Journalistenriege des Landes ist auf dem Weg nach Rodby – und das einzig und allein wegen deines Artikels.«

»Ich bin nicht stolz. Ich habe auch gar keinen Grund dazu. Es war Otzen, der mich drauf gehetzt hat. Der Kerl hat einen unerhörten Riecher.«

»Na gut. Jedenfalls freue ich mich drauf, dich wiederzusehen. Bis dann.«

»Tschüs, Schatz.«

Was sollte ich sonst sagen? Barbara war und blieb ein Schatz. Und abgesehen von allen objektiven Kriterien war Barbara nicht nur ein Schatz, sondern ohne jeden Zweifel einer der allerbesten Schätze, die je existiert haben. Es war nicht ihr Fehler, dass ich Gitte Bristol verfallen war. Und das war auch nicht Gitte Bristols Fehler, ganz bestimmt nicht. Und streng genommen war es, wie ich mir selbst zur Beruhigung versicherte, auch nicht mein Fehler. Jeder Mann, der Gitte Bristol nicht verfiel, war entweder ein Eunuch oder schwul.

Vermutlich war die Rezeption jetzt leer. Sobald die ehrenwerten Kollegen von den Ereignissen im Hafen gehört hatten – und Gerüchte verbreiten sich in einer Stadt von Rodbys Größe schnell –, würden sie dahin stiefeln, um Lokalkolorit einzufangen. Es galt, die Chance jetzt zu nutzen.

Ich ging hinunter und fragte den Empfangschef, der noch verwirrter aussah, als ich erwartet hatte, ob sie zurückgekommen sei.

»Sie ist gekommen und gleich wieder gegangen«, sagte er. »Da ist ein Brief für Sie.«

Ich nahm den Brief und setzte mich damit in die Bar. Bereits die Aufschrift auf dem Hotelumschlag zeigte, dass sie auch eine schöne Handschrift hatte.

Der Brief war schnell geschrieben, aber sorgfältig, im Telegrammstil. Da stand:

Ich muss mit dem Nachmittagsflug nach Kopenhagen. Geschäfte. Ich komme zurück, sobald ich kann. Ruf mich an, wenn es was Neues gibt. Meine Privatnummer ist … Kuss. Gitte.

Das war nicht gerade der Liebesbrief, den ich erhofft hatte. Aber ich versprach mir selbst, am Abend anzurufen.

In der Zwischenzeit genehmigte ich mir einen Extrawhisky in der Hoffnung, damit eine Hafenerkältung zu vermeiden. Der Barkeeper nickte mir wohlwollend zu. Barkeeper erkennen gute Kunden wieder, wenn sie sie sehen.

Ich war erst beim zweiten, als Ehlers reinkam.

»Hab ich mir doch gedacht, dass du hier sitzt«, sagte er. »Was Neues vom Hafen?«

»Sie haben sie rausgeholt, das ist alles. Willst du auch einen?«

»Ich dürfte eigentlich nicht, aber bei diesem Wetter und diesem Polizeidirektor: ja, gern.«

»Und was ist mit Annie Andersen?«

»Ich habe noch nicht mit ihr gesprochen. Ich wollte dich gerade fragen, ob du nicht mitkommen willst, sie besuchen. Ich habe dafür gesorgt, dass sie gut nach Hause gekommen ist – unter Bewachung. Zwei Polizisten stehen vor ihrem Haus und einer dahinter. Keiner darf rein, und sie darf nicht raus. Ich konnte sie bisher noch nicht verhören, ich musste erst mit Kopenhagen sprechen, um zu erfahren, wie weit ich gehen darf, und das war ein langes Gespräch.«

»Und wie weit darfst du gehen?«

»So weit ich es für notwendig halte«, sagte Ehlers kurz, während sich seine Finger liebkosend ums Glas schlossen. »Ich soll mich nach meiner Urteilskraft richten.«

»Gut, dass du die hast.«

Nicht zum ersten Mal hatte ich das Gefühl, wir wären alle eine Sammlung von Robotern, die von übergeordneten Büros ferngelenkt werden, kleine mechanische Roboter, die in Rodby herumirren, je nachdem, wie die Roboterbesitzer in Kopenhagen sie dirigieren. Ich vom Bladet, Ehlers von seinen Vorgesetzten, und Gitte von ihrer Anwaltskanzlei.

Aber mir gefiel dieser Gedanke nicht. Ich kannte ihn zu gut, um mich an ihm erfreuen zu können.

Dann leerte ich mein Glas, steckte mir eine Zigarette ins Gesicht und sagte mit der Entschlossenheit eines guten alten, effektiven Agenten zu Ehlers: »O. k., wollen wir?«

20

Unterwegs sagte Ehlers vollkommen überflüssigerweise: »Was sie auch sagt, falls sie überhaupt etwas sagt, bleibt unter uns.«

Das war der einzige Satz, der während unseres Gangs durch die Stadt, über den Markt und die Fußgängerstraße entlang bis zur Schmiedgasse fiel.

Ich nickte und schüttete im wahrsten Sinne des Wortes Wasser aus den Ohren, Regenwasser.

Die beiden Beamten machten Ehlers und seinem Begleiter bereitwillig Platz. Ehlers und sein Begleiter klingelten, und Annie Andersen öffnete. Sie war eine große, füllige, aufgedunsene Frau in ihrer allerletzten Blüte – noch konnte man erkennen, wie hübsch sie als junge Frau wohl gewesen sein musste, man konnte sich denken, wie schön sie immer noch bei gedämpfter Beleuchtung war, aber man konnte gleichzeitig ahnen, was für ein eigenartig missgebildetes Monster sie in einem halben Dutzend Jahren sein würde, falls sie dann noch lebte. Sie trug einen blauen Hausmantel, hatte aber Unterwäsche darunter. Ihre Augen waren grau, und sie schienen mir ein wenig zu blinzeln, als würde sie sich hintergründig und im Geheimen über irgendwas amüsieren, einen ganz besonderen Witz, ein kleines Geheimnis, doch dann verschloss sie sich wieder und sah nur noch träge aus.

Sie bat uns mit einer Handbewegung hinein. Ehlers sagte formell: »Ja, nun sind wir also da, um Sie zu verhören, Frau Andersen.« Sie hatte eine gemütliche Wohnung, ein hübsches kleines Zuhause – die Wohnung ähnelte allen Zwei- oder Dreizimmerwohnungen, die man in Vierteln wie Søborg, Herlev oder Bispebjerg findet, hübsche, ausgesuchte Wohnungen mit fröhlichen, hellen Blumentapeten, gemusterten Teppichen auf dem Boden, gemütlichen Fernsehsofaecken, schweren gelben Gardinen und Vasen mit verwelkenden Blumen, was sich mit dem Krankenhausaufenthalt erklären ließ. Es wirkte ordentlich und nett. Es wirkte irgendwie wirklich hübsch, trotz der welken Blumen.

Annie Andersen hatte etwas zu sich genommen, was wie ein Gin-Tonic aussah. Sie fragte mit einer heiseren, gedämpften Stimme, weich und harmonisch, ob wir auch einen Drink wollten.

Ich wollte gerade ja sagen, als Ehlers »nein, danke« antwortete. »Setzen Sie sich«, sagte sie mit einem Schulterzucken und trieb uns zu der Sofaecke, in der sie selbst gesessen hatte. Ehlers platzierte sich direkt ihr gegenüber in einen Sessel, ich setzte mich in einen anderen am Ende des dunkelbraunen Tisches. Sie ergriff ihr Glas und zündete sich gleichzeitig eine Zigarette an.

»Ich möchte gern, dass Sie mitschreiben, was gesagt wird«, sagte

Ehlers zu mir. »Ich weiß, dass Sie kein Stenograf sind, aber Sie haben genug Erfahrung im schnellen Notieren. Passen Sie auf, und schreiben Sie mit.«

Deshalb war ich also eingeladen worden.

Ich holte meinen Notizblock heraus.

Annie Andersen leerte ihr Glas und stellte es hin.

Ehlers räusperte sich und sah sich mit einem müden Blick um, einem Blick, wie man ihn montagmorgens an allen Arbeitsplätzen findet, wo die Leute sich den Mantel ausziehen und einander resigniert bestätigen: »Na ja, es hilft ja alles nichts, wir müssen mal wieder.«

Dann betrachtete er die Dame auf dem Sofa genauer und sagte: »Ich will Sie nicht fragen, ob Sie ein Bordell führen, denn das tun Sie, aber das ist was für die örtliche Polizei.«

»Was Sie nicht sagen«, murmelte sie diskret.

»Aber das hier ist eine Sexualstrafsache, ein Mordfall und ein Drogenfall. Zwei Ihrer Mädchen sind ermordet worden, vielleicht drei …«

»Drei?«

Annie Andersen sah erschrocken aus, als wäre sie in eine Falle geraten.

Ehlers beobachtete sie aufmerksam.

»Sie haben von den Morden an Irene Pallock und Majken Green gehört?«

»Ja.«

»Und wie?«

»Im Krankenhaus. Auch in Krankenhäusern wird geredet, Herr … wie war noch Ihr Titel?«

»Polizeiinspektor.«

»Herr Polizeiinspektor.«

»Und was sagen Sie zu den beiden Morden?«

»Das muss ein Geisteskranker gewesen sein.«

»Sie kennen doch sicher die Kunden der Mädchen?«

»Bisweilen erkenne ich einige Besucher wieder, aber nicht immer. Ich bin nicht besonders neugierig. Die Leute haben doch ein Recht auf ihr Privatleben, nicht wahr?«

»Sind Sie keine Kupplerin?«

»Ich vermiete Zimmer. Ich kann Ihnen Kopien der Mietquittungen für die Zimmer im ersten Stock zeigen.«

»Sie vermieten immer nur an Damen, oder?«

»In meinem Alter fühlt man sich mit Männern im Haus nicht sicher.«

Jetzt war wieder der ironische Blick in den grauen Augen.

»Die Damen, an die Sie vermieten, ziehen recht regelmäßig ein und aus?«

»Sie wissen, wie das ist: Diese jungen Mädchen wollen doch am liebsten ein eigenes Zuhause haben, aber bis sie eine Wohnung gefunden haben, müssen sie in einem Zimmer wohnen, nicht wahr?«

»Zwei Ihrer Mädchen, Majken Green und Lisbeth Holgersen, teilen sich eine Wohnung keine zwanzig Meter von hier.«

»Wirklich? Na, dann brauchten sie wohl ein bisschen extra Platz. Das interessiert mich nicht.«

»Keine von ihnen hat hier ihren Wohnsitz.«

»Das Wohnungsamt arbeitet offenbar nicht sehr sorgfältig. Aber dafür trage ich keine Verantwortung.«

Ich merkte, dass Annie Andersen mir gefiel. Ich war kurz davor, ihr zuzublinzeln.

»Und wovon leben Sie selbst?«

»Ich bin Witwe.«

»Ist das ein Beruf?«

»Das kann es sein.«

»Was wollen Sie damit sagen?«

»Mein Mann ist gestorben. Er hat eine Lebensversicherung hinterlassen, ein Restaurant, eine Anzahl Aktien und ein paar Häuser. Er hat mir alles vererbt.«

»Was für ein Restaurant?«

»Die ›Bischofsbodega‹ am Bischofsplatz. Jetzt heißt sie ›Discothèque Darling‹. Ich habe sie gleich nach seinem Tod verkauft.«

»Das kann nachgeprüft werden«, sagte Ehlers.

»Das glaube ich, dass Sie das können«, sagte sie. »Ich kann Ihnen auch gern den Namen meines Notars geben, um die Untersuchung zu beschleunigen.«

Ich schrieb ihn pflichtbewusst auf. Es war nicht der von Philip Feuerspiegel.

Dann fragte Ehlers: »Darf ich Ihr Telefon benutzen?«

Ohne ihr »Bitte bedienen Sie sich«-Lächeln abzuwarten, ging er zum Telefon und wählte.

»Hallo, Ehlers. Habt ihr sie identifiziert? Und? Wie ich gesagt habe? Danke. Stellt sofort zwei Männer zur Bewachung vor ihre Wohnung. Ja, sofort habe ich gesagt. Jetzt!«

Er legte den Hörer auf, wandte sich wieder Annie Andersen zu und sagte grimmig: »Danke schön. Jetzt wissen wir, dass Lisbeth Holgersen auch tot ist. Sie haben ihre Leiche aus dem Hafenwasser gefischt.«

Innerhalb weniger Sekunden war Annie Andersens Gesicht genauso bleich wie Lisbeths Gesicht gewesen war, als ich es im Hafen gesehen hatte, bevor sie sie mit der Plane zudeckten. Dann ging sie zum Barschrank und schenkte sich sorgfältig, ohne dass ihre Hände zitterten, einen Gin mit Tonic ein, drehte sich um und fragte, ob wir immer noch keinen haben wollten.

Dieses Mal sagte ich trotz Ehlers missbilligendem Blick ja. Das war klug getan. Diese Frau konnte einen Gin-Tonic mixen, der roch und schmeckte, wie er es sollte – nach Fäulnis, Verderben und synthetischem Parfüm, alles zusammen ein herrlicher Geschmack.

Das sagte ich ihr, und sie lächelte für einen Augenblick. Dann schaute sie Ehlers wieder mit besorgten Augen an.

»Ist sie auch niedergestochen worden?«, fragte sie.

Ganz unbemerkt übernahm sie die Rolle des Fragenden. Ehlers war sich selbst kaum klar darüber, als er schon geantwortet hatte. »Nein«, sagte er. »Sie ist erwürgt und danach ins Wasser geworfen worden. Glauben sie vorläufig.«

Dann richtete er sich auf und kehrte zu seiner normalen Effektivität zurück.

»Was sagen Sie dazu, dass darüber hinaus Heroin in Ihrer Küche gefunden wurde?«

»Das hätte ich von keinem der Mädchen gedacht.«

»Es ist wohl überflüssig zu fragen, ob Sie etwas davon wissen?«

»Ich weiß nichts davon. Ich weiß kaum, wie so was aussieht. Es ist weiß, oder?«

Ich stellte für mich fest, dass sie erstens bluffte und zweitens fantastisch gut bluffte.

Ehlers begann von vorne, diesmal aus einem anderen Blickwinkel.

»Wie viel wissen Sie über die Frauen, die bei Ihnen Zimmer gemietet haben?«

»Tja …, was man so weiß. Heutzutage redet man ja nicht so viel miteinander. Und die jungen Leute sind oft sehr verschlossen.« Sie zündete sich eine neue Zigarette an, schlug die Beine übereinander und schaute Ehlers neckisch an.

»Wissen Sie, woher sie kamen?«

»Tja … Ich bin nicht neugierig. Ich sage immer, wenn die Leute sich lieber um ihre eigenen Sachen kümmern würden, dann sähe die Welt besser aus. Mein verstorbener Mann meinte immer, ich würde es zu oft sagen, aber dann habe ich ihm geantwortet: ›Alfred‹, habe ich gesagt, ›das kann man gar nicht oft genug sagen‹. Oder was meinen Sie, Herr Polizeiinspektor?«

Ehlers' struppiger Bart verhieß Gefahr, das rote Licht blinkte – jedenfalls für einen kundigen Beobachter des Phänomens Ehlers. »Ich will Ihnen sagen, was ich meine«, erwiderte er, und seine Stimme war unterdrückt wütend und zitterte vor drohender Lautstärke. »Ich meine, dass es an der Zeit ist, eine gründliche Untersuchung Ihrer Verhältnisse vorzunehmen. Ich meine, dass es unter diesen Umständen passend wäre, mit einer Hausdurchsuchung Ihres Domizils zu beginnen. Ich werde zum Gericht gehen und sofort einen Durchsuchungsbefehl dafür holen, und in der Zwischenzeit werde ich einen Beamten hier in der Stube postieren, sodass ich sicher sein kann, dass Sie nichts anrühren oder fortschaffen. Sie können sich erst mal als Hauptzeugin unter Arrest gestellt sehen. Auf Wiedersehen.«

Und ohne mich oder sie eines Blickes zu würdigen, war Ehlers aus dem Zimmer, warf die Wohnungstür zu und verschwand.

21

Es entstand eine kurze Pause, wie immer nach einem derartigen Abgang. Dann sagte Annie Andersen: »Ihr Freund hat aber Temperament, was?«

»Ja«, bestätigte ich. »Die Steuerzahler können stolz auf ihn sein.«
Weiter waren wir nicht gekommen, als ein Polizist in die Stube kam und sich aufmerksam umsah, als erwartete er wie in einem alten Edgar-Wallace-Roman, unter einem der Sessel eine zusammengerollte Kobra zu sehen oder bei jedem Schritt in eine unterirdische Zelle zu versinken.

Ohne ein Wort zu sagen, stellte er sich mitten im Zimmer auf und sah leicht beklommen aus.

»Na, guten Tag auch, Svendsen!«, sagte Annie in einem munteren Ton.

Rodby ist wirklich eine kleine Stadt.

Svendsen antwortete nicht.

»Wollen Sie sich nicht setzen, Herr Svendsen?«, fragte sie höflich, die perfekte Gastgeberin. »Und wie wäre es mit einem Drink?«

»Nein danke«, antwortete Svendsen, während er sich dennoch setzte, auf einen Sessel in gebührendem Abstand zu uns, gleich bei der Eingangstür, äußerst strategisch.

»Aber Sie nehmen doch noch einen?«, fragte sie und zwinkerte mir hoffnungsvoll neckisch zu.

»Mehr als gern«, antwortete ich.

»Ob Sie ihn dann für uns mixen? Ich glaube, ich soll mich möglichst nicht vom Fleck rühren.«

Ich nahm die Gläser, stand auf und ging zur Bar. Über der Bar standen zwei Fotos. Das eine von einem älteren Herrn mit Schnurrbart, sicher der verschiedene Gatte, Alfred. Das andere von einem jungen Mann, einem sehr jungen Mann mit Flaum auf der Oberlippe. Ich hatte das Gefühl, ihn schon irgendwo gesehen zu haben.

Erst als ich unsere Drinks gemischt und auf dem Sofatisch serviert hatte, kam das Bild aus meinem bereits erwähnten Abfallcontainer von Gedächtnis zum Vorschein.

Es war Ulrich. Der Saxofonist Ulrich, den ich neulich abends bei Gynther gehört hatte. Der Saxofonist Ulrich, der klang, als wollte er sich die Lunge aus dem Hals spielen.

»Wer ist der junge Mann auf dem Foto da oben?«, fragte ich höflich konversierend, während ich zur Bar hindeutete.

»Das ist mein Sohn.«

»Ihr Sohn?«

»Du kannst mich ruhig duzen, Svendsen hat sicher nichts dagegen. Ich jedenfalls nicht.«

»Er ist ein guter Musiker.«

»Hast du ihn gehört?«

»Ich habe ihn vorgestern bei Gynther gehört. Es war mit das Beste, was ich seit langem gehört habe. Ich hatte keine Ahnung, dass es so einen Saxofonisten in Rodby gibt.«

»Bist du selbst Musiker?«

»Gewesen. Reiseleiter war ich auch mal.«

»Und was machst du jetzt?«

»Ich bin Journalist.«

»Wo?«

»Beim Bladet.«

Einen Augenblick lang sah sie nachdenklich aus, als müsste sie dennoch aufpassen, nicht zu viel zu sagen, und schon gar nicht gegenüber einem Journalisten. Dann gewann der Mutterstolz die Oberhand, und sie sagte mit ganz offen strahlenden Augen:

»Und du fandest ihn gut?«

»Ich finde, er war fantastisch. Ich fürchte nur, dass er der Typ ist, der so intensiv rangeht, dass er es vielleicht nicht lange durchhält, ich meine: Er steht die ganze Zeit über unter Hochspannung, er braucht jedes Mal seine gesamte Energie.«

»Ist das verkehrt?«

»Nicht verkehrt, aber gefährlich.«

»Für wen?«

»Für ihn.«

Jetzt interviewte sie mich. Es gibt keinen Mann auf der Welt, der der Chance widerstehen kann, über etwas zu reden, wovon er wirklich Ahnung hat, besonders dann nicht, wenn ihn eine Frau fragt, Alter und Aussehen sind dabei von untergeordneter Wichtigkeit.

Plötzlich stellte sie ihr Glas hin, lehnte sich zurück und vergaß offenbar für einen Augenblick ihren Sohn. Ihr war etwas anderes eingefallen. Ein angstvoller Ausdruck erschien in ihren Augen.

Ich leerte mein Glas. Im selben Augenblick ging die Tür auf, und herein kam Ehlers mit einem weiteren Beamten und einem großen, offiziell aussehenden Dokument, das er in der ausgestreckten Hand herumschwenkte.

»Die Erlaubnis«, sagte er und reichte ihr das Papier. »Die Erlaubnis zur Hausdurchsuchung.«

Sie würdigte es keines Blickes.

»Fangen Sie nur an«, sagte sie mit einer einladenden Handbewegung. »Tun Sie, als ob Sie hier zu Hause wären.«

Ehlers gab seinen beiden Beamten Befehle. Dann winkte er mich heran, als wäre ich sein persönlicher Polizeihund, und sagte gelassen: »Sie gehen jetzt lieber. Es gibt hier reichlich Beamte, und die könnten sich sehr über Ihre Anwesenheit hier wundern, jetzt, wo Sie als Protokollant nicht mehr gebraucht werden. Wir sehen uns später.«

»Dann sind wir anscheinend wieder beim Sie?«

»Wir sind immer per Sie, wenn wir nicht allein sind. Bei unseren Jobs kann es nicht anders sein.«

»O. k., wir sehen uns später.«

Ich drehte mich um und winkte zum Abschied zum Sofatisch hin. »Darf ich meinen Gast hinausbringen, oder wird die Polizei dann misstrauisch?«, fragte Annie aus der Tiefe des Sofas.

»Bitte, bitte«, sagte Ehlers kurz.

Sie stand träge vom Sofa auf und brachte mich zur Tür, wo sie laut und demonstrativ sagte: »Auf Wiedersehen, vielleicht bald einmal.«

Eine äußerst interessante Dame. Eine nicht gerade schwache Dame.

Vor dem Taubenschlag war immer noch ein Bulle postiert. Er schien zu überlegen, wer ich wohl sei. Ich sah ihn mit einem Blick an, als wäre ich sein Vorgesetzter in Zivil, und er streckte sich augenblicklich. Disziplin muss sein.

Im Café Schmied warfen die Diskussionen kurz vor der Essenszeit hohe Wellen; die Stille und Angespanntheit von gestern waren verschwunden. Jetzt redete man laut, als wollte man damit beweisen, dass man den Schock überwunden hatte, was auch immer noch passieren würde. Alle waren mit den lauthals verkündeten Meinungen so beschäftigt, dass ich mich fast zur Bar schleichen konnte, ohne bemerkt zu werden. Das Tagesgericht war Scholle, jedenfalls diskreter als das Schweinefleisch von gestern.

»Du wirst sehen«, brummte ein großer, dicker Mann mit einem runzligen Gesicht, das reichlich von den Erfahrungen des Lebens erzählte, »du wirst sehen, in dieser Sache wird nichts weiter passieren. Dieser Kerl, dieser Idiot, wenn er auch nur ein wenig Grips im Hirn hat, dann ist er mit einem der kleinen Boote schon lange in Deutschland, und von da kommt er nie wieder zurück.«

»So einer ist er nicht«, unterbrach ihn ein anderer, zweifellos ein Fischer, der einem alten Michael-Ancher-Gemälde glich, mit Pfeife, Vollbart und Riesenpullover, so ein Kerl, neben dem man sich selbst plötzlich als kleine, zerbrechliche Porzellanfigur fühlt, ein eleganter Spielzeugteddy in Jacke und Hose. »So einer ist er ganz und gar nicht, auf die Idee würde er nie kommen. Und er war es sowieso nicht, ich kenne ihn aus dem Hafen, er hat mir oft geholfen. Ich kenne ich gut.«

»Und wer soll es dann gewesen sein?«, fragte ein Mann mit aufgeknöpftem Hemd und Aussicht auf einen Bauch, den er vergeblich gegen die Bar zu lehnen versuchte, was zur Folge hatte, dass sein Barhocker schaukelte, ganz einfach, weil der Platz zwischen Barhocker und Bar für so einen Bauch zu klein war.

»Hör mal«, sagte der Fischer, »ich will nicht behaupten, dass er sich nie 'ne Möse gekauft hat, denn wie sollte er sonst an eine kommen, und wir brauchen es doch alle ab und zu, ihn mal einzutauchen, nicht wahr.«

»Hört, hört«, schrie ein rotgefleckter Besoffener aus einer Ecke und knallte sein Bierglas auf die Theke. Der Barkeeper füllte es mit hochgezogenen Augenbrauen wieder auf.

»Aber er hätte nie jemanden umbringen können«, sagte der Fischer abschließend. »Nein, das sieht ihm nicht ähnlich. Und weißt du, was ich denke?«

»Nein«, sagte der Fettwanst erwartungsvoll.

»Ich glaube, da hängt einer von den feinen Pinkeln mit drin. Du weißt doch genauso gut wie ich, dass in den Taubenschlag auch feine Leute gekommen sind, so elegante Herren mit weißem Kragen. Über die Hintertreppe, während wir die Vordertreppe benutzt haben.«

»Das stimmt«, erklärte der Rotfleckige und ließ das Bierglas nochmals knallen, sodass der Inhalt auf die Hosen der Nächststehenden spritzte. Sein nächster Nachbar stand schimpfend auf. Für einen Moment lag eine Schlägerei in der Luft – man hörte Ausdrücke wie »rotes Schwein« –, aber dann wurde das Intermezzo damit beendet, dass der rotfleckige Besoffene eine Runde ausgab, und man kehrte zum Hauptthema zurück, während sich der Barkeeper darauf konzentrierte, auszuschenken.

»Glaubst du, das war einer von den feinen Pinkeln?«, fragte das Runzelgesicht und nahm damit den Faden wieder auf.

»Ich weiß auch nicht mehr als du«, entgegnete der Fischer direkt.

»Ich glaube nur nicht, dass er es war, und immer sind es welche wie er, über die sie herfallen.«

»Stimmt scheißgenau!«, schrie der Besoffene. »Immer sind es welche wie wir, über die sie herfallen!«

»Es ist nur ein Jammer mit den Mädchen«, sagte der Fettwanst plötzlich sentimental, während er in sein Bier starrte. »Süße Mädchen waren das, daran gibt's keinen Zweifel.«

»Solche sind sowieso am schlimmsten dran«, piepste ein kleiner Mann in der Mitte. Das war sein erster Beitrag zur Diskussion. Mein Freund, der Friseur, kam leicht zitternd herein, der Laden war geschlossen und der Arbeitstag beendet. Er bahnte sich mit glasigem Blick den Weg zur Bar und bestellte sich ein Elefant-Starkbier. Seine Hände zitterten, als er das Glas ergriff, aber das weckte keinerlei Aufmerksamkeit. Wahrscheinlich zitterten seine Hände jedes Mal, wenn er in den letzten zwanzig Jahren nach Geschäftsschluss sein Elefant ergriff.

Plötzlich wurde mir klar, dass es an der Zeit war, aufzupassen – es wurde mir auf diese besondere Art und Weise klar, die man nur kennt, wenn man den richtigen Zeitpunkt schon mehrfach überschritten hat. Ich hatte den ganzen Tag hindurch getrunken. Ich sollte mich lieber zusammenreißen und für eine Weile die Schmiedgasse, den Taubenschlag und sogar Annie Andersen und ihren merkwürdigen Sohn vergessen – gar nicht zu reden von Gitte Bristol, deren Abwesenheit wie ein großes Tier war, das mir das Mark aussaugte – und ins Hotel zurückgehen und dem Bladet mitteilen, dass Lisbeth Holgersen identifiziert war.

Als ich ging, verteidigte der Fischer noch immer Preben Sørensen. Der Fettwanst war ganz offensichtlich anderer Meinung. Es war deutlich erkennbar, dass er Sørensen bereits aufgeknüpft hatte.

Das Faltengesicht dagegen war kurz davor, überzeugt zu werden.

22

Der Regen hatte aufgehört, und die Luft war frischer geworden, hatte den Geschmack eines neuen Anfangs, wie sie es nach einigen Tagen brennender Sonne und einer darauf folgenden Abkühlung bekommt; sie war rein und klar, wie man es verfluchterweise aus seiner Kindheit kennt, wenn man in den frühen Morgenstunden in die Schule ging.

Als ich ins Hotel zurückkam und meinen Schlüssel holte, konnte ich einige Stimmen aus der Bar hören, Stimmen, die ich sofort wiedererkannte: zwei Kollegen von der ziemlich konservativen Morgenzeitung und der Nachmittagszeitung gleicher Couleur.

»So, das war also der Hafen. Jetzt müssen wir aber zusehen, dass wir in die Schmiedgasse kommen, was?«

»Ja. Weißt du, wo die ist?«

»Nee, wir fragen beim Empfang. Komm!«

Es gelang mir, in letzter Sekunde in den Fahrstuhl zu sprinten. Nicht, weil ich etwas gegen meine Kollegen habe, die wenigsten sind schlimmer als andere Leute, was schon schlimm genug sein kann, sondern weil ich ihnen bisher immer noch ein oder zwei Züge voraus war, und diesen Vorsprung wollte ich mir gern erhalten. Sie hätten genauso gehandelt, die Gauner!

Ich rief beim Bladet an und lieferte die neuesten Informationen ab. Dann wählte ich Gittes Privatnummer, bekam aber keine Antwort.

Ich nahm ein Bad und rief nochmals an, es nahm immer noch keiner ab.

Dann klingelte mein Telefon. Für einen Augenblick dachte ich, es könnte Gitte sein, und wurde bei diesem Gedanken ganz hektisch.

Sie war es nicht.

Fast hätte ich gesagt: ganz im Gegenteil. Es war Helle, meine Geschiedene, meine Ehemalige, Helle mit dem großen Herzen, die immer Zeit und Kraft hat, sich darum zu kümmern, was ihr Ehemaliger gerade unternimmt, wenn sie nichts von ihm hört. Ihr Ton war besorgt, mütterlich besorgt. Ihr Ton war schon immer besorgt gewesen, wahrscheinlich war sie schon so geboren worden. Wenn es stimmt, dass jeder Vogel singt, wie ihm der Schnabel gewachsen ist, und auf den ersten Blick klingt das doch sehr einleuchtend, dann war Helle eben ein besorgter Schnabel zugewiesen worden, wie er im Symphonieorchester des Herrn nicht fehlen darf.

»Hallo. Ich habe mir deine Nummer beim Bladet besorgt. Ich wollte nur mal hören, wie's dir so geht?«

Natürlich, dachte ich. Natürlich. Sie hat sich meine Nummer besorgt. Sie will nur mal hören, »wie's so geht«.

Das ist das Verfluchte an den heutigen Scheidungen: Man wird nie fertig damit. Früher wurden ein Mann und eine Frau geschieden, und damit war die Sache erledigt, und jeder versuchte etwas anderes oder auch nicht, aber geschehen war geschehen, und die Welt drehte sich weiter. Heutzutage muss man unbedingt durchkauen, was und warum es schiefging und wie viel man einander immer noch schuldet und wie eng man miteinander verbunden ist, auch wenn wir uns nicht mehr lieben, können wir doch dennoch gute Freunde bleiben, und wir haben doch so viele gemeinsame Freunde und Interessen. Kastrups Häkelclub.

Aber das Schlimmste ist dabei die Umwelt, alle die sogenannten »Freunde«. Diese Freunde, die fest davon überzeugt sind, dass die beiden schon wieder zueinander finden werden. »Sie sind doch wie geschaffen füreinander! Das war doch nur so ein Geplänkel. Das haben wir doch alle schon mal durchgemacht. Genau wie damals, als Erik und ich …«

Ja, vielen Dank, vielleicht noch eine kleine halbe Tasse Kaffee … Ich kannte mindestens fünf Leute, die felsenfest davon überzeugt waren, dass Helle und ich irgendwann wieder zusammenziehen würden. Otzen war einer von ihnen. Er vergötterte Helle.

Ich gehörte nicht zu den Fünfen.

»Wie es geht? Na ja …«

Ich musste etwas sagen. Erstes Gebot für einen Mann, gleich was für ein Mann, gleich welchen Alters, gleich welcher Rasse – wenn eine Frau anruft, muss er etwas sagen.

»Na ja … Drei Prostituierte sind ermordet worden. Außerdem hängt noch eine Drogensache dran.«

»Aber du nimmst doch nichts?«

Wieder dieser besorgte Tonfall.

»Nein. Schon lange nicht mehr.«

»Das ist gut. Du weißt, mir gefällt es gar nicht, wenn du trinkst, aber das ist immer noch besser, als wenn du Drogen nimmst. Wenn du trinkst, kann man wenigstens noch mit dir reden, manchmal bist du dann richtig süß – aber wenn du was nimmst, dann kommt man gar nicht mehr an dich ran.«

»Nein«, sagte ich. »Aber das ist lange her. Du, ich rufe dich morgen an, o. k.? Ich muss jetzt weg. Ich treffe mich mit Polizeiinspektor Ehlers.«

Erstunken und erlogen, aber wirkungsvoll.

»Du kannst ruhig heute Abend noch anrufen«, zwitscherte Helle. »Es macht nichts, wenn es später wird. Solange erst mal tschüs.«

Helle war GUT. Sie war viel zu gut, und auf jeden Fall zu gut für mich. Das hatten nicht wenige während unserer Ehe festgestellt. Inzwischen war es zwanzig Uhr geworden. Ein vernünftiger, umsichtiger Mann würde jetzt etwas essen.

Ich war nicht so ein vernünftiger und umsichtiger Mann, und wenn ich auch zum Essen ausginge, würde ich trotzdem die ganze Zeit dieses Paar blauer Augen vermissen, dem ich an den letzten beiden Tagen beim Essen gegenübergesessen hatte.

Ich schlenderte zum Hafen hinunter.

Am Kai stand das Fernsehen mit fünf Mann und versuchte, in einem Wald von Gerüsten und Schirmen ein Bild des Schiffs einzufangen, das an der Stelle lag, an der Lisbeth Holgersens Leiche herausgefischt worden war. Ich konnte bereits jetzt den nüchternen Sprecherkommentar hören: »An dieser Stelle im Rodbyer Hafen ereilte gestern die achtundzwanzigjährige Lisbeth Holgersen der Tod. Die Polizei von Rodby …«

134

Quatsch, sie ist schließlich erwürgt worden.

Die Fotografen fluchten über ihre schwere Ausrüstung. Die Fernsehleute müssen immer fünfzig Kilo an Kameras, Belichtungsmesser, Filmen, Tonbändern und Klappen pro Mann mit sich rumschleppen. So was lässt einen sich doch ab und zu am eigenen altmodischen Job erfreuen. Ich streichelte anerkennend meinen leichten kleinen Notizblock in der Jackentasche, als ich an der Gruppe vorbeiging.

Das Hafencafé summte beständig, wobei es jedoch so aussah, als wäre im Großen und Ganzen eine andere Klientel eingetroffen, wohl die Abendschicht des Hafens. Diese hier hatten die Leichenbergung nicht überwacht, sie hatten nur davon gehört, aber einzelne der Nachmittagsveteranen waren noch dort und konnten ausführlich – und mit der Zeit immer ausführlicher – berichten, wer es zuerst gesehen hatte, und was und warum die entsprechenden Leute gedacht und getan hatten und wie die Polizei gekommen war, und jetzt war sogar das Fernsehen da.

Nach einem Whisky ging ich ins Hotel zurück und fragte nach Ehlers. Er war noch nicht aufgetaucht.

Gitte war immer noch nicht zu Hause.

Diese verfluchte Stadt machte mich langsam klaustrophobisch. Ich war erst drei Tage hier, und bereits jetzt war es zu einer ewigen Wiederholung der Wanderungen zwischen Hafen, Hotel und Schmiedgasse gekommen. Hafen, Hotel und Schmiedgasse. H, H & S. Ich fühlte mich wie ein Stein in einem Brettspiel, einer dieser Steine, der jedes Mal, wenn er auf Feld Nr. 35 angekommen ist, Bescheid bekommt, wieder zu Feld Nr. 23 zurückzugehen.

Aber dieses Mal schummelte ich. Ich ging nicht zum Bahnhof, nicht einmal, um das Bladet von heute zu holen. Ich ging auch nicht in die Fußgängerzone, um zur Schmiedgasse zu kommen. Ich ging ins Café Paradies und schaute beim Billard zu.

Nichts ist so beruhigend wie Billard. Ganz gleich, wie das Spiel läuft, egal, wer gewinnt, scheinen die Bälle – wie beim Fußball, Tennis oder Federball übrigens – in voller Übereinstimmung mit einer

Art heiligem und universellem Gesetz zu stehen. Sie rollen, wie sie rollen müssen, ohne die geringste Andeutung eines Zweifels, ohne Anfechtungen, ohne Probleme, sich auf ihren Bahnen zurechtzufinden. Ein Kopfstoß ist ein Kopfstoß, und er verhält sich, wie sich ein Kopfstoß eben zu verhalten hat, auch wenn er das auf zehntausend verschiedene Arten tun kann. Er ist immer fair, und niemand kann ihm diesbezüglich etwas vorwerfen.

Ich wünschte, das Leben wäre ein Billardspiel.

Langsam dämmerte es, während ich dasaß, dem Billard zusah und fast eine halbe Flasche Whisky trank.

Dann stand ich unsicher auf, aber immer noch klar genug, um eine Quittung zu fordern und hinten »research« draufzuschreiben, der Buchhaltung vom Bladet zu Ehren, die zweifellos – wie immer – ein Riesengezeter veranstalten würde.

Und das mit vollem Recht.

Ein Riesengezeter – das war das Dasein in aller Kürze.

In der Hoffnung, dass Ulrich heute Abend spielen würde, ging ich zu Gynther.

Er spielte nicht. Auf der Bühne wurde offensichtlich, nachdem sich die Augen endlich an die Finsternis gewöhnt hatten, eine New-Orleans-Jazzband sichtbar. Ich setzte mich mit meinem Whisky hin und schaute ihnen zu, wie sie mit »Canal Street Blues« oder »Bourbon Street Parade« oder »Beale Street Stomp« anfingen, oder womit auch immer und wunderte mich.

Von den Jungs hatte garantiert noch keiner jemals die Straßen von New Orleans gesehen. Keiner hatte jemals eine ganz ordinäre Kneipe während der Prohibitionszeit in Louisiana aufgesucht, und dennoch standen sie hier in Rodby, in ihren abgewetzten Cordhosen und mit ihren zerzausten Barten, und spielten die alte Musik der Schwarzen über ihre Straßen, ein halbes Jahrhundert später.

Es gibt nichts so Statisches wie den New-Orleans-Jazz. Er ist einfach da, entwickelt sich nie, ist entschieden und festgeschrieben wie Mensch ärgere dich nicht oder Billard, und wie beim Mensch ärgere dich nicht oder Billard gibt es immer wieder neue Leute, die

136

die Traditionen fortsetzen. Ein New-Orleans-Klarinettist, der vor fünfzig Jahren gestorben ist, wäre verblüfft, wenn er wüsste, dass jeden Tag Dutzende von erwachsenen Menschen in einem fernen Land mit Meerjungfrauen und Eisbären, einem Land mit Namen Dänemark, auf der Bühne stehen und versuchen, das Solo nachzuspielen, dass er 1926 für fünf Dollar auf eine lumpige Schellackplatte in einem Studio in Chicago einritzte in der Hoffnung, damit seine Heimreise verdienen zu können.

Ein kleines, blondes Flittchen am Nachbartisch lächelte mir aufmunternd zu, aber ich war viel zu sehr in meine eigenen Gedanken versunken, um mehr als ein schwaches Lächeln produzieren zu können. Mit einer gewissen blassroten Bitterkeit musste ich einsehen, dass ich so alt geworden war, dass ich mittlerweile schon in Jazzclubs ging, um Musik zu hören.

Dennoch schwang eine gewisse Freude in der Melancholie mit, sogar in diesem dunklen Loch mit den Bierflaschenkapseln auf dem Boden, denn das ist dem New-Orleans-Jazz eigen. Er ist so harmonisch und aus einem Guss wie ein Streichquartett, er bietet seinen Mitgliedern einen sicheren Halt. Die Posaune deckt die Trompete, die Klarinette leckt die Melodie mit der Zunge, das Banjo lächelt dem Klavier zu, alle stopfen die Löcher der anderen, alle spielen hin und her und aufeinander zu, und nichts könnte anders sein, als es ist – zumindest keine zwei Takte später. Wie Billard oder Ballspiele, wieder einmal.

Ich versuchte, mich zusammenzureißen und meine Gedanken in vernünftige Bahnen zu lenken. Seine Gedanken zu ordnen, das ist eine lebenslange Aufgabe. Ich wünschte, man könnte es, wie das Waschen und Saubermachen, anderen Leuten überlassen. Aber ich habe außer Helle noch niemanden getroffen, der es gerne übernehmen würde.

Die Blonde lächelte wieder. Sie war natürlich gar kein Flittchen. Sie war sicher ein süßes, junges Mädchen mit normalen Instinkten und einem vernünftigen Lebensvertrauen.

Ich leerte mein Glas und ging zur Bar, um mir einen neuen

Drink zu holen, während ich hörte, dass die Rodby Stompers bei
»My Baby Done Left Me« waren.

Nachdem ich meine Bestellung aufgegeben hatte, sah ich mich
in der Bar um, die bisher – von meinem Tisch aus gesehen – aus
lauter Rücken bestanden hatte. Der Erste, den ich entdeckte, weil
er direkt neben mir stand, war der Saxofonist Ulrich.

23

Stand ist vielleicht nicht der richtige Ausdruck. Der Saxofonist Ulrich schwankte eher, pendelte vor und zurück wie ein Baum, der
vom Sturm geschüttelt wird, teils, als wenn er genug intus hätte,
teils, als wenn er einfach seine Beine nicht ruhig halten konnte, sondern ohne Pause mit sich selbst tanzte nach einer besonderen Melodie, die niemand sonst hören konnte.

Ulrich war in ein Gespräch mit einer jüngeren, kurzhaarigen, tief
dekolletierten Dame vertieft. Das heißt, sie war es, die vertieft war
und das Gespräch führte.

»Aber es gibt einen äußerst gefährlichen Aspekt, das sage ich dir.
Der Skorpion als Aszendent im Widderzeichen, und dann noch das
zwölfte Haus im Steinbock! Das ist eine seltene Konstellation, aber
sie ist auch sehr – ja, gefährlich. Da gibt es starke Spannungen.«

Sie sah ihn appellierend an. Er nickte, als hätte er das Ganze
gründlich durchdacht.

Seine Beine machten weiter. Er trank ein Starkbier.

In großen Schlucken.

»Du weißt, auch wenn ich Stier bin, habe ich viel für so was übrig, aber das kommt sicher daher, weil ich im Haus des Unterbe-
wusstseins Krebs bin, oder was meinst du?«

Das meinte Ulrich auch.

»Ich muss los. Bis bald«, sagte sie und verschwand gänsewat-
schelnd Richtung Toilette, während das Orchester »My Baby Done

Left Me« mit einem etwas ungenauen Abgang schloss, der sich daraus ergab, dass der Schlagzeuger einige Schläge extra machen musste, weil der Trompeter die Takte falsch gezählt hatte.

Ich wandte mich zu Ulrich und sagte ihm, dass ich ihn vor kurzem gehört hätte und ihn fantastisch fand. Ich fragte, wie seine Band hieß und ob er schon mal in Kopenhagen gespielt hätte.

Überrascht wandte er sich mir zu, als hätte ich ihn aus einem Traum geweckt, und als er mich ansah, sah ich als Erstes seine Augen. Nicht seinen dreckigen Pullover, nicht seinen mageren Körper, nicht sein dichtes, unordentliches Haar, sondern seine Augen. Die Pupillen waren kleiner als klein, kleiner als Stecknadelköpfe, sie waren eigentlich so gut wie gar nicht vorhanden. Man konnte sehen, dass er einen anschaute, aber man glaubte nicht so recht, dass er einen wirklich sah.

»Nein«, sagte er langsam, hustend. »Nicht in Kopenhagen, da war ich nur zu einer Jam-Session.«

Dann lehnte er sich wieder mit einer vollkommen müden und erschöpften Miene an die Bar, als hätte er alles gesagt, was überhaupt zu sagen war, als wenn es absolut überflüssig wäre, noch irgendwas hinzuzufügen.

Nach einem kurzen Gerangel schafften die Rodby Stompers es, sich darauf zu einigen, mit »When The Saints Go Marchin' In« zu beginnen, garantiert die abgelutschteste Möglichkeit von allen zehntausenden, die in sämtlichen Notenbüchern zu finden sind. Ulrich sah aus, als fiele ihm etwas ein, was bereits vor einigen Jahrhunderten geschehen war. Immer noch tanzend drehte er sich erneut um und sagte: »Die Band, das sind ein paar Jungs, die ich kenne. Schulfreunde.«

»Aber du kannst doch nicht davon leben, nur in Rodby zu spielen?«

»Man kann überhaupt nicht davon leben, zu spielen. Ich lebe von meiner Mutter.«

Seine Augen ähnelten den schmalen Lichtspalten, die sich im untersten Teil einer Jalousie um sechs Uhr morgens durchzwängen.

»Aber jetzt sollst du was hören«, sagte er.

Er holte seinen Saxofonkasten hervor, der offenbar die ganze Zeit neben dem Barhocker gestanden hatte, öffnete ihn, holte sein silberglänzendes Saxofon heraus und nahm es vorsichtig in die Hände. Dann schwankte er unsicher zur Bühne, wie ein Frankensteinscher Schlafwandler.

Im selben Augenblick kam seine astrologische Freundin von ihrer kosmischen Reise zur Toilette zurück.

»Wo ist Ulrich?«, fragte sie mich anklagend, als hätte ich ihn weggejagt.

»Da oben«, sagte ich und deutete zur Bühne.

Ulrich hatte sich neben den Klarinettisten gestellt, einen großen fetten Mann, der einem Oberkellner in Nyhavn ähnelte, und in dessen Mund das kleine, zerbrechliche Mundstück wie eine Zigarettenspitze aussah. Ulrich spielte seine Stimme mit, Ton für Ton, aber mit einem tief brummenden Zischen als Unterton, als würde er gleichzeitig den Song spielen und ihn verfluchen.

Dann, gleich nach einem Trompetensolo, das schon seit den Golden Twenties auf Krücken geschlichen war, stand er auf, trat vor und blies unaufgefordert ein Solo.

Sein Solo verursachte bei mir ein Kribbeln wie von Ameisen, ein Schauer lief mir durch den ganzen Körper. Er spielte, als wäre er in der Lage, mit seinem Saxofon Wände einzureißen. Gynthers Wände, jede Art von Wänden, durch Zeit und Raum. Er spielte, als wären alle die unheimlichen Albträume, mit denen jeder Mensch des Nachts allein daliegt, alle die Geheimnisse und Rätsel, die wir mit uns herumschleppen und selbst nicht begreifen können, alle die späten, schwachsinnigen Nächte und alle die blauen Morgen, die ein Mensch mit sich herumträgt, als ob sie alle ins Licht hervorgetreten und ganz offensichtlich wären, und wenn man sie recht betrachtete, eigentlich nur ein altes Kinderlied waren. Er spielte so, dass die Gespräche an den Tischen plötzlich verstummten, die Tanzenden innehielten, der Barkeeper sich dabei ertappte, die Flasche, die er in den Händen hielt, anzustarren, und nicht mehr wusste, warum und für wen er sie genommen hatte. Er spielte, als wollten seine Töne Rodby durchdringen, bis zum Hafen und übers Wasser bis zu einem Land, das keiner kannte und von dem noch niemand etwas gehört hatte.

Und nach zehn Minuten ohne Pause nahm er das Instrument für einen Augenblick vom Mund, bedachte das ganze Lokal mit einer Art schiefem, verlegenem Clownslächeln, rückte das Instrument wieder an seinen Platz und fiel nach seiner langen Wanderung zurück in »When The Saints ...«.

Das Orchester fiel matt ein und wiederholte den Refrain noch einmal, wonach es eine Pause machte. Das war sehr klug von ihm. Ulrich kam langsam schwankend zur Bar zurück, während der Beifall noch anhielt.

Der Klarinettist kam fast gleichzeitig. Er stellte sich auf meine andere Seite und brauchte dringend ein Porter. Der Klarinettist sah aus, als hätte er einen Schlag auf den Kopf bekommen.

Das hatten wir alle, aber natürlich tat es ihm mehr weh.

Ich fragte Ulrich, ob er einen Whisky mittrinken wollte. Das wollte er. Er würde gleich kommen.

Ich bestellte und ging raus, um zu pinkeln, während die Astrologiedame ein Gespräch mit dem fetten Klarinettisten begann. Sie sei überzeugt, dass er Wassermann sei, sagte sie.

Die Herrentoilette ähnelte allen anderen Etablissements dieser Art, in der Provinz wie in der Hauptstadt oder im Ausland, mit eingeritzten und aufgeschmierten Inschriften quer über alle Wände und Türen. »Bumsen ist gel«, »Fick mich in den Arsch« und »Free Hash!« waren einige der am ehesten lesbaren.

Während ich wie ein unbekümmerter Bergbach plätscherte, öffnete sich eine Toilettentür hinter mir, und im Spiegel sah ich Ulrich. Er stand da und packte irgendein kleines, zylinderförmiges Teil in eines dieser großen Stücke Papier aus einem dieser Automaten ein, die angebracht sind, damit niemand seinen Bedarf überbewertet und zu viel herauszieht, und damit man nicht Gefahr läuft, eine ganze Rolle betrachten zu müssen, sondern immer nur Blatt für Blatt. Er warf sein Päckchen in den Papierkorb.

141

Dann ging er wieder hinein.

Ich zog den Reißverschluss zu, und bevor ich wieder an die Bar ging, schaute ich in den Papierkorb, um zu sehen, was er da mit so großer Sorgfalt hatte loswerden wollen.

Es war eine Plastikspritze. Eine dieser kleinen, sterilen Einmalspritzen, die man in der Apotheke für einen Fünfer bekommt, und die Ärzte immer in ihrer Notfalltasche liegen haben.

Na klar, deshalb die schmalen Augenschlitze: Ulrich war drogensüchtig.

An und für sich eine Privatsache. Man soll nicht seine Zeit damit verschwenden, herumzurennen und anderen Leuten ihre Konsumgewohnheiten vorzuwerfen, nur weil sie anders sind als die eigenen.

Aber in Verbindung mit dem Drogenfund im Taubenschlag und in Verbindung mit der Tatsache, dass seiner Mutter der Taubenschlag gehört ...

Das würde Ehlers interessieren.

Aber Saxofonisten, die wirklich spielen können, davon gibt's nicht viele. Und wie eine alte Frau in Vesterbro mal so treffend über die jungen Junkies sagte: »Sie behandeln sich selbst doch am schlimmsten.«

Ich vergaß es wieder und ging zu meinem Whisky. Es hatte sich mittlerweile herausgestellt, dass der Klarinettist kein Wassermann war, aber er musste auf jeden Fall stark vom Wassermann geprägt sein und hatte ihn sicher an zentraler Stelle in seinem Horoskop, vielleicht als Aszendenten, erklärte das Mädchen mit Feuereifer. Ihr Interesse für diese Probleme verschwand jedoch, als Ulrich seinen Platz wieder einnahm. Merkwürdigerweise kam er nach mir. Vielleicht hatte er noch jemanden getroffen.

Wir stießen an. Ich bekam gleich noch einen.

Ulrich sagte kein Wort. Das Astrologiemädchen redete. Der Rauch umhüllte uns. Die Pause war vorbei, und das Orchester war dabei, sich wieder zu sammeln, um eine letzte Wanderung auf den Boulevards von New Orleans zu unternehmen. Ich starrte mit nach innen gekehrtem Blick über das ganze Lokal hinweg und war zum zehntausendsten Mal meiner selbst und der ganzen übrigen Welt überdrüssig. Es kam mir so vor, als wäre das Ganze ein lausiges Produkt aus zweiter Hand. Es hätte viel besser gemacht werden können, wenn ordentliche Handwerker es in die Hand genommen hätten.

Wenn es einen Gott gab, sollte man doch glauben, dass zumindest er bessere Ideen hätte, als drei arme kleine Prostituierte umzubringen, drei arme Mädchen, die ihr armseliges Auskommen nur hatten, weil arme Männer sie brauchten. Falls es einen Gott gab, sollte man doch denken, er hätte ein anderes Rodby als dieses hier schaffen können, einen Saxofonisten, der kein Junkie war, ein Mädchen, das nicht die ganze Zeit mit ihrem astrologischen Quatsch bluffte, einen Journalisten, der nicht den Whisky kippte, als wäre es reines Kurwasser. Falls es einen Gott gab ...

»Ach, halt's Maul!«, sagte ich zu mir selbst. »Hör auf! Geh nach Hause und schlaf dich aus!«

Ich stand auf, bedankte mich bei Ulrich für das Lied, bezahlte und ging Richtung Ausgang. In dem Moment, als ich die Tür aufriss, hörte ich das Mädchen an Ulrichs Seite in die erwartungsvolle Stille hinein, während das Orchester seine Instrumente stimmte, sagen: »Du, ich wette, das war ein Löwe. Ein typischer Löwe!«

24

Der typische Löwe begab sich auf den Weg in sein Hotel, wenn auch widerwillig. Ein Hotel ohne Gitte Bristol ist nicht das gleiche wie ein Hotel mit. Ein Hotel ohne Gitte Bristol ist ein Hotel, in das der typische Löwe es nicht so eilig hat, zurückzukehren.

Außerdem war es eine klare, reine Nacht. Und es war Vollmond, mir wurde auch nichts erspart.

Ich ging langsam, mit steifen Schritten die Fußgängerzone zum

Markt mit dem Denkmal entlang. Um diese späte Uhrzeit waren nicht viele Menschen unterwegs, aber hier und da waren kichernde Laute von lärmenden Gruppen zu hören, die sich ihren Weg zum Taxi oder zu einer anderen Kneipe suchten.

Der Bahnhof war geschlossen. Der Hafen bildete nur eine rabenschwarze, stille Silhouette.

Ich lief ziellos umher. Irgendein verfluchter Instinkt bringt die Leute dazu, um Mitternacht zum Hafen zu gehen, falls einer in der Nähe ist.

Ein sanfter Wind vom Meer sprühte mir feine, weiche Wassertropfen ins Gesicht und trocknete sie gleich wieder. In der Ferne war eine einsame Sirene zu hören.

Unter der Tür vom Hafencafé war ein schmaler Lichtspalt zu sehen. Die letzten Gäste waren dabei, lauthals Abschied zu nehmen. Einer versicherte ein ums andere Mal, dass er auf jeden Fall am nächsten Morgen kommen würde, um seine Schulden zu begleichen.

Dann verschwanden sie, und die Stille war vollkommen.

Ich schlenderte zu den Lagerhäusern hinüber, die still und friedlich dalagen, nur um mir etwas Wind um die Nase wehen zu lassen. Ich lief von Haus zu Haus und betrachtete die gekreuzten dänischen Flaggen auf den Türen, darunter die blauen Wellenlinien und den stilisierten Hering.

Eine der Türen wurde plötzlich geöffnet. Das machte in der Stille einen solchen Lärm, dass ich herumfuhr, als wäre ein Revolver abgefeuert worden.

Ein kreideweißes Gesicht erschien in der Tür und sah mich an. Eine gelbe Glühbirne über der Tür beleuchtete das Gesicht.

Es gehörte Preben Sørensen.

Das Gesicht zog sich zurück, die Tür schloss sich wieder.

Ich ging näher an das Lagerhaus heran.

Es war wieder dunkel. Die Tür ging mit lautem Knarren auf, als ich die Klinke hinunterdrückte.

»Sørensen, ich will mit Ihnen sprechen …« sagte ich.

Weiter kam ich nicht. Eine Mauer traf mich am Hinterkopf, ich sah vor meinen Augen ein Feuerwerk, das tanzte und explodierte, und plötzlich sah ich, dass die Sterne von einem Steinfußboden vor mir stammten.

Ich verabschiedete mich für eine Weile.

Mein nächster Gedanke war, dass es nass war, nass und klebrig. Ich hatte ein verdammt feuchtes Bett bekommen, ich musste mich unbedingt beim Hotel beschweren.

Dann merkte ich, dass es gar kein Bett war, es war der Steinfußboden. Und der Boden war gar nicht nass, ich war es, der nass war – von Blut. Ich hatte im ganzen Gesicht Blut, und dann stand da obendrein noch jemand neben mir und kippte Wasser aufs Blut, rüttelte an mir und sagte: »Kommen Sie zu sich. Kommen Sie zu sich!«

Ich öffnete meine Augen halb und versuchte aufzustehen, fiel aber wieder hin und schlug mir das Knie hässlich auf. Ich fluchte, und das Geräusch eines wohlformulierten Fluches gab mir ein wenig von meinem Selbstvertrauen wieder. Beim zweiten Versuch kam ich in die Senkrechte und versuchte, eine Blutkruste von den Augenbrauen zu entfernen, um wieder einen gewissen Überblick zu bekommen.

Vor mir stand Polizeiinspektor Ehlers. Er war es, der versucht hatte, mich aufzuwecken.

»Habt ihr ihn?«, fragte ich.

»Wen?«, fragte Ehlers. Seine Stimme klang merkwürdig, als wäre sie in drei Lagen Pullover eingewickelt.

»Verflucht noch mal, Sørensen natürlich. Er war gerade eben noch hier.«

»Gerade eben?«

Ehlers Worte klangen, als würden sie in einem Science-Fiction-Film durch einen Echoraum geschickt.

Ich schwankte erneut und war kurz vorm Hinfallen. Die zehn, zwölf Worte waren schon zu anstrengend für mich gewesen.

Ehlers packte mich und hielt mich in einer Art Polizeigriff. Er ging zur Tür und drehte einen Schalter, woraufhin ein ganzes System von Leuchtstoffröhren an der Decke aufflammte. Jede einzelne der Leuchtstoffröhren traf meine Augen wie ein Messer. Ein paar Minuten später, als die Messer stumpfer geworden waren, sah ich einen länglichen, weiß gestrichenen Raum. Er enthielt unzählige Palettenstapel, wie man sie für den Transport benutzt, und die in einer bestimmten Standardgröße vom Kran angehoben werden können. Weit und breit war nichts anderes als Paletten zu sehen.

Ich sah Ehlers an.

»Wie spät ist es?«, fragte ich.

Meine Stimme klang, als spräche jemand ganz anderes, ein Jemand, der ganz woanders wohnte und an ganz andere Dinge dachte, ein vollkommen anderer, mit dem ich kaum ein Gespräch führen könnte.

»Halb fünf«, sagte Ehlers.

Vielleicht hatten ja die letzten Reste meines Gehirns bei dem Fall Schaden genommen. Jedenfalls war das Einzige, was ich denken konnte, der Gedanke, wie absurd es doch war, dass dieser Polizeiinspektor mit dem widerborstigen Bart mitten in der Nacht zwischen den Lagerhäusern herumrannte. Fast hätte ich bei diesem Gedanken gekichert.

»Was machst du hier?«, fragte ich mit schwerer Stimme.

Ich hatte reichlich Gelegenheit, zu analysieren, wie dick sie war, denn sie dröhnte durch das Lagerhaus wie eine salbungsvolle Priesterstimme in einem gotischen Dom.

»Sind Sie besoffen?«, fragte Ehlers, nicht verächtlich, sondern nüchtern und klinisch, wie ein Arzt, der versucht, eine Diagnose zu stellen.

»Nein«, sagte ich. »Nein, aber ich bin hingefallen. Ich meine, ich bin niedergeschlagen worden. Sørensen hat mich niedergeschlagen. Ich habe ihn hier drinnen gesehen und bin ihm nachgegangen, und dann bin ich niedergeschlagen worden. Verdammte Scheiße, ich brauche jetzt einen Drink.«

»Komm mit«, sagte Ehlers, »das Hafencafé öffnet gleich.«

Die konnten nicht gerade viel Freizeit im Hafencafé haben, dachte ich umnebelt. Den einen Augenblick kommt man vorbei und schaut zu, wie sie schließen, und im nächsten Moment sind sie schon wieder dabei, zu öffnen.

Ehlers stützte mich auf dem Weg dorthin. Überall waren schwarze Gestalten dabei, aus und in alle Ecken des Hafens zu kriechen, hoch und runter, auf die Schiffe und von ihnen herunter. Die Szene ähnelte einem dieser mittelalterlichen Gemälde, auf denen Teufel auf jedem freien Quadratzentimeter, den der Maler nur finden konnte, aus der Erde hervorquellen.

Es war kalt. Um uns herum hörten wir Husten und Fluchen.

Im Café herrschte Stille. Alle saßen in kleinen Grüppchen und tranken kleine Schwarze in schnellen Schlucken, wobei sie öfters auf die Uhr sahen. Der Job rief.

Nach zwei kleinen Schwarzen war ich ein wenig besser zuwege, wenn auch immer noch matt und bleischwer. Ich erzählte Ehlers meine kleine Geschichte.

»Dann hat er sich also da drinnen versteckt«, sagte er finster. »Er hat Freunde unter den Fischern, das haben wir ja die ganze Zeit gehört, und die haben ihn in einem Lagerschuppen versteckt. Und jetzt ist er irgendwo anders hin. Meine Güte, wenn ich Polizeidirektor dieser Stadt wäre ...«

»Wie lief die Hausdurchsuchung bei Frau Andersen?«

»Insgesamt haben sie mich vier Stunden gekostet, die Hausdurchsuchung und die Überprüfung. Ausgezeichnet«, fügte er sarkastisch hinzu. »Einfach ausgezeichnet ... Alles passt zusammen. Sie hat viele schöne Schmuckstücke von bedeutendem Wert, und sie hat ein paar hübsche Sparbücher. Und sie hat einen äußerst tüchtigen Anwalt. Es gibt nichts, wo man einhaken könnte, alles ist mit Papieren belegt. Aber ich bin mir sicher, dass sie eine Schwindlerin ist, genau wie ich mir sicher bin, dass Sørensen kein Mörder ist. Er ist zu dumm, um es zu sein, und sie ist zu schlau und zu tüchtig, um nicht ihre Finger in irgendwas zu haben. Ich kenne ihren Typ. Ich habe schon mehrere davon gesehen.«

147

»Hat sie Schwierigkeiten bei der Untersuchung gemacht?«, fragte ich hoffnungsvoll.

»Nein. Ja. Das heißt, sie war verflucht höflich. Sie zeigte mir sogar eine kleine versteckte Rumpelkammer hinter dem Bett und bestand darauf, dass ich sie durchsuchen sollte. Da war ihr Weihnachtsschmuck drin!«

Lachen tat weh, deshalb gab ich es schnell auf.

»Und was ist mit den Mädchen?«, fragte ich. »Und mit ihrer Wohnung?«

»Schrott! Schminkkram, Liebesbriefe, Netzstrümpfe, Crèmes … Nichts, was irgendwie zu gebrauchen wäre. Und kein Stoff. Nur das, was da zu finden ist, wo zwei junge Frauen wohnen. Ich kam mir total lächerlich vor, als ich in ihrem Unterzeug herumwühlte.«

»Vielleicht waren nicht sie es, die mit dem Stoff gedealt haben. Vielleicht wurde er im Taubenschlag nur gelagert?«, schlug ich vor, während die Kopfschmerzen bei jeder Silbe in rhythmischen Schlägen pochten.

»Auf jeden Fall waren sie selbst keine Junkies, das hat die Obduktion gezeigt«, sagte Ehlers. »Aber wenn man drüber nachdenkt, dann ist eigentlich ein Bordell gar keine schlechte Tarnung für Pusher. Man weiß, was Bordelle sind, man weiß, dass man sie nicht ausrotten kann, und wenn es nur einigermaßen ordentlich zuzugehen scheint, dann tut man, als wenn nichts wäre.«

»Du meinst«, fragte ich, über meine eigenen Worte stolpernd, weil meine Stimmbänder die Dicke von Flurläufern angenommen hatten, »du meinst, das eine tarnt das andere?«

»Tja«, sagte er. »Oder beides läuft gleichzeitig. Das kann sich gegenseitig stützen. Es gibt so viele Möglichkeiten, wenn man die schwachen Seiten der Menschen ausnutzt.«

»Ausnutzen und ausnutzen – ob die Leute nun eine Massage oder Drogen kaufen, sie bezahlen selbst dafür, und ich bin der Meinung, sie sind es, die dahin gehen.«

»Dennoch ist es ausnutzen«, widersprach Ehlers.

»Verdammter Scheiß, bist du moralisch!«, entgegnete ich. »Und ich bin in meine Einzelteile zerlegt worden. Lass uns noch einen Kaffee trinken.«

Ich wachte langsam auf. Das bewies ich damit, dass ich nach einem weiteren Schluck fast schmerzfrei fragte: »Wie hast du mich gefunden?«

»Das ist meine schwache Seite«, lächelte er, an diesem Morgen das erste Lächeln des Polizeiinspektors Ehlers. »Ich schlafe verdammt schlecht. Vor allem, wenn ich an einer Mordsache dran bin. Und ganz besonders, wenn ich von meiner Familie getrennt bin. Ich kann einfach nicht schlafen. Ich habe es dennoch ein paar Stunden lang versucht. Ich habe meine Frau angerufen. Ich habe auch versucht, dich anzurufen. Als ich an den Lagerhäusern vorbeiging, sah ich eine Tür offenstehen und hab dich da gefunden. Du hast reichlich einen verpasst gekriegt. Übrigens hast du immer noch Blut im Gesicht.«

»Ja«, sagte ich, »ich werde lieber ins Hotel gehen und ein Bad nehmen. Kommst du mit?«

Seine Augen zogen sich zusammen und sahen skeptisch drein.

»Man kann ja immer wieder versuchen, zu schlafen«, antwortete er.

Als wenn er selbst nicht daran glaubte, dass er es schaffen könnte. Meine Brieftasche war immer noch an ihrem Platz, also bezahlte ich. An der Tür hörte ich, wie ein Hafenarbeiter einem Kollegen zumurmelte: »Na, der muss ja einen ordentlichen Affen gehabt haben!«

Ehlers und ich gingen durch die morgenstillen Straßen zurück. Der Mann an der Rezeption sah vorwurfsvoll auf mein Gesicht, als wollte er mir kundtun, dass derartige Ausschweifungen in dieser Stadt wirklich nicht gern gesehen waren.

25

Nachdem ich mich gewaschen und die Blutkruste aus dem Gesicht gewischt hatte, entdeckte ich, dass ich bei meinem Zusammentreffen mit dem Steinfußboden ein paar interessante Wunden erhalten hatte, über die ich in den kommenden Monaten sicher des öfteren Bericht erstatten müsste.

Die Welt drehte sich um mich. Die Welt zitterte wie ein schlechtes Amateurfoto. Ich legte mich auf das stets einladende, frischgemachte Hotelbett und starrte ein weiteres Mal über die Dächer. Das Licht durchbrach jetzt die letzten dichten Nachtwolken immer klarer und schärfer, und eine matte Sonne war bereits dabei, sich hindurchzudrängen. Es würde erneut ein heißer Tag werden.

Mein Kopf fühlte sich an wie eine der Andruckpressen der großen Druckmaschine beim Bladet. Die Tapete schien fest entschlossen zu sein, mir in die Augen zu kriechen, als wären diese ein Tunnel zu einem anderen Ort hin, an dem sie sich lieber aufhalten würden.

Die Tapete kam immer näher. Die Blumen begannen schon zu duften.

Dann war ich plötzlich in einem Haus mit vielen Zimmern, und ich ging durch alle Zimmer und fand in jedem einzelnen ein Mädchen mit einem Messer in der Brust. Die ersten interessierten mich nicht besonders, aber die vierte war Gitte Bristol, und im gleichen Moment, als ich sah, dass sie es war, schrie ich los, und wie auf Befehl begann daraufhin ein wildes Saxofon eine Art Hexentanz zu spielen.

Wie ein verzweifelter Ertrinkender, der seine letzten Kräfte mobilisiert, um an die Wasseroberfläche zu kommen, gelang es mir, nach drei, vier Minuten die Augen zu öffnen. Ich schwitzte. Inzwischen war es ganz hell geworden, und der Lärm der Stadt drang durchs Fenster herein.

Ich kam schwerfällig auf die Beine und wählte Gittes Privatnummer.

»Hallo?«, sagte die Stimme, die mir die liebste auf der ganzen Welt war. Sie klang immer noch, als verberge sie tausend Geheimnisse.

»Hallo«, sagte ich. »Wie geht's?«

»Danke, das hier ist eine komplizierte Erbschaftssache. Vielleicht komme ich heute Nachmittag zurück.«

»Darauf freue ich mich.«

»Deine Stimme klingt so merkwürdig.«

»Verdammt, das ist nicht weiter verwunderlich. Hör zu.«

Sie bekam den vollständigen, ungekürzten, unzensierten Bericht über die blonde Lisbeth mit Ölflecken im Haar im Hafenwasser, über Ehlers vergebliche Hausdurchsuchungen und wie ich im Lagerhaus niedergeschlagen worden war.

»Ach, du hast ihn erschreckt!«, sagte sie mit tiefstem mütterlichen Mitleid in der Stimme.

»Ihn erschreckt?«, fragte ich wütend. »Er hätte mir fast mein Gesicht zerschmettert, und ich habe nur eins davon. Verflucht, ich habe ihm nichts getan, ich habe ihn nur gerufen.«

»Hm, ja. Jetzt wird er also wegen dreier Morde gesucht?«

»Vermutlich, ja.«

»Wenn ich die Nachmittagsmaschine nicht mehr erreiche, komme ich abends. Ich muss zusehen, dass ich in die Gänge komme, damit ich mit der Sache hier fertig werde.«

»Ich habe dich vermisst.«

»Danke schön.«

»Ich liebe dich.«

»Danke. Tschüs so lange.«

»Tschüs.«

»Danke!« Das war auch eine Antwort auf die berühmten drei kleinen Wörter. Sie hätte doch zumindest sagen können »Ich liebe dich auch«.

Nun ja, vielleicht tat sie das ja nicht. Vielleicht würde sie es noch weniger tun, wenn sie mein neues Gesicht sah.

Es gibt nichts Desillusionierenderes und Niederschmetternderes als Telefongespräche, auf die man sich lange gefreut hat und die dann nur wie ein lahmer Dialog in einer dänischen Volkskomödie klingen.

Ich starrte wie blöd aufs Telefon. Es starrte zurück, als wollte es sagen, ich sollte es nur versuchen, dann …

Dann klingelte es.

Sie war es.

»Ich wollte nur Guten Morgen sagen«, sagte sie. »Guten Morgen und ein Kuss.«

Dann legte sie wieder auf, und im selben Augenblick hörte ich draußen die Vögel singen und fühlte mich nur noch halb so zerschmettert wie zuvor.

Dann verstummten die Vögel mit einem Schlag. Sie waren einfach gezwungen, sich der Übermacht zu beugen. Ein unsäglich dröhnender Spielmannszug mit Trompeten, Posaunen, Flöten und Trommeln legte direkt vorm Hotel los und spielte, als gelte es das Leben. Ich kannte die Melodie, es war das Stadtlied, der Rodby-Walzer. Jede kleine Provinzstadt hat einen, und der Rodbyer war nicht viel besser oder schlechter als die meisten anderen. Der Refrain lautete:

Rodby – unsere Stadt
Du bist so eine schöne Stadt
Keine besonders große Stadt
aber eine Hafen- und Fjord-Stadt …

Den Rest weiß ich nicht mehr, aber sicher kennt ihn auch sonst kaum jemand.

Ich ging in den Frühstücksraum hinunter, in dem es außergewöhnlich lebhaft zuging. Die sonst so unauffälligen Handelsreisenden und Kongressteilnehmer, die ihre Zwiebacke und Brötchen in verbissener, den Tag vorbereitender meditativer Stille zu verschlingen pflegten, sahen heute zufrieden und entspannt aus und tranken Bitter.

Ehlers saß allein in einer Ecke, mit dicken Tränensäcken unter den Augen, Säcke, so groß, dass er dafür auf einem Inlandflug Übergewicht bezahlen müsste.

»Verdammter Scheiß, was ist das für ein Krach?«

»Das Stadtfest«, antwortete ich lakonisch. »Oder das Hafenfest, wie sie es hier nennen. Der Krach wird den ganzen Tag anhalten. Es herrscht Ausnahmezustand.«

»Wieso?«

»Verflucht, so ist es nun mal. Wenn diese bescheuerten Stadtfeste einmal im Jahr stattfinden, dann flippen alle aus, und die Stadt läuft Amok, weil es an diesem Tag erlaubt ist, ohne dass die Nachbarn und Kollegen noch Monate danach darüber tratschen. Das ist Rodbys Karneval in Rio, und ich wette, das wird ein schwerer Tag für Matthiasen und seine Leute. Es gibt heute Abend sicher einige Schlägereien und diverse Besoffene, die in die Ausnüchterungszelle kommen. Vielleicht auch noch einen Vergewaltigungsversuch oder zwei und natürlich diverse Diebstähle und Vandalismus, wenn sich die Gelegenheit bietet.«

Ich schenkte Kaffee nach, während das Blasorchester die Nationalhymne anstimmte.

Dann kam es von links, in einem mitleidigen Tonfall, so echt, wie das Plastikwappen einer Cafeteria: »Aber Darling, was hast du nur mit deinem Gesicht gemacht?«

Es war Nina von der Morgenpost, munter, gut gelaunt und anzüglich mit ihrem dichten roten Haar, bereit für den Tag. Gott weiß, wann Frauen wie Nina, Barbara und Gitte aufstehen, um alle ihre Rituale durchzuführen.

»Ich bin gestern im Hafen gestolpert«, sagte ich. Nicht direkt gelogen. Nicht ganz.

Ehlers nickte zustimmend.

»Warst du unterwegs und hast geschnüffelt?«, fragte sie sofort.

»Ich bin nur spazieren gegangen. Es war verdammt dunkel, und ich hatte einen zu viel gekippt.«

»Das sieht dir ähnlich, einen zu viel zu trinken, aber ich dachte, du wärst nicht der Typ, der sich nachts im Hafen rumtreibt.«

153

»Ein bisschen frische Hafenluft ist so gesund.«

Draußen dröhnten lustig Pauken und Trommeln. Um Ninas forschendem Blick auszuweichen, beugte ich mich interessiert zum Fenster und betrachtete die Zeremonie. Dem Blasorchester folgte jetzt eine Mädchengarde, die weiße Stäbe wirbelnd herankam, in blauen Uniformjacken mit nackten Beinen. Sie gruppierten sich alle um ein mit Buchenzweigen geschmücktes Rednerpult, das direkt vor dem Denkmal von Rodbys ehrwürdigem Gründer aufgestellt war. Zwei Männer kamen mit einem Mikrofon herbeigeeilt, dessen Kabel sich quer über den Markt zu einem Lastwagen hinzog.

»Das ist der Bürgermeister, der die Olympischen Spiele für eröffnet erklären soll«, kommentierte Ehlers bissig.

Ganz genau. Einen Augenblick später nahm der Bürgermeister vor dem Blasorchester und der Mädchengarde seine Position ein, mit dem Gesicht zu einem verstreuten Publikum vor der Hotelfassade. Der Bürgermeister war ein kleines dickes Männchen mit vielen Papieren in der Tasche. Der Bürgermeister begann damit, dass er die Rodbyer Flagge entfaltete, das Orchester intonierte einen Tusch, und die Leute klatschten. Das Ganze sah sehr unschuldig aus.

Nina war bereits hinausgelaufen, um alles mitzubekommen.

Das wäre gar nicht nötig gewesen. Das Mikrofon des Bürgermeisters war so stark, dass Ehlers und ich durch die Hotelmauern hindurch seine Morgenrede an Rodbys Bürger voll und ganz mitbekamen.

Mit großer Freude stehe er vor dem Denkmal des Staatsrats Schilling, sagte er. Dieser fortschrittliche und geschäftstüchtige Mann hatte die Stadt gegründet, in der wir heute voller Stolz leben, diese Stadt, die so viele – auch Auswärtige – als eine der vornehmsten Perlen unseres Landes betrachten.

Bei der Eröffnung des Stadtfestes, sagte der Bürgermeister, könne man auf eine gutes Jahr für Rodby zurückschauen, ein Jahr mit Fortschritten und Wachstum. Es gebe reichlich Gründe zum Feiern, und er wolle gern im Namen der Stadtverwaltung (vereinzelter Beifall) und im Namen der Bürger denjenigen danken, die dieses

154

Stadtfest ermöglicht hatten, nämlich dem Sportverein, dem Kaufmannsverband, der Hochschule und der Feuerwehr.

Die Trompeten bliesen, als wollten sie eine Wiederholung des Konzerts von Jericho veranstalten.

Alle sangen den Rodby-Walzer. Ehlers und ich tranken unseren Kaffee schweigend und schlichen uns, wie nach einem unausgesprochenen Übereinkommen, aus dem Haus durch den Auflauf auf dem Markt zum Hafen hinunter.

26

Der Hafen hatte sich verändert. Es war ein anderer als der, den wir vor ein paar Stunden erlebt hatten.

Die Fabriken waren geschlossen, die Schiffe lagen leer und ungenutzt da, niemand be- oder entlud sie.

Und die Männer, die frühmorgens im Hafencafé gesessen und kleine Schwarze getrunken hatten, waren mit einer ganz anderen Arbeit als gewöhnlich beschäftigt: Sie stellten Buden auf. Kleine Holzbuden, die sie an Ort und Stelle aufbauten, Schießbuden, Buden für Kraftproben, Losbuden und welche fürs Glücksrad. Überall erklangen die harten, kurzen Schläge von Nägeln, die eingeschlagen wurden.

Ein Würstchenmann schleppte seinen Wagen heran. Ein Eisverkäufer war bereits angekommen und hatte sich strategisch geschickt in der Nähe einer Jungengruppe platziert, die dabei war, ein Lagerfeuer an der Mole aufzuschichten.

Flaggen, Wimpel und Girlanden flatterten an allen Seiten des Festplatzes. Neugierige kamen vorbei, zündeten sich eine Zigarette an und blieben stehen, um zuzugucken.

Drüben beim Lagerhaus war man dabei, eine Freiluftbühne zusammenzuhämmern. Ein paar große Wagen mit elektronischer Ausstattung und Musikinstrumenten waren bereits da. Der Fotograf von den Fernsehnachrichten war schwer damit beschäftigt, Fotos von den Vorbereitungen zu machen.

Polizeidirektor Matthiasen stand mit einigen seiner Leute mitten in der Szenerie. Er schaute sich um, als sollte er höchstpersönlich jeden einzelnen gemachten Hammerschlag gutheißen.

»Guck ihn dir an!«, sagte Ehlers mit einem bei ihm seltenen spontanen Grinsen. »Er ist stinksauer!«

Ehlers hatte Recht. Matthiasen sah aus, als wäre er kurz vorm Explodieren.

»Komm, lass uns rübergehen und ihn ein bisschen ärgern«, sagte Ehlers.

Sobald wir in sein Gesichtsfeld traten, sprang der Polizeidirektor mir entgegen, dass sein Bauch, seekrank durch die ungewohnte schnelle Bewegung, hin und her schwappte.

»Sie da!«, rief er mit hochrotem Kopf, »Sie kleiner lausiger Käseblattschmierer!«

»Das ist eine Beleidigung«, sagte ich leicht tadelnd.

»Das ist mir scheißegal! Was ist das für ein Stil! Der ist ja schlimmer als der der Revolverblätter!«

»Ich habe exakt das wiedergegeben, was Sie mir gesagt haben.«

»Sie haben mich dargestellt, als wäre ich ein Idiot!«

»An diesem Punkt wäre meine Hilfe gar nicht notwendig gewesen.«

Er platzte fast vor Wut.

»In dieser Angelegenheit ist das letzte Wort noch nicht gesprochen! Ich fordere eine Gegendarstellung! Ich werde Ihren Chefredakteur anrufen! Ich habe auch meine Beziehungen. Sie werden kriegen, was Sie verdienen!«

»Danke«, sagte ich. »Darf ich Sie im Namen des Bladets fragen, ob es in dem Fall der drei Morde irgendetwas Neues gibt? Sie erinnern sich doch sicher, als wir uns das letzte Mal trennten, waren es nur zwei Morde, inzwischen sind es drei. Haben Sie Fortschritte gemacht?«

»Mit Ihnen rede ich nicht mehr.«

»Sie wollen nichts sagen?«

»Ihnen jedenfalls nicht.«

»Das wird unseren Lesern aber leidtun.«

»Stecken Sie sich Ihre Leser doch sonstwo hin!«

»Danke für die Ausführungen. Das wird sie sehr interessieren.«

Wenn ich so weitermachte, würde er seine Dienstpistole ziehen und eine Kugel auf Rechnung der Steuerzahler abfeuern, so zitterte er, also blinzelte ich Ehlers heimlich zu und zog mich diskret und diplomatisch zurück, damit die beiden Fachleute ihre sachlichen Bemerkungen in Ruhe und Frieden austauschen konnten. Langsam strömten die Menschen auf den Platz. Das Hafencafé hatte angefangen, Stühle rauszustellen, alte grüne Holzstühle, die aussahen, als würden sie nur dieses einzige Mal im Jahr benutzt und ansonsten in der Zwischenzeit in einem schimmligen Moosloch untergebracht, und diese Stühle fanden sofort reißenden Absatz. Eine Schiffschaukel wurde an ein hohes Gerüst montiert.

»Sie sind gleich da«, sagte jemand mit Mütze, wohl der Leiter, und sah die Leute um sich herum auffordernd an. »Wir müssen zusehen, dass wir fertig werden. Spannt die Schnur!«

Die Straße zum Hafen wurde mit einer breiten Schnur zwischen zwei Pfosten abgesperrt. An jedem Pfosten hing ein Plakat mit großen, fröhlichen, leuchtend orangenen Buchstaben: Hafenfest. »Festplatz«. Darunter stand mit kleineren Buchstaben der fröhliche Slogan: »Wir landen im Hafen«, dekoriert mit zwei gekreuzten Bierflaschen und einem geräucherten Hering quer darüber.

Ein Peterwagen kam an und hielt mit kreischenden Bremsen direkt vor dem Band. Fünf Bullen quollen heraus, schauten sich verwundert um, als wären sie noch nie zuvor im Hafen gewesen, krochen unter der Schnur hindurch, entdeckten ihren großen Chef und Oberkommandierenden und eilten zu ihm. Er zeigte ihnen etwas in Richtung Lagerhäuser und wandte sich dann wieder Ehlers zu. Die Polizisten verschwanden im Pulk, in einem geordneten Pulk, wie Schüler, die sich im Hof aufstellen, oder Entlein, die ihrer Mama wie am Schnürchen folgen.

Die Schiffschaukel war jetzt installiert, und in dem sonnigen Vormittagswetter schien sie zwischen Wasser und Sonne zu schweben, als machte sie für sich ganz allein eine Ehrenrunde.

Ein paar Zuschauer applaudierten, brachten sie aber nicht dazu, sich zum Dank zu verneigen.

Dann kam das Blasorchester mit Getöse an der Spitze eines Umzugs heran, der seit dem Morgenritual auf dem Marktplatz auf das Sechs- bis Siebenfache angewachsen war. Zuerst kam der Bürgermeister mit einem Megafon, dann das gesamte Orchester mit den großen Pauken am Schluss, dann die Mädchengarde, danach zehn uniformierte Bullen, ein Haufen Postboten in ihrer vorgeschriebenen Dienstbekleidung und einige andere Berufsgruppen, jede mit ihrem Anführer und der eigenen Fahne. Dahinter folgte Rodbys Zivilbevölkerung, Junge und Alte, Männer und Frauen und nicht zuletzt Kinder jeden Alters, die entweder bereits erwartungsvoll jubelten und juchzten oder nur stumm mit großen, verwunderten Augen guckten, wissend, dass da etwas Spannendes passieren würde, was wahrscheinlich auch noch zu Eis, Würstchen und Limonade führen würde.

Unter lautem Getöse der Trommeln bekam der Bürgermeister von einem Herbeieilenden eine große, vergoldete Schere überreicht. Damit schnitt er das Band durch, woraufhin er durch das Megafon das Hafenfest für eröffnet erklärte. Er musste drei, vier Mal an der ausgesuchten Stelle schneiden, aber alle warteten hübsch brav auf ihren Plätzen, bis der ganze Umzug auf der Bühne aufmarschieren konnte, die inzwischen fertig geworden war. Der Bürgermeister bestieg sie mit einiger Mühe und hielt eine kurze Rede über den unersetzlichen und schönen Hafen und über Rodbys traditionsreiches Verhältnis zu selbigem. Dann sang man den Rodby-Walzer ein weiteres Mal, die Trommeln dröhnten, die Trompeten klirrten, die Posaunen schrien, und der Mann, der dem Bürgermeister die Schere überreicht hatte, kam ans Mikrofon und begann das Tagesprogramm im Detail durchzugehen.

Trotz der vielen Menschen, trotz einzelner Besoffener, die schon mit störenden Zwischenrufen anfingen, trotz der ständig ansteigen-

158

den Zahl an Kindern und Hunden drang seine Stimme klar und deutlich durch. Er war gerade dabei, zu berichten, dass die Buden in Kürze geöffnet werden würden und in einer halben Stunde der Friede-Freude-Freundschaftssänger auf die Bühne kommen würde, als das Rodbyer Festidyll von einem Schuss unterbrochen wurde. Und von noch einem Schuss.

In der merkwürdigen neuen Akustik des Hafens klang es unangenehm laut.

Im gleichen Augenblick brach Panik aus.

Die Menschen fuhren herum, alle drehten sich wie zum Zählappell und spähten in alle Himmelsrichtungen. Mütter ergriffen ihre Kinder, Männer umfassten ihre Freundinnen. Die Polizeigruppe im Umzug stand mit gespitzten Ohren da, wie Jagdhunde, die versuchen, den Atem des Wilds im Gebüsch zu erhaschen.

Ich konnte weder Ehlers noch Matthiasen entdecken. Ich sah nichts anderes als eine wogende Menschenmenge, in der die einzelnen Gesichter und Gestalten zu einer kompakten Masse zusammenflossen.

Komischerweise verließ niemand den Festplatz. Vielleicht haben die Leute in solch einer Situation das Gefühl, dass es am sichersten ist, sich in der größtmöglichen Menge aufzuhalten, wie die Schlangen, die sich zur Schlafenszeit immer in Gruppen sammeln.

»Was war das? Was kann das gewesen sein?«, hörte man besorgte Stimmen, helle und dunkle, hohe und tiefe, eine ganze Symphonie von Stimmen, einander fragen – alle vergebens.

Eine Antwort bekamen sie nicht.

Von den Lagerhäusern näherte sich eine Prozession, eine Prozession, die einem langsamen Beerdigungszug ähnelte. An der Spitze ging Polizeidirektor Matthiasen, hinter ihm seine lustigen Kumpel aus dem Korps. Zwei von ihnen trugen einen Menschen.

Niemand in der großen wartenden Versammlung sagte ein Wort, als sie sich näherten. Alle starrten sich die Augen aus dem Kopf, und alle sahen in dieselbe Richtung, auf den bescheidenen Umzug der Beamten.

Ein erfahrener Taschendieb würde genau diesen Augenblick nutzen, um sich seinen Monatslohn zu verdienen.

Die Kameras der Fernsehnachrichten filmten wie wahnsinnig. Am Rande der Menschenmenge standen außerdem alle Fotografen der Zeitungen und verschossen einen Film nach dem anderen.

Es war wie eine Art Hypnose, eine Kollektivhypnose, die den Festplatz ergriff. Vor einer Sekunde noch waren alle darauf eingestellt gewesen, noch ein Bier zu kaufen und den Rodby-Walzer noch einmal zu singen, während man den Friede-Freude-Freundschaftssänger anfeuerte. Jetzt wartete man nur. Selbst der enthusiastische Redner war verstummt, als wäre ein Grammofon plötzlich kaputtgegangen, und niemand nahm von etwas anderem Notiz als von der kleinen Prozession, die langsam immer näher kam.

Ein paar Kinder begannen zu weinen. Es scheint, als würden Kinder alles ahnen, ohne dass sie genau wüssten, was geschieht. Sie spürten bereits, dass etwas nicht stimmte, etwas, das ganz und gar nichts mit Eis, Würstchen, Limonade und Glücksrad zu tun hatte.

Ich schälte mich aus den Zuschauermassen heraus und ging zu dem separaten Bereich, in dem sich die sogenannten Ladies and Gentlemen von der Presse versammelt hatten.

Dort fand ich auch Ehlers wieder. Er stand da, stumm vor sich hinstarrend.

Einen Augenblick lang dachte ich: Die ganze Welt ist dabei, verrückt zu werden, und es beginnt in Rodby.

Die Stille war erschreckend.

Dann erreichten die Polizisten die Tribüne und gingen weiter Richtung Pressepulk, und die gute alte Slapstickroutine begann von neuem. Fragen prasselten auf die Polizisten nieder, von den Journalisten, vom Bürgermeister, der herbeigeeilt kam, und von Neugierigen, die sich aus der Masse gelöst und zu uns herübergekommen waren.

Der Redner auf der Bühne stand nur da und starrte, als wäre er vom Blitz getroffen worden.

Das Gleiche tat ich. Ein kurzer Blick genügte, um den mageren,

160

jungenhaften Körper wiederzuerkennen, der wie ein schlaffer Sack zwischen den Fäusten der Polizisten hing, an Armen und Beinen getragen.

Es war Preben Sørensens Körper. Und sein Gesicht war in einem letzten, bleichen, verzweifelten, gehetzten Ausdruck verzerrt, wie das eines Tieres, das weiß, dass ihm nur noch Sekunden bleiben.

Aber selbst die waren ihm nicht mehr geblieben.

27

Polizeidirektor Matthiasen wandte sich als guter Beamter zunächst nicht an die Presse, sondern an den Bürgermeister. Während die Fotografen sich über die Beamten, die die Bürde trugen, beugten, um Fotos von dem weißen Gesicht des Toten zu schießen, sagte er lakonisch:

»Der entflohene Gefangene, Herr Bürgermeister … Der Mörder der drei Frauen. Getötet beim Fluchtversuch.«

Ehlers sprang wie ein Tiger aus der Gruppe hervor und stellte sich zwischen Bürgermeister und Polizeidirektor.

»War er bewaffnet?«, fragte er scharf.

»Nein«, sagte einer der Beamten, der gefolgt war.

»Halt die Klappe!«, fuhr Matthiasen ihn an. »Wir konnten nicht wissen, ob er bewaffnet war. Wir hatten allen Grund, es zu glauben.«

»Welchen Grund?«

»Ein Mann, der dreimal gemordet hat und sich vor der Polizei verbirgt, wird wohl kaum ohne Waffen herumlaufen, oder?«

»Aber er tat es dennoch?«

Ehlers klang, als hätte er in ferner Vorzeit eine Hauptrolle in einem Perry-Mason-Film gehabt.

»Ich habe meinen Leuten die Anweisung gegeben, kein Risiko einzugehen«, sagte Matthiasen lakonisch.

Ehlers sah aus, als würde er jeden Augenblick die Hinterbeine anspannen und dem Polizeidirektor direkt an den Hals springen.

»Ja, das war sicher sehr klug, Matthiasen«, sagte der Bürgermeister vorsichtig. »Wir können nicht das Leben der Leute riskieren.

Nun ja, ja, vielleicht ist es ja so das beste …«

»Für wen?«, biss Ehlers zu.

Der Bürgermeister schaute mit einer Mischung aus Verwunderung und Verärgerung den ihm unbekannten Mann an, der sich unablässig in ein offizielles Gespräch mischte, ohne sich überhaupt vorzustellen.

»Für, für ihn selbst natürlich, und, und für die ganze Stadt …«

»Genau«, bestätigte Matthiasen, »für die ganze Stadt. Die Leute bekommen bei so vielen Morden Angst. Jetzt wird wieder Ruhe einkehren.«

Seine Worte wirkten nicht besonders prophetisch: Auf dem Festplatz herrschte alles andere als Ruhe. Neugierige eilten herbei, sodass die Beamten, die Leiche, der Bürgermeister und Ehlers im Laufe weniger Minuten von einer Menge umringt waren. Kinder wurden mit Gewalt von der Leiche weggezerrt. Einige der Erwachsenen hielten die Hände halb vor den Augen, als sie hinsahen, doch mit eigenen Augen sehen wollten sie es doch.

Die Journalisten stellten wahllos ihre Fragen, mal dem Bürgermeister, dann dem Polizeidirektor, und dann sich gegenseitig.

Als ich einen Blick über die Gruppe hinaus warf, konnte ich sehen, dass der Friede-Freude-Freundschaftssänger angekommen war, auf der Bühne stand und aussah, als überlegte er, wie er damit fertig werden sollte. Die Situation ähnelte nicht so recht den Sommerfesten, auf denen er seine Wohnungsmiete zu verdienen pflegte.

Der Zirkusdirektor kam angelaufen, wild mit Armen und Beinen wedelnd.

»Herr Bürgermeister, Herr Bürgermeister! Was ist passiert? Was sollen wir mit dem Hafenfest machen?«

Der Bürgermeister sah einen Moment lang aus wie ein Kaninchen, das in die Falle gegangen war. Dann richtete er sich auf, dachte an die Autorität, die er gegebenenfalls bei anderen Gelegenheiten, seit seiner Zeit als Vorsitzender der Jungen Falken in Rodby, entfaltet und einstudiert hatte, und sagte mit einem so bestimmten Ton, wie er nur konnte:

»Johansen, wir verschieben das ganze Programm um eine Stunde. Geh rauf und sage, dass ein Unglück passiert ist, oder, nein, sag, dass die Polizei einen entflohenen Verbrecher gefasst hat. Deshalb beginnen wir erst in einer Stunde. Los, sag das!«

»Das geht nicht, Herr Bürgermeister!«

»Warum nicht?«

»Der Liedersinger muss noch nach Nakskov weiter. Heute ist Samstag, wissen Sie. Das ist sein Hauptarbeitstag. In Nakskov haben sie Sommertreffen. Er muss um vierzehn Uhr dort sein.«

»Wir kriegen das schon hin, und wenn wir ihn mit Blaulicht dorthin fahren!«, antwortete der Bürgermeister irritiert. »Jetzt geh hoch und tu, was ich sage, Johansen! Die Leute werden langsam ungeduldig ...«

Das war keine Übertreibung. Überall schubsten und drängten sich die Menschen in der Hoffnung, dem Zentrum des Geschehens näher zu kommen.

»Und sag dem Sänger Bescheid, Johansen, und bitte ihn um Verständnis für unsere schwierige Situation«, fügte der Bürgermeister diplomatisch hinzu.

»Ja«, antwortete Johansen und eilte so schnell er konnte davon. Das war nicht weltrekordverdächtig schnell und weit entfernt von olympischen Auftritten, aber man muss ihm zugestehen, dass er es nicht einfach hatte, sich vorwärtszubewegen.

»Meine Damen und Herren, es ist ... ähem ... es ist eine ... ähem ... es ist etwas Unerwartetes geschehen. Gerade als wir beginnen wollten ... ähem ... als wir das Hafenfest beginnen wollten, hat die Rodbyer Polizei einen entflohenen Verbrecher gefasst. Äh ... um alles in geordnete Bahnen zu bekommen, werden wir für eine kurze Stunde eine Pause einlegen. Wie Sie sehen, ist der Friede-Freude-Freundschaftssänger angekommen ...«

Er breitete die Arme in Richtung auf den desorientierten Liedersänger aus, der sich unter vereinzeltem Beifall verbeugte.

»… und er wird sein Programm um zwölf Uhr beginnen. Um dreizehn Uhr, statt um zwölf Uhr, wählen wir hier oben auf der Bühne Miss Rodby, und Sie können sich für den Rest des Tages weiter an Ihr Programm halten, müssen nur immer eine Stunde dazurechnen. Tja, so was passiert nun mal, auch wenn es niemand von uns gewünscht hat, aber in einer Stunde wird es losgehen, und in der Zwischenzeit werden die Buden geöffnet.«

Der letzte Satz zahlte sich aus. Ringsum in der lauschenden Versammlung gab es Männer und Frauen, die es eilig hatten, zur Schießbude, zu den Würstchenständen, der Bierquelle und den Waffelständen zu kommen, die während der letzten zehn Minuten verlassen dagestanden hatten. Einzelne hungrige, durstige oder vergnügungssüchtige Kunden folgten ihnen.

Der Zirkusdirektor und der Liedersänger waren bereits auf dem Weg zu einem der Tische vor dem Hafencafé. Beide sahen ziemlich nervös aus.

Der Bürgermeister breitete die Arme in Richtung der immer noch wartenden Journalisten aus.

»Meine Damen und Herren!«, sagte er, als hätte er Johansens Art übernommen. »Meine Damen und Herren, wir müssen unbedingt erst einige Dinge untersuchen, bevor wir Rede und Antwort stehen können. Wir werden in einer Stunde, um zwölf Uhr, im Gerichtsgebäude eine Pressekonferenz abhalten, auf der Sie Antworten auf alle Ihre Fragen erhalten werden. Zwischenzeitlich entschuldigen Sie uns bitte. Auf Wiedersehen um zwölf Uhr!« Er fasste Matthiasen am Arm und machte sich auf den Weg Richtung Ausgang. Die Beamten folgten ihm, nachdem sie die Stimme ihres Herrn gehört hatten.

Einige der eifrigsten und jüngsten Journalisten liefen vergebens hinterher und kehrten kleinlaut zu dem überlegenen Lächeln der routinierteren Ratten zurück.

Ehlers stand wieder neben mir.

»Das ist Mord!«, sagte er.

Dieser einzelne Satz erinnerte mich an etwas.

»Das hast du schon gesagt, als er im Gericht war«, bemerkte ich.

»Ja, aber das hier ist eiskalt überlegter Mord. Mein Gott, sie hätten ihm in die Beine schießen können, er war doch so ein Trottel. Eine Kugel ins Bein, dass er nirgends mehr hinlaufen kann, und dann …«

»Vielleicht waren sie der gleichen Meinung wie Matthiasen – oder war es der Bürgermeister, der gesagt hat, dass es so die beste Lösung sei.«

»Jedenfalls die beste für Matthiasen. Nun kann er den Fall abschließen.«

»Aber wieso zum Teufel haben sie ihn hier heute Morgen gefunden, nachdem ich ihn nachts gesehen habe, wo sie ihn ansonsten seit zwei Tagen nicht hatten finden können?«

»Das ist doch klar«, erklärte Ehlers. »Sie haben einen Tipp gekriegt. Von irgendjemandem, der ihn gesehen und verpfiffen hat.«

»Das kann sonst jemand gewesen sein«, fügte er einen Augenblick später hinzu. »Das kann jeder ganz normal denkende Mensch gewesen sein, der der Meinung war, die Gerechtigkeit solle ihren Lauf nehmen.«

»Was willst du jetzt tun?«, fragte ich.

»Das werde ich dir sagen«, antwortete er und wurde rot im Gesicht. »Ich werde geradewegs zum Gericht gehen, und dann werde ich verlangen, bei dem Gespräch zwischen Bürgermeister und Polizeidirektor dabei zu sein, ich denke, unter diesen Umständen bin ich dazu berechtigt, das zu verlangen. Und dann möchte ich am liebsten dem Bürgermeister ein paar Takte erzählen, aber am liebsten unter vier Augen.«

»Du bist zäh, Ehlers.«

»Wenn ich nicht zäh wäre, hätte ich meine Frau nie gekriegt. Ich muss los, bevor allzu viel getrickst wird. Ich laufe. Tschüs!«

»Viel Glück.«

Ehlers lief, um sein kollegiales Gefecht zu erreichen.

Und dann stand ich meinem gegenüber.

Alle Kollegen kamen in einem geschlossenen Kreis auf mich zu, alle mit der gleichen entschlossenen Miene, wie ein Haufen bedrohlicher Cowboys, die sich in einem klassischen Western um einen unerwünschten Fremden versammelten. Jetzt sollte ich ausgequetscht werden.

Nina machte natürlich den Anfang: »Erzähl uns doch bitte mal, was hier eigentlich vor sich geht?«

»Ich weiß nicht mehr als ihr.«

»Quatsch, du bist schon seit Tagen hier.«

»Ihr habt doch selbst meine Artikel gelesen. Da steht alles drin, was ich weiß.«

»Aber du bist dauernd mit diesem Zivilen aus Kopenhagen zusammen. Was hat er hier zu suchen?«

»Wie wär's, wenn du ihn selbst fragst?«

»Weißt du es denn nicht?«

»Zivile reden nicht so viel. Jedenfalls nicht solche wie er. Vielleicht macht er hier nur Urlaub.«

»Urlaub – versuch nicht, mich zu verarschen!«

»Sicher ein behaglicher und bequemer Urlaub«, antwortete ich lebhaft. »Der ideale Ort.«

Die Schiffschaukel wirbelte mit ein paar johlenden Kindern herum. Ein fetter Fritteusengeruch breitete sich über den ganzen Hafen aus. Das Glücksrad drehte sich, die Luftgewehre wurden mit einem dumpfem Plopp abgefeuert, der sich ganz anders als die drei Revolverschüsse anhörte. Die übliche Gesprächssoße blubberte über den Festplatz wie Grütze in einem Topf.

Und meine Kollegen standen immer noch da und sahen mich an, als warteten sie auf etwas.

»Tja«, sagte ich. »Keiner von uns muss jetzt jedenfalls was nach Hause melden. Sollen wir rübergehen und uns vor der Pressekonferenz im Gericht noch einen Drink genehmigen?«

Ein paar murmelten ihre Zustimmung.

Ein Fotograf schoss im Vorbeigehen ein Foto von meinem Gesicht und fragte, wo ich die Wunde her hatte.

Ich sagte, ich sei gestolpert. Ich gehörte zu dem Jahrgang, der bereits beim Start gestolpert war.

Wir gingen in nicht gerade bester kollegialer Atmosphäre ins Café Paradies, aber ich tröstete mich – nach den Ereignissen der Nacht immer noch schwach auf den Beinen – damit, dass es Leute gab, denen es schlechter ging.

Ehlers, zum Beispiel.

28

Das Café Paradies war außergewöhnlich friedlich, fast öde. Alle Stammgäste waren sicher zum Hafen hinunter gepilgert. Nur der Barkeeper und ein paar Gäste, die aussahen, als hätten sie die letzten Wochen hier übernachtet, waren zugegen.

Wir platzierten uns um zwei Tische und bestellten. Der Barkeeper hatte noch nie in seinem Leben so viele Fotoapparate mit speziellen Linsen und Objektiven gesehen. Seine Augen rollten in seinem Kopf herum, aber seinen Job versah er dennoch ordentlich.

Es dauerte nicht lange, das heißt nicht länger als das Servieren der ersten Runde, bevor Geschichten zum Besten gegeben wurden – Journalistengeschichten. Journalisten erzählen immer Journalistengeschichten, wie Polizisten vermutlich immer Polizeigeschichten erzählen und Tischler Tischlergeschichten.

Bald waren alle, einzeln oder mehrere zur gleichen Zeit, dabei, ihre alten Stories aufzufrischen und genauestens mit breit ausgemalten Details zu schildern, wie sie den und den unter welchen Umständen vermöbelt, geschröpft oder ausgetrickst hatten.

Nur Nina saß da und sah mich misstrauisch an.

Ich erinnere mich nicht mehr so genau an diese Geschichten, und ich bin überzeugt, dass sie es auch nicht wert waren. Einer der

Fotografen verbrachte eine geraume Zeitspanne damit, eine gewissenhafte Beschreibung des Privatlebens einer bekannten Schauspielerin zu geben; er war eine halbe Stunde zu früh gekommen und hatte einiges mitgekriegt, aber ich fand nie heraus, um wen es sich handelte. Einer der Journalisten, natürlich einer von der Arbeiterzeitung, gab einen langen Rapport darüber, wie blau der Premierminister höchstwahrscheinlich während der letzten Parlamentssitzung gewesen war. Ein anderer hatte den Verteidigungsminister in ähnlichem Zustand bei einem Treffen in Brüssel gesehen, und so ging die Unterhaltung munter und belehrend weiter, wie an jedem Tisch, an dem mehr als zwei Menschen versammelt sitzen.

Zwei ist und bleibt die beste Zahl für eine Party. Alles andere ist übertrieben.

Ich vermisste Gitte Bristol. Ich sah ihr Gesicht vor mir, ihr Gesicht auf dem nächtlichen Hotelkopfkissen, mit den geöffneten Lippen und den halb geschlossenen Augen mit diesem geheimnisvollen Ausdruck. Ich sah … Nun ja, das geht niemanden etwas an. Lassen wir es dabei, dass ich sie sah.

»Was ist los mit dir, Mann?«, fragte der immer joviale Niels, der konstante Mittelpunkt jeder Gesellschaft, Niels, der Mann im Zentrum, Niels, immer bereit für einen Scherz, von »Das Neuste«. »Du siehst aus, als hättest du ein Gespenst gesehen.«

»Ich denke nur nach.«

»Damit solltest du vorsichtig sein.«

Ach, halt's Maul, dachte ich. Ich bin wie gerädert, ich bin wahnsinnig verliebt, ich soll meine Arbeit machen, und dann muss ich auch noch hier herumsitzen und darf mir die Witze anhören, die mich schon in der Realschule gelangweilt haben.

»Ist nur 'n alter Fall«, sagte ich.

»Was für ein Fall?«, fragte Nina misstrauisch, aber sofort hellwach und, wie es in der Straßenverkehrsordnung heißt, aufmerksam.

»An dem habe ich vor ein paar Jahren gearbeitet«, sagte ich. »Ich weiß nicht, ob ihr euch dran erinnert. Das war draußen in Frederiksberg, auf einem der hübschen engen Villenseitenwege zwischen

Gammel Kongevej und Frederiksberg Allé. Da war eine alte Dame umgebracht worden, die siebzigjährige Witwe eines ziemlich bedeutenden und bekannten Geschäftsmannes, in einem Haus mit Wagenladungen voller Silber, Antiquitäten, Rauchtischchen, Chaiselongues und Volants.«

Irgendjemand hatte noch einen Drink für mich bestellt. Jedenfalls ein flinker Bursche.

»Kurz gesagt: eine dieser reichen alten Witwen, die eine von Frederiksbergs besonderen Spezialitäten sind. Sie wurde zwei Tage später, als die Nachbarn nervös wurden, gefunden, mit einem Messer niedergestochen. Offenbar fehlte nichts. Alle Antiquitäten standen auf ihrem Platz, und sie hatte eine genaue Auflistung ihrer Silbersachen in ihrem Schreibtisch, die die Bullen überprüften. Alles, was da sein sollte, war da. Und es gab einen eingemauerten Safe, in dem lagen genau die Aktien und Wertpapiere, die ihr nach Bestätigung der Bank gehörten. Jede Zahl stimmte.«

»Was war das für ein Messer?«, fragte Niels, der immer gleich mitspielte.

»Eines ihrer eigenen Küchenmesser.«

»Wer beerbte sie?«, fragte der Fotograf, der so intime Details vom Sexualleben der bekannten Schauspielerin wusste, ein kleiner, rattengesichtiger Mann, der aussah, als wäre er es gewohnt, seine spitze Nase in Müllcontainern zu erholen.

»Ein Enkelsohn in Jütland. Sie hatte nur ein Kind, einen Sohn, und der war tot. Der Enkelsohn erbte alles.«

»Was fand die Polizei über ihn heraus?«

»Eine hübsche Geschichte. Er war Priester in Westjütland, und genau an dem Abend, an dem sie ermordet wurde, hatte er im Beisein mehrerer hundert christlicher Pfarrkinder stundenlang anlässlich des überstandenen Herbstes gepredigt.«

»Er hätte jemanden mieten können.«

»Das hat er nicht. Wollt ihr die Geschichte hören oder nicht?«

»Los, spuck's aus.«

»Okay, die Polizei benutzte alle ihre Tricks. Sie fragte alle in der

Nachbarschaft aus, ihr wisst, wie energisch sie auftreten kann, wenn sie erst mal auf den Trip gekommen ist, von einer Eingangstür zur anderen zu rennen. Die Polizei redete mit der ganzen Familie, mit den Resten, die sie finden konnte, und grub alles aus, was sie konnte, aber es tat sich nichts. Und sie blieb fast ein Jahr am Ball, denn die Dame war eine Person von Stand, und andere gleichgestellte Personen wohnten um sie herum, die sich darüber aufregten, dass so etwas in ihrem Viertel passieren konnte. Ihr kennt diese Art von Leuten.«

»Und dann?«

»So ungefähr nach einem Jahr kam ein kleiner nervöser achtzehnjähriger Typ zur Polizei und sagte, er hätte letztes Jahr gelogen. Als sie die Familie überprüften, hatten sie auch einen zwanzigjährigen Großneffen oder so gecheckt, aber es hatte sich um einen Samstagabend gehandelt, und er war mit seinen Freunden auf einer Fete gewesen, und das bestätigten alle, und es gab auch keinen Grund, daran zu zweifeln, weil er durch den Tod seiner Tante überhaupt nichts gewann. Nun, ja: Der Typ da erzählte, dass der Großneffe die Party für ein oder zwei Stunden verlassen hatte.«

»Und weiter?«

»Dann stellte sich heraus, dass der Partygesellschaft – so eine typische Jugendaufbande – der Stoff ausgegangen war, und Carl, ihr Neffe, gesagt hatte, dass er was besorgen könnte, und dann war er später mit einer Flasche Wodka, einer Flasche Cognac und einem Kasten Bier wiedergekommen.«

»Cognac?«

»Genau. Carl war blau gewesen, Carl wollte noch blauer werden, Carl ging zu seiner Tante. Die Tante bot ihm eine Tasse Kaffee an und fragte, was er denn so spät am Abend triebe und warum er denn zu diesem Zeitpunkt komme, und Carl war zu breit oder zu panisch, um sie direkt zu fragen, ob sie ihm einen Blauen leihen könnte. Stattdessen packte er das Küchenmesser und stach sie nieder, klaute zwei Flaschen aus dem Barschrank, den ihr Mann ihr hinterlassen hatte, leerte ihr kleines Einkaufsportemonnaie und fuhr zu einem chinesischen Grill und kaufte einen Kasten Bier, bevor er wieder zur Fete zurückkehrte.«

»Verflucht …«

»Ja, genau«, fuhr ich fort. »Damals hat die Sache großen Eindruck auf mich gemacht. Beute: zweihundertachtzehn Kronen und zwei Flaschen Sprit. Er brach zusammen und gestand alles, sobald sie ihn härter anfassten. Ich habe nie von einem alberneren Mord gehört. Er hatte überhaupt keinen Grund, die Tante umzubringen, und sie hätte ihm sicher ein bisschen Biergeld geliehen, wenn er sie darum gebeten hätte. Er war einfach nur zu dumm, zu besoffen oder zu panisch.«

»Das Merkwürdigste daran war«, fügte ich hinzu, wobei ich mich, immer noch leicht schwindlig, zurücklehnte, »dass die Polizei bei einer gründlichen Untersuchung der Wohnung der alten Dame herausfand, dass sie zwischen den Seiten ihrer Bücher Tausender versteckt hatte. Nun gut, es waren nicht so viele Bücher, und das meiste davon waren elegante alte Klassiker, wie sie ein Frederiksberg-Heim einfach haben muss, aber jedes enthielt drei, vier Tausender, weil die Alte sie offenbar zur eigenen Sicherheit brauchte. Wenn er etwas cooler gewesen wäre, hätte er 50.000 mitnehmen können.«

»Warum erzählst du uns die Geschichte eigentlich?«, fragte Nina misstrauisch.

»Das weiß ich auch nicht«, antwortete ich, teilweise sogar ehrlich. »Ich habe sie nie vergessen können. Es war so sinnlos – aber das sind die meisten Mordgeschichten.«

»Meinst du, hier ist es auch so?«, fragte Zeuthen, ein besonnener, ruhiger und adretter Mann, aber ein unglaublich tüchtiger Journalist vom schlimmsten Konkurrenten des Bladets, der Ny Tid.

»Keine Ahnung. Aber wer zum Henker würde drei Prostituierte umbringen, wenn nicht ein Wahnsinniger?«

»Ein Triebtäter«, vertiefte der Fotograf die Aussage mit einem überflüssigen, aber deutlich hörbaren Schnalzen, als würde er bereits in den Möglichkeiten schwelgen.

»Blödsinn. Die Ermordeten sind nicht vergewaltigt worden.«
Das war Nina.

»Nicht alle Wahnsinnigen sind Vergewaltiger«, sagte Zeuthen tonlos sachlich. »Einige wünschen, sie könnten sich zusammenreißen,
um es zu tun, aber sie schaffen es nicht, und dann morden sie.«

»Jack the Ripper«, sagte Niels.

»Tja«, sagte einer der Fotografen. »Der junge Kerl da, der sah
aber nicht aus wie so einer.«

»Das tun die nie«, entgegnete Zeuthen. »Ihre Familie und ihre
Freunde hätten so was nie von ihnen gedacht – hinterher.«

»Er hatte keine Freunde«, sagte ich.

»Es sind noch zehn Minuten. Wir müssen los!«, sagte Niels, der
aufgeweckte Dirigent der Gesellschaft mit einem selbstzufriedenen
Blick auf seine selbstleuchtende Digitaluhr.

Stühle wurden zurückgeschoben. Der Kellner wurde gerufen.
Scheine und Münzen wurden aus den Taschen hervorgekramt,
und die Fotografen sammelten ihre Geräte zusammen. In einem
Haufen wie eine Schulklasse nach einem Fußballspiel gingen alle
Pressejungs und -mädchen zum Gerichtsgebäude, um der Pressekonferenz mit dem Bürgermeister und dem Polizeidirektor beizu-
wohnen.

Ich überquerte den Marktplatz. Ich war einer der letzten in der
Gruppe, und kurz bevor wir das Gericht erreichten, gelang es mir,
ungesehen in die Fußgängerzone zu entwischen und mich zwischen
die hektischen In-letzter-Minute-Käufer zu mischen.

Mir war nämlich eine Idee gekommen.

Und die wollte ich gern für mich behalten.

29

O. k., vielleicht war das nicht so eine brillante Idee, vielleicht war das ein zu großes Wort, aber es war zumindest eine Art Plan.

Ich wollte versuchen, mit Annie Andersen zu sprechen. Ich war genauso überzeugt wie Ehlers, dass sie weit mehr wusste, als sie erzählt hatte. Und ich hatte zumindest eine schwache Hoffnung, dass sie ihren Mund ein bisschen weiter öffnen würde, wenn ich allein käme.

Die kleine Schmiedgasse wirkte an diesem Tag verlassen, wie schon das Café Paradies – verlassen, aber genauso sonnig wie staubig. Die Geschäfte waren aus Anlass des Stadtfestes geschlossen. »Die Sonne scheint bei Tag und Nacht« erscholl aus den Türen des Café Schmied, aber der Klang der Jukebox ließ einen leeren Raum erahnen.

Die einzige lebendige Person auf der Straße war der Bulle, der immer noch vorm Taubenschlag postiert war.

Ich tat, als sähe ich ihn nicht, und ging zur Tür wie ein Mann, der sein ehrbares Gewerbe ausübt und sich im stillen darüber wundert, was all diese Polizisten an jeder Straßenecke sollen, und ob man sie nicht im Interesse der Gemeinschaft für eine nützlichere Tätigkeit umschulen sollte.

Das klappte nicht.

Jeder kluge Journalist sollte zur rechten Zeit eine Zusatzausbildung als Schauspieler machen.

»Wo wollen Sie hin?«, brüllte der Bulle und versuchte, kaltblütig auszusehen. Er tat sein bestes, aber auch er hatte keine Dramenausbildung genossen. Je mehr er sein Gesicht in kaltblütige Falten legte, wie er es mal in einem Film gesehen hatte, umso mehr ähnelte er einem Knecht, der vor ein paar Jahren schwer damit beschäftigt gewesen war, sein erstes Moped zu frisieren.

»Ich möchte mit Frau Andersen sprechen.«

»Wer sind Sie?«

»Ein Freund von ihr.«

»Ihr Name?«

»Wozu wollen Sie den wissen?«

»Das Haus ist abgesperrt.«

»Und warum?«

»Hier ist ein Mord geschehen. Das ist ein Befehl vom Polizeidirektor. Keiner darf rein.«

»Keiner?«

»Nein.«

»Warum nicht?«

Ich konnte sehen, dass ich ihn bereits ermüdete. Er ähnelte nicht mehr einem jungen Lümmel, sondern einem zerfurchten Erwachsenen, der versucht, ein allzu fragefreudiges Kind loszuwerden, damit er, der Erwachsene, endlich zu seinem lang ersehnten Abendkaffee kommen konnte.

Aber er war trotz allem nachsichtig und kannte die ungeschriebenen Regeln für höfliches und rücksichtsvolles Auftreten gegenüber der Zivilbevölkerung, das jedem Uniformierten obliegt.

»Vielleicht befürchtet man, dass etwas entfernt wird.«

»Ich entferne nichts.«

»Ich kann Ihnen da nicht helfen, Herr … Wie gesagt: Keiner darf herein.«

»Auch keiner von der Familie?«

»Familie?«

»Ja, Frau Andersens Familie. Darf die auch nicht rein?«

»Das … das … kann ich nicht sagen. Vielleicht. Sind Sie denn mit Frau Andersen verwandt?«

»Nein, aber ich kenne ihren Sohn. Ich dachte nur, wenn er nun gern mit ihr reden möchte. Sie hat es in der letzten Zeit ja nicht so leicht gehabt.«

»Nein, das hat sie wirklich nicht«, sagte der Beamte nachdenklich, wobei er sich an der Nase kratzte. »Aber jetzt werde ich Ihnen sagen, was Sie tun können: Sie gehen zum Gerichtsgebäude – das ist da durch die Fußgängerstraße und dann über den Markt –, und dann können Sie den Polizeidirektor um Erlaubnis bitten, hier hereinzukommen. Wenn Sie eine schriftliche Erlaubnis von ihm haben, lasse ich Sie gern ein.«

»Haben Sie vielen Dank, das werde ich tun.«

Wir schieden in Eintracht und Frieden. Oben im Fenster saß Annie Andersen in ihrem Hausmantel und schaute über die Straße wie eine träge Katze auf einem Blechdach. Sie winkte fröhlich. Des Beamten wegen winkte ich zurück – ich, der gute alte Freund der Familie Andersen.

Ich war kurz davor, ins Café Schmied zu gehen und sie von dort aus anzurufen, als die letzten Reste meines Gehirns, die ich nach meinem Knock-out noch besaß, wieder zu funktionieren begannen. Verfluchter Scheiß, das ging nicht. Wenn sie die Bewachung des Hauses noch aufrechterhielten, war die Chance, dass das Telefon abgehört wurde, unter normalen Umständen mindestens fünfzig Prozent. Hier, wo es Ehlers gewesen war, der auf der Bewachung bestanden hatte, waren es mehrere hundert Prozent. Faktisch alle gegen Null.

Wie um meine Gedanken zu bestätigen, kam der typische, rotgekleidete und rotbäckige dänische Lustspielpostbote zwischen den niedrigen Häusern der Schmiedgasse daherspaziert. Er ging in die Nr. 10 und kam einen Augenblick später mit einer etwas leichteren Tasche wieder heraus. Er ging in Nr. 12 und 14, beide Male mit einem Brief in der Hand. Er schob sein Fahrrad zur Nr. 16, dem Taubenschlag, zog zwei Briefe aus seiner Tasche und reichte sie dem Beamten, bevor er weiter zur Nr. 18 zog, offensichtlich zufrieden pfeifend, da er einen Weg gespart hatte. Nicht nur, dass der Briefträger also nicht zu gebrauchen war, selbst wenn ich eine Uniform gehabt hätte, war es jetzt zu spät, Postbote zu spielen – ansonsten ein Trick, der mir mehrfach bei der Arbeit und in der Freizeit von Nutzen gewesen ist. Wenn jemand, den Sie gern sehen wollen, Sie nicht gern sehen möchte und Ihnen nicht freiwillig öffnet, dann klingeln Sie am besten beim Nachbarn, Übermieter oder Untermieter, wie es sich eben ergibt, und sagen, es handelt sich um ein Paket, das Sie abliefern sollen. Damit geht's immer.

Und man umgeht die technischen Probleme, die sich immer ergeben, wenn man sich als Gaszählerableser ausgibt.

Nun ja, es half jedenfalls nichts, auf dem Fußweg stehen zu bleiben, während alle möglichen unzusammenhängenden Gedanken – um nicht wieder ein übertrieben großes Wort zu benutzen – das lädierte Gehirnzellengewebe durchführen. Ich riss mich zusammen und richtete mich auf, hatte ich doch zuvor vorgebeugt dagestanden, um das weitere Treiben des Briefträgers zu beobachten, halb verborgen unter der Eingangsmarkise des Café Schmied.

In diesem Augenblick passierte es.

Es erscheint vielleicht als nichts Besonderes, wenn ich es so sage, aber es hatte große Konsequenzen.

Verstehen Sie, in dem Augenblick, als ich mich aufrichtete, knackte es in meinem Rücken, ein Knacken ungefähr wie von einem Pistolenschuss, ein Knacken, das wahrscheinlich daraus resultierte, dass mein Rücken sich an diese Stellung gewöhnt hatte, sie ihm gefiel und er nicht wünschte, dass die Dinge in die aufrechte Tyrannei zurück sollten, ein Protestknacken von einem Rücken im Befreiungsprozess.

Und in diesem Augenblick war mir vollkommen klar, was zu tun war. Ich wusste nicht warum, aber ich wusste was und wie.

Als ich mit langsamen, lässigen Schritten das Café Schmied betrat, fühlte ich mich wie eine Nebenfigur in einem Gangsterfilm der B-Klasse.

Das Lokal war wirklich vollkommen leer bis auf den Barkeeper, der seine Gläser mit einer Miene polierte, als wäre er viel lieber unten am Hafen.

Er sah mich melancholisch an. Ich bestellte einen Whisky und fragte ihn höflich, ob ich ein paar Servietten haben könnte, da ich stark erkältet sei.

Es gelang mir, ein Niesen zu simulieren.

Er schenkte ein und fand ein paar Papierservietten. Ich putzte mir in der ersten laut und vernehmlich die Nase, steckte die anderen wie eine Art Ziertaschentuch in die oberste Jackentasche und bestellte noch einen Whisky, während ich zum Telefon ging. Dieses nützliche kleine Ding war in eine Zelle eingesperrt. Niemand würde etwas hören, niemand etwas sehen – eine bewundernswerte Einrichtung.

Ich fand Annie Andersens überhaupt nicht geheime Nummer im Rodbyer Telefonbuch, das einladend in der Telefonzelle aufgehängt war. Ich legte die übrigen Papierservietten über den Mund und versuchte, durch sie hindurchzusprechen.

Das brachte einiges. Es machte meine Stimme etwas undeutlicher, aber nicht undeutlich genug. Ein schlauer Mann, einer, der mich kannte, ein Ehlers – um nur ein einfaches Beispiel zu nehmen –, würde sie wiedererkennen.

Da fiel mir ein, dass ich vor vielen Jahren einmal in einer Schulkomödie als eine Art Parodie auf die Wiener Sängerknaben aufgetreten war, diese tugendhaften Knaben mit den klassischen kastrierten Kapaunenstimmen. Ich probierte, ob ich immer noch so eine hohe, schrille Fistelstimme hervorzaubern konnte. Es gelang mir, aber nicht besonders lange.

Durch die Servietten war sie absolut nicht wiederzuerkennen.

Dann wählte ich Annie Andersens Nummer.

Es dauerte eine Ewigkeit, vielleicht auch zwei, als überlege sie, ob sie überhaupt abnehmen sollte. Vielleicht, dachte ich mit etwas Schweiß auf der Stirn, vielleicht ist sie so schlau und lässt es nur klingeln und die Polizei nachforschen und herausfinden, was sie wollen – dann hat sie jedenfalls nichts gesagt, und auch niemandem sonst die Gelegenheit dazu gegeben. Praktisch wäre das das Eleganteste, was sie tun konnte.

Sie nahm dann doch ab, als ich es ein zweites Mal versuchte. Es war ihre Stimme, aber sie war auf der Hut. Sie sagte keinen Namen, nur »Ja?«.

Ich nahm die Servietten und fistelte: »Preben Sørensen, der die Mädchen umgebracht haben soll, ist von der Polizei im Hafen erschossen worden.«

Ich konnte es nicht lassen, ich hielt den Hörer ans Ohr, auch wenn ich zu schwer atmete – und nicht in Fistelstimmlage – um zu hören, ob sie etwas dazu sagte.

Ich hörte eine Art Seufzen oder bildete mir jedenfalls ein, es zu hören.

Danach wurde der Hörer langsam aufgelegt.

Ich folgte ihrem Beispiel, trank meinen Whisky in Rekordzeit, bezahlte und ging hinaus, zur gegenüberliegenden Ecke zur Fußgängerzone hin, während ich darüber spekulierte, ob die Polizei wohl einen schnellen Anruf mit einem einzigen Satz aus einer Telefonzelle aufspüren kann – denn falls sie es konnten, hätte der Barkeeper sicher wenige Probleme, sich an die Kunden an diesem Tag und zu diesem Zeitpunkt zu erinnern.

Fast rannte ich zum Gerichtsgebäude hinauf. Die Chancen standen nicht schlecht, dass die Pressekonferenz noch andauerte.

30

Wieder falsch geraten.

Sobald ich das Sonnenlicht hinter mir gelassen und den breiten, von Säulen getragenen Eingang des Gerichts betreten hatte, sah ich alle meine Kollegen, mit denen ich im Café Paradies gewesen war – plus Fernsehjournalisten, voll bewaffnet mit Kameras, und außerdem die wenigen, die nicht mitgekommen waren, weil sie sich lieber im Hafen umschauen wollten.

Ich trat ein und versuchte, mich unter die Menge zu mischen, so bescheiden und unauffällig es nur ging.

Das ging nicht. Natürlich entdeckte Nina mich sofort.

»Hallo«, sagte sie. »Wo warst du denn?«

»Hallo«, antwortete ich. »Musste zu Hause anrufen.«

»Zuhause beim Bladet?«

»Zuhause bei meiner Familie.«

»Du hast doch verdammt noch mal gar keine Familie.«

»Ich habe eine alte Mutter. Und die hat heute Geburtstag, und sie legt großen Wert darauf, dass ich daran denke. Außerdem mag ich sie sehr gern.«

»Dazu hast du auch allen Grund. Es muss ein Wunder sein, jemanden zu finden, der dich in die Welt setzen wollte.«

»Nun hör auf«, sagte Zeuthen, der in der Fensteröffnung über seinen Notizblock gebeugt saß, auf dem er seine kleinen, gleichmäßigen Zeichen anbrachte, sein eigenes Stenografiesystem, das er zur allgemeinen Verärgerung immer benutzte, um nicht von den konstant neugierigen Augen, die ihn umringten, durchschaut zu werden. »Rede nicht so einen Mist. Mutterliebe ist eine der stärksten Kräfte in der Natur.«

In dem Augenblick, als Zeuthen das mit seiner trockenen, leidenschaftslosen, sarkastischen Stimme sagte, explodierte erneut eine Bombe in meinem Kopf, eng verwandt mit der, die von dem kleinen Knacks in meinem Rücken vorm Café Schmied ausgelöst worden war.

Mutterliebe!

Das sagte mir irgendwas, erzählte eine Geschichte, aber ich konnte sie nur schwach vernehmen, so als wenn man das Gefühl hat, eine Muschel würde einem eine Geschichte erzählen können, wenn man sie ans Ohr hält, aber die Stimme ist zu schwach, man kann sie nicht einfangen, man versucht es eine Weile, und dann gibt man auf und bleibt mit dem Gefühl zurück, um etwas betrogen worden zu sein, einem Wunder ganz nahe gekommen zu sein und es dennoch übersehen zu haben. Das ist viel schlimmer, als es nur übersehen zu haben, denn es ist wie ein Satz, an den man sich am Morgen nach einer Party erinnert: Er muss einen großen Eindruck auf einen gemacht haben, wenn er nach acht Stunden und einer Nacht oder einem Tag Schlaf immer noch fest in den Gehirnwindungen sitzt, aber leider erinnert man sich nur noch an die Hälfte davon. Könnte man sich an alles erinnern, hätte man ihn sicher vergessen. Hätte man sich an nichts erinnert, würde es einen nicht stören, und man ginge munter pfeifend weiter. Aber gerade weil man sich nur an die Hälfte erinnert, bleibt es haften, und man kommt nicht davon los, man ist überzeugt davon, dass er eine schicksalhafte Bedeutung hat.

Mutterliebe!

Niels – der schlagfertige, immer eine Antwort auf den Lippen parate Niels – begann zu summen: »Mutter ist die beste auf der Welt.«

Ein Fotograf, der noch ein wenig Geschmack übrig hatte, fragte ihn, ob er nicht um Himmels willen seine Klappe halten könnte. Der Fotograf gehörte zu Zeuthen. Niels' eigener würde sich nie trauen, so etwas zu sagen.

»Was ist passiert?«, fragte ich.

Niels hielt Daumen und Zeigefinger seiner rechten Hand in die Luft, dass sie einen Kreis bildeten – er fand so etwas lustig – und sagte liebreizend, sodass selbst die Minderbegabten es verstehen konnten:

»Nichts. Gar nichts.«

Zeuthen räusperte sich sachlich in seiner Fensteröffnung. Zeuthen war der kühlste Kopf im ganzen Haufen. Er sagte:

»Ich überlege grade, ob wir nicht mal nachfragen, was los ist?«

»Das mach ich«, sagte Niels, der Ich-werde-die-Sache-schonschaukeln-Niels, und ging zur Tür des klammen Gerichtssaals, in dem ich vorgestern an dem Verhör von Preben Sørensen teilgenommen hatte.

Währenddessen erzählte ein anderer Fotograf, der für ein Pressebüro in der Provinz arbeitete, aber immer hoffte, zum Bladet zu kommen, dass die Pressekonferenz um eine halbe Stunde verschoben worden sei, weil sie offensichtlich Probleme hatten.

»Und«, fügte er mit einem Blick auf seine Uhr hinzu, »das ist jetzt eine Dreiviertelstunde her.«

Gerade als Niels die Tür zum Gerichtssaal öffnete, kam ein Beamter aus dem Dunkel des Raumes hervor und sagte so geduldig, als wäre er ein Vogel in einer Schweizer Kuckucksuhr, der präzis zur vollen Stunde immer das gleiche Signal von sich gibt: »Wenn Sie so freundlich wären, noch ein wenig zu warten.«

»Wir haben schon eine Dreiviertelstunde gewartet!«, sagte Niels, wie ein Mann, der vollkommen davon überzeugt ist, dass ihm blutiges Unrecht zugefügt wird.

»Sie beraten immer noch«, sagte der Beamte entschuldigend.

Plötzlich spürte ich einen festen Griff um meinen Arm, einen Griff von rechts. Ich wollte gerade zurückschlagen, als der Griff mich mit sich zog. Bevor ich mich besonnen hatte, war ich hinter einer Tür direkt hinter uns neben dem Eingang, einer Tür, die nicht knallte, als sie ruhig von meinem Entführer geschlossen wurde – Ehlers.

»Die kommen jeden Moment raus«, sagte er gedämpft. »Ich wollte dich nur um einen Gefallen bitten, einen äußerst inoffiziellen Gefallen, um den ich dich nie gebeten habe, falls jemand fragt. Ich bitte dich, dem Polizeidirektor Feuer unterm Arsch zu machen, wenn Fragen angesagt sind. Und falls es möglich ist, versuche, noch ein paar andere zum Mitmachen zu überreden, damit du nicht allein dastehst. Schaffst du das?«

Ich hörte kaum, was er sagte. In meinem Kopf sang ein kleiner Vogel, vielleicht auch so ein Vogel aus einer Schweizer Kuckucksuhr: Mutterliebe, Mutterliebe …

Er rüttelte ungeduldig an meinem Ärmel.

»Doch, klar«, antwortete ich. »Ich werde schon alle gemeinen Fragen stellen, die mir einfallen. Aber – unter uns – warum?«

»Ich weiß nicht«, sagte Ehlers. »Das ist nur eine Möglichkeit. Der Polizeidirektor hasst dich, und vielleicht bringst du ihn dazu, sich gründlich zu blamieren, man kann nie wissen. Aber versuche es bitte, ja?«

»Was ist denn passiert?«, fragte ich.

»Das ist nicht offiziell.«

»Es ist schon lange her, dass ich von irgendetwas gehört habe, was offiziell war.«

»Der Polizeidirektor hat dem Bürgermeister von der Geschichte erzählt. Matthiasen, dieser Idiot, hat gesagt, die Polizei habe einen anonymen Anruf bekommen, dass Preben Sørensen sich im Hafen,

181

in einem der Lagerhäuser aufhalte. Er hat gesagt, er habe sofort eine bewaffnete Patrouille losgeschickt. Er hat gesagt, er trage die Verantwortung, denn er habe den Befehl gegeben, bei jeder Form von Fluchtversuch zu schießen. Er hat gesagt, das habe er getan, um die Ruhe in der Stadt zu erhalten.«

»Und weiter?«

»Der Bürgermeister hat ihm Recht gegeben. Der Bürgermeister hat gesagt, dass er vollstes Vertrauen in Matthiasens Arbeitsweise habe. Beide haben mich feindselig angeguckt, weil ich von außen komme. Ich habe mich wie der Prüfer bei einem Examen gefühlt, bei dem sich die Schüler und Lehrer gegen den Fremden verbündet haben.«

»Aber dann«, fuhr Ehlers, fortwährend mit gesenkter Stimme, fort, »dann wurde Matthiasen zur formalen Identifizierung gerufen, die er nach den Vorschriften persönlich bezeugen muss. Und da ich zugegen war, konnte er sich nicht drücken – und so bekam ich gratis die Chance, allein mit dem Bürgermeister zu sprechen.«

Draußen vor unserem kleinen Kämmerchen zum Markt hin, mit direktem Blick auf den starren Nacken und Rücken des Staatsrates Schilling, stieg der Lärm an.

»Wie lange sollen wir noch warten?«, rief Niels, während sein Klopfen an der Tür zum Gerichtssaal zu hören war.

Mehrere Stimmen sprachen laut von Skandal und unerhörter Arroganz der Presse gegenüber. Einzelne benutzten Worte wie »Bürokraten« und »Bürohengste«.

»Und dann?«, fragte ich wieder.

»Ach«, meinte Ehlers und zuckte müde mit den Schultern, »wir haben ein wenig geplaudert. Der Bürgermeister kennt den Polizeidirektor seit zwanzig Jahren. Bürgermeister und Polizeidirektor sind Mitglieder im gleichen Club und spielen jeden zweiten Mittwoch zusammen Bridge. Der Bürgermeister hat vollstes Vertrauen in ihn, aber ...«

»Aber?«, fragte ich, um überhaupt etwas zu sagen. Um zu zeigen, dass ich aufmerksam zuhörte.

In meinem Kopf hämmerte ständig ein Wort: Mutterliebe ...
Mutterliebe ...

»Aber«, sagte Ehlers, »der Bürgermeister wird langsam alt und
ist es leid, Bürgermeister von Rodby zu sein. Er möchte seine Karriere gern im Parlament beenden. Und er weiß gut, wer momentan
an der Regierung ist, und er ist sich vollkommen klar darüber, wer
Justizminister ist ...«

»Und?«

»Und er gab mir vollkommen freie Hand, um sich gut mit den
Behörden zu stellen, die ich repräsentiere.«

»Gehst du selbst auch zur Pressekonferenz?«

»Nein, ich hab anderes zu erledigen, und ich werde dir nicht sagen, was. Aber wenn du da drin die Gesellschaft ein wenig aufmi-
schen könntest, wäre das schön, es schadet nichts, wenn das Vertrauen in Matthiasen ein wenig erschüttert wird. Und auch wenn
der Bürgermeister ein geborener Diplomat ist, wird das Eindruck
auf ihn machen.«

»Warum machst du so ein Geheimnis daraus, was du jetzt vor-
hast?«

»Weil ich hoffe, in den nächsten paar Stunden etwas herauszufinden.«

»Hast du eine Idee?«

»Ich hoffe, es stellt sich als solche heraus.«

»Ich glaube, ich habe auch eine.«

»Was für eine?«

»Ich weiß es noch nicht ganz genau. Aber ich werde tun, was du
möchtest.«

»Danke schön.«

Neben dem üblichen Gemurmel hörte man die Dienststimme
des Beamten:

»Bitte schön, meine Damen und Herren ... Hier entlang!«

»Hau ab«, flüsterte Ehlers mir zu. »Ich gehe, wenn du weg bist.
Wir reden später. Zwiebel ihn ordentlich!«

31

Natürlich fand die Pressekonferenz im Gerichtssaal statt.

Am hintersten Ende stand der Polizeidirektor an dem Tisch, an dem der Staatsanwalt während der Untersuchung gegen Preben Sørensen gesessen hatte, während der Bürgermeister sich offenbar nicht entscheiden konnte, den Richterplatz oder den Stuhl des Verteidigers einzunehmen – oder doch lieber zu gehen.

Er war jedoch zu sehr Politiker, um einfach zu gehen, wo so viele Fotografen zur Stelle waren.

Wir strömten herein und verteilten uns auf den vorderen Stuhlreihen. Ich war einer der Letzten und endete ganz außen, direkt neben Zeuthen.

Die Fotografen stellten sich im Gang neben den Stühlen auf, bereit zum Knipsen.

Es herrschte angespannte Stille.

Dann ergriff der Bürgermeister das Wort und hielt zum dritten Mal an diesem Tag eine Rede. Er hieß die Repräsentanten der Presse willkommen und entschuldigte die Verspätung, die den außergewöhnlichen Ereignissen zuzuschreiben sei. Er wolle in diesem Zusammenhang gern anmerken, dass es für alle, nicht zuletzt die Polizeibeamten, ein paar anstrengende und unruhige Tage in Rodby gewesen waren.

Es sei eine große Freude für ihn, wie er sagte, so viele Vertreter des freien Wortes in Rodby versammelt zu sehen, auch wenn er den Anlass dazu bedauern müsste. Rodby sei – keiner wusste das besser als er – eine lebendige Stadt, eine Stadt in der Entwicklung, eine Stadt, die aus vielerlei Gründen einen Besuch und einen Bericht über sie wert war, aber es sei tragisch, dass es auf diese Art und Weise sein sollte.

Danach begann er eine Wiederholung seiner Festrede, die Ehlers und ich bereits frühmorgens im Hotel hören mussten.

Niels war der Erste, der frech genug war, ihn mitten in einer weitschweifigen Beschreibung der Pläne für einen weiteren Ausbau des

184

Hafens in Verbindung mit einem geplanten neuen Bebauungsplan zu unterbrechen.

»Ja, Herr Bürgermeister«, sagte er. »Rodby ist eine schöne Stadt. Aber was ist mit dem Fall?«

Der Bürgermeister war nicht derjenige, der darauf bestand, weiterzureden. Er sah müde aus. Er deutete auf Matthiasen und sagte, der Polizeidirektor selbst würde darüber berichten.

Matthiasen ließ der Presse nicht die Ehre zuteilwerden, sich zu erheben, aber er nahm immerhin seinen halbgerauchten Zigarillo aus dem Mund und schielte verbindlich herüber. Ohne weitere Umschweife erzählte er von dem Mord an Irene Pallock, der Festnahme von Preben Sørensen, Sørensens Flucht, von dem anschließenden Mord an Majken Green – »nur wenige Minuten nach der Flucht«, wie er hervorhob – und von dem Auffinden der Leiche Lisbeth Holgersens im Hafen.

Um mich herum sahen die Kollegen irritiert drein.

Sie waren alle flinke, professionelle Kopenhagener, was immer man auch über sie sagen mochte, und das hier war zu langsam für sie, zu feierlich.

Alle, wie sie dasaßen, von Nina bis Zeuthen, dachten im Stillen: »Das wissen wir doch alles schon. Verfluchter Scheiß, komm endlich zur Sache, Alter!«

Was er dann endlich auch tat.

Er erzählte, dass die Polizei den anonymen Anruf einer Männerstimme erhalten hatte, die mitteilte, dass der gesuchte Preben Sørensen sich bei den Lagerschuppen im Hafen herumtrieb. Er hatte sofort eine Suchmannschaft dorthin beordert, erklärte er, da er sich selbst bereits im Hafen aufhielt, um die Sicherheitsvorkehrungen in Verbindung mit dem Hafenfest zu überwachen.

Er beklagte Sørensens Tod, meinte jedoch, dass andererseits – und das wolle er nicht unerwähnt lassen – man einem Menschen keine Chance geben dürfe, der wahrscheinlich drei Morde auf dem Gewissen hätte. In solch einer Situation, erklärte Matthiasen, schuldete man vor allem der aufgeschreckten Bevölkerung, und darunter an erster Stelle den Frauen der Stadt, menschliche Rücksichtnahme – und nicht einem Mörder.

Abschließend drückte Matthiasen seine volle Zufriedenheit darüber aus, dass in Rodby mittlerweile wieder Recht und Ordnung eingekehrt seien.

Als er sich endlich zurücklehnte und sein halbes Zigarillo wieder anzündete, sagte der Bürgermeister, dass jetzt die Gelegenheit wäre, Fragen betreffs dieser »tragischen Sache« zu stellen.

Eingedenk meines Versprechens Ehlers gegenüber wollte ich aufspringen, aber das war gar nicht nötig. Bevor ich mich geräuspert hatte, ertönte Zeuthens klare, trockene, intelligente Stimme, in wie immer äußerst zuvorkommenden, höflichen Tonfall:

»Wenn ich recht verstehe, dann hält der Polizeidirektor Preben Sørensen für einen dreifachen Mörder, und der Polizeidirektor hat die Indizien in Verbindung mit dem ersten Mord dargelegt, bei dem Sørensen am Tatort gefasst wurde. Darf ich fragen, welche Beweise der Polizeidirektor dafür hat, dass Sørensen in die beiden anderen Morde verwickelt war?«

»Wie ich bereits sagte«, antwortete Matthiasen, »der zweite Mord fand unmittelbar nach seiner Flucht statt.«

»Das taten die Rundfunknachrichten auch«, entgegnete Zeuthen. »Ist das vielleicht ein Beweis?«

Einige seiner Kollegen kicherten kollegial. Matthiasens Bauch hüpfte. Der Bürgermeister sah erschrocken drein, wie ein kleiner Junge, der Angst hat, in die Hose zu pinkeln.

»Das ist ein Indiz«, sagte Matthiasen.

»Und was ist mit dem dritten Mord?«, fuhr Zeuthen fort.

»Wir haben keine dezidierten Beweise« sagte Matthiasen zaghaft. »Aber nach meinem Eindruck, ich darf sagen, nach meiner Auffassung ...«

Nun waren die anderen voll dabei, und Zeuthens olympische Staffette ging weiter. Dennis von der kommunistischen Zeitung »Die Fackel« machte den nächsten Zug:

»Urteilt man in Rodby nach Ihrer Auffassung?«

186

Er sagte das mit genau der Schärfe, die nur kommunistische Journalisten einsetzen können, der Schärfe, die einen bodenlosen Sumpf kapitalistischer Verderbnis und Korruption impliziert.

»Hören Sie«, sagte Matthiasen, schon eine schwache Einleitung, »hören Sie, ein Fall wie dieser ist eine Frage des gesunden Menschenverstands. Wir hatten keinerlei Grund, daran zu zweifeln, dass Sørensen hinter den Morden steckte. Ein kranker junger Mann, ein Psychopath mit geringer Begabung.«

»Psychopath? Mit welcher Berechtigung bezeichnen Sie ihn so?« Ich war der Meinung, dass ich nun dran sei.

»Er war verrückt«, sagte Matthiasen stur. »Psychopathen sind verrückt.«

»Woher wissen Sie das?«, warf Zeuthen ein.

»Das zeigen doch seine Taten.«

»Welche Taten?«

»Die Morde.«

»Von denen man nicht beweisen kann, dass er sie begangen hat?« Der Bürgermeister sah aus, als wäre er lieber irgendwo anders, bei einer gesitteten, geschlossenen Konferenz mit einer Tagesordnung, die er selbst aufgesetzt hatte.

Der Polizeidirektor lief rot an.

Ich nahm den Ball auf.

»Sie haben Preben Sørensen als Psychopath bezeichnet. Sind Sie Psychiater?«

»Nein. Ich bin Polizeibeamter.«

»Wie können Sie dann ohne Fachausbildung einen jungen Mann zum Psychopathen stempeln?«

»Er war auf der Hilfsschule und hat später Sozialhilfe gekriegt.«

»Wollen Sie behaupten, dass alle, die auf die Hilfsschule gehen oder Sozialhilfe bekommen, Psychopathen sind?«

Dennis war dran. Das war Wasser auf seine Mühle, die Rote Mühle. Seine Überschrift stand: »Polizeidirektor: Nur Psychopathen erhalten Sozialhilfe.«

Der Bürgermeister mischte sich ein, wild mit den Händen wedelnd wie eine Frau, die sich gerade die Nägel lackiert hat und die Finger schüttelt, um den Lack trocknen zu lassen.

»Meine Herren, verlieren wir uns doch nicht in Einzelheiten. Es stimmt, dass der junge Sørensen, sagen wir, zurückgeblieben war.«

»Das ist nicht das gleiche wie Psychopath.«

Dennis blieb stur.

»Ach, hör doch auf«, fuhr Matthiasen dazwischen. »Schließlich war das doch nur so ein überflüssiger langer Lulatsch, der drei Nutten umgebracht hat!«

Das hätte er nicht sagen sollen.

Bis jetzt war er nur mal versuchsweise getestet worden, aber nun hatte er die Schlacht verloren. Sein Ausspruch wurde synchron, Buchstabe für Buchstabe, auf die Notizblöcke übertragen, sodass alle Bleistifte in der ersten Reihe gleichzeitig die Worte »überflüssiger langer Lulatsch« schrieben. Die Fotografen hatten alle in dem Moment ein Bild geschossen, als er sich ernstlich aufregte; sie waren sich unmittelbar davor über die Stimmung im Klaren gewesen, wie es sich für gute Fotografen gehört.

»Wie lange ist der letzte Mord hier in Rodby her?«, fragte Nina freundlich – bedrohlich freundlich.

»Fünfzehn Jahre«, antwortete Matthiasen würdig.

»Und seit wann sind Sie Polizeidirektor?«

»Seit zweiundzwanzig Jahren.«

Vor reiner Begeisterung über sich selbst zündete Matthiasen sich ein neues Zigarillo an. Er hatte soeben sein eigenes definitives Tagespressentodesurteil unterschrieben und hatte davon nicht die geringste Ahnung. Er befand sich in dem Glauben, dass seine Ausführungen seinem Publikum wirklich imponiert hätten.

»Herr Polizeidirektor«, ertönte erneut Zeuthens ruhige Stimme, Zeuthens immer sachliche, Wir-sollten-uns-lieber-an-die-Tatsachen-halten-Stimme, »Herr Polizeidirektor, Inspektor Ehlers aus Kopenhagen ist im Augenblick mit Sonderaufgaben in der Stadt. Steht sein Aufenthalt hier in Verbindung mit diesem Fall?«

»Wir sind vollkommen im Stande, uns hier in Rodby um unsere

eigenen Sachen zu kümmern«, entgegnete Matthiasen mürrisch. Der Bürgermeister sah aus, als wünschte er, dass Matthiasen etwas anderes gesagt hätte. Dann ergriff er das Wort:

»Lassen Sie es uns so sagen, meine Damen und Herren, sagen wir mal so, Inspektor Ehlers ist in einer anderen Angelegenheit hier.«

»Und in welcher?«, fragte Zeuthen.

»Das kann ich nicht sagen«, antwortete der Bürgermeister gesetzt, »da müssen Sie mit dem Inspektor selbst reden.«

Wie abgesprochen, wie die Zuschauer beim Tennis, deren Köpfe sich synchron nach links-rechts, rechts-links drehen, je nachdem, wie der Ball übers Netz fliegt, drehten sich alle nach hinten, um nach Ehlers Ausschau zu halten.

Vergebens.

Der Bürgermeister nutzte sofort die dadurch entstandene kleine Pause. Er dankte kurz fürs Erscheinen, bedauerte noch einmal die unglücklichen Geschehnisse und endete damit, dass er seinen Wunsch nach einer sachliche Darstellung des Falls in den Medien darlegte.

Matthiasen kaute auf seinem Zigarillo.

Die würdigen Repräsentanten der Presse wanderten hinaus, jeder im Stillen die Worte des Polizeidirektors rekapitulierend und damit beschäftigt, die Adjektive zu finden, die seine Haltung und sein Äußeres beschreiben könnten, sowie eine treffende Überschrift, die den ganzen Fall in sieben, acht Worten traf.

In kurzer Zeit würde das Telefonnetz des Hotels Rodby erneut überlastet sein, heißgelaufen aufgrund fleißiger Korrespondenten mit neuen Berichten fürs ganze Land.

Auch von meinem, aber der musste noch warten. Ich versuchte immer noch, einen Faden wiederzufinden, einen Faden, der wie eine Eidechse verschwunden war, deren Schwanz man gepackt hat.

Das Einzige, was ich noch von diesem Faden wusste, war, dass er etwas mit Mutterliebe zu tun hatte.

Eine schöne Sache, ohne Zweifel, eine warme, lebenswichtige Sache, vielleicht gerade deshalb genau das Thema, das man wählen sollte, falls man sich in eine einsame Höhle im Himalaya zurückziehen wollte, um sich in Meditation über das Dasein zu vertiefen, und man fünf Jahre später mit langem Bart und einem rosenroten Lächeln um die Lippen wieder hervorkäme, weil man endlich die Nuss geknackt hat.

Aber im Augenblick nicht besonders hilfreich.

Ich ging langsam Richtung Hafen, um mir das Fest anzusehen. Das war in vollem Gange. Bereits am Eingang zum Hafenplatz konnte man spüren, dass die gute Laune zurückgekehrt war. Die Sonne schien, es gab Bier und Musik, und mit diesen drei Dingen ausgestattet, könnten neun von zehn Dänen sogar ohne Probleme die Gipfel des Himalaya erklimmen.

Der Friede-Freude-Freundschaftssänger war fertig und eilte sicher schon weiter nach Nakskov, auf der Tribüne hatte die Wahl der Miss Rodby bereits begonnen. Um einen langen Tisch versammelt saßen fünf Herren in Anzügen und sahen äußerst ernsthaft und etwas verschwitzt aus, während sie aufmerksam ein halbes Dutzend Mädchen betrachteten, die in Bikinis vor ihnen standen. Der unverwüstliche Conferencier Johansen war dabei, dem Publikum die Regeln zu erklären, die auf einem Punkte-System basierten. Er sagte, dass jedes Mädchen einzeln vorbeigehen und bewertet würde, während er erzählte, wer sie war, und endete mit dem Wunsch, dass es ein fairer Wettbewerb sein möge, bei dem er persönlich froh sei, kein Preisrichter zu sein, denn das sei bei so viel weiblicher Schönheit auf einem Fleck ein fast unmöglicher Job – deshalb ein Applaus für die tapferen Herren, die sich dennoch diesem schweren Joch unterworfen hatten! Und ein Applaus für die hübschen Mädchen aus Rodby, die betörenden Blumen unserer Stadt, die jeden in seinem Alter wünschen lassen, noch einmal wieder jung zu sein.

Wir klatschten.

Der Lärmpegel stieg.

Die Schiffschaukeln wirbelten weiterhin unter lautem Gekreische durch die Luft. Den Kindern da oben drin war die Miss Rodby scheißegal. Die erwachsenen Kinder unten auf dem Platz wollten ganz was anderes mit Miss Rodby anfangen. Dicke, fettbäuchige Männer beugten sich interessiert vor und betrachteten die Waden der jungen Mädchen auf der Tribüne mit einer stillen, verträumten Intensität, die ihren Frauen nicht verborgen bleiben konnte. Einige der Frauen schlossen eine Art stillschweigender Wette ab oder lästerten mit weiblicher Kompetenz über einzelne der aufmarschierten Konkurrentinnen.

»Bestimmt gewinnt die Feuerwehrmeistersvivi!«, erklärte ein reifes Frauenmodell neben mir. Mit ihrer Nase und ihrer Brille ähnelte sie einem Truthahn zum Verwechseln.

Als Johansen unsere erste Kandidatin, »Annemarie, achtzehn Jahre«, vorstellte, und Annemarie leicht verlegen in ihrem Bikini über die Bühne lief, wobei sie aussah, als überlegte sie, ob sie vielleicht doch zu viel Sonnenöl benutzt hat, ob ihr Typ unten auf dem Platz sauer über das hier oben sein könnte oder ob er sich schon besoffen hätte, und ob es wohl noch eine Möglichkeit gäbe, falls es beim letzten Mal passiert war, ergriffen die fünf würdigen Schiedsrichter ihre Bleistifte, während die ersten obszönen Zurufe aus der Menge hervortönten.

»Was für ein Flittchen!«

»Komm runter zu Vattern!«

Einige rieben sich nur die Hände und bestätigten sich gegenseitig: »Nicht schlecht, was?«

Die Mädchengruppe auf der Bühne sah aus wie irgendeine Gruppe, die man an jedem schönen Sonntagnachmittag am Badestrand von Hornbæk aufsammeln konnte, aber das sollte vielleicht auch so sein.

Die Preisrichter notierten. Die vielgepriesene »Vivi, Tochter des Feuerwehrmeisters, neunzehn Jahre«, war die nächste und erntete viel Jubel und Gepfeife. Großer Busen, wiegender Gang. Zweifellos ein sicherer Publikumsfavorit.

Plötzlich schienen die Preisrichter und Männer um mich herum Hyänen zu ähneln – sicher eine Halluzination, hervorgerufen durch die Kopfschmerzen und den Schlafmangel, aber Sex hat viele Gesichter, und nicht alle sind gleich schön. Wahrscheinlich war die Hälfte der Männer, die hier jetzt schrien und glotzten, die gleichen, die später am Abend Kunden bei Irene, Majken und Lisbeth gewesen wären – wenn Irene, Majken und Lisbeth noch am Leben und aktiv im Geschäft wären.

Ich bahnte mir einen Weg aus der Menge hin zu einer Holzbar, als die dritte Kandidatin vorgestellt wurde.

An der Bar stand ausgerechnet Ulrich. Er erkannte mich nicht wieder. Er starrte mit leerem Blick zur Bühne, sah aber nichts. Er war unrasiert und hielt ein Bier in der Hand, als wartete er auf irgendwas, und so lange war das hier der beste Ort, um sich aufzuhalten, auch nicht schlechter als jeder andere. Sein Pullover hatte seit dem letzten Mal neue Flecken und Löcher bekommen. Er sah aus wie jemand, von dem die Leute sagen: »Meine Güte, wie lange der es wohl noch macht?«

Er bemerkte mich nicht.

Ich grüßte ihn und erinnerte ihn an gestern Abend. Zuerst dachte er offensichtlich, ich würde mit jemand anderem sprechen, dann drehte er sich zu mir hin und sah mich mit seinen winzigen Körnchen von Pupillen an.

»Verfluchter Scheißlärm!«, sagte er.

Er sagte das wie ein Mensch, der nicht einfach etwas sagt, sondern der Worte benutzt, die er aus einer Zeit vor drei Jahrhunderten hervorholen muss, Worte, die sich zunächst durch die Hirnrinde hindurchkämpfen mussten, wie man sich durch einen Felsgrund hindurchkämpfen muss, bevor sie über die Lippen gebracht werden konnten, selbst stolz darüber, diese Wüstenwanderung gemeistert zu haben.

»Schon lange hier?«

»Grade aufgewacht. Grade gekommen.«

»Spät geworden letzte Nacht?«

»Jede Nacht wird es spät, Mann.«

Kurz und präzise. Wie im alten Film »Ich Tarzan, du Jane?« … »Ich Frankenstein, ich Freund« …

Ulrich ähnelte einer Zeichentrickfigur, die versucht, sich aus der Tinte herauszukämpfen, vielleicht aus einer Junkie-Tinte, die ihn wie eine gigantische Kreuzspinne eingesponnen hatte.

Dann richtete er sich auf, warf seinen Kopf wie ein wildes Pferd zurück, mit einer Art jähem Ruck, als versuchte er, sich selbst an den Haaren hochzuziehen, während er mit einem zitternden Finger auf den Festplatz zeigte:

»Weißt du was, Mann … Das hier habe ich mein ganzes Leben lang angesehen!«

Ich konnte spüren, was er meinte, was er alles meinte: Seine Geste betraf nicht nur das Hafenfest, nicht nur Miss Rodby oder die Stadt Rodby, sondern die ganze Lebensweise, das Schmeicheln der Männer, das Rasseln der Schiffschaukel, das Schäumen der Biere, die idiotischen lustigen Geschichten, die Müdigkeit und Gleichgültigkeit, die Hypotheken und die tägliche Zeitung … Er sah aus, als hätte er sein ganzes Leben lang Menschen betrachtet, und jetzt würde er ihnen Maulwürfe oder vielleicht Makrelen vorziehen. Er sah aus, als wäre es ihm vollkommen egal – oder würde ihn sogar erleichtern – wenn eine Bombe das ganze auflösen würde.

Er seufzte und leerte sein Bier. Dann hob er die Hand und sagte: »Na, dann …«

Ulrich war weg. Aber das war er wohl die ganze Zeit über gewesen, auf die eine oder andere Art.

Als das fünfte oder siebte Mädchen, »Marianne, siebzehn«, vorgestellt wurde, schlüpfte ich ins Hafencafé, um zu telefonieren. Ich hielt es nicht mehr aus: Ich warf das Handtuch. Ich rief im Hotel Rodby an und fragte den Schrankenschmierling, ob Gitte Bristol angekommen sei.

»Einen Augenblick«, sagte er geschäftsmäßig. »Nein, soll ich eine Nachricht hinterlegen?«

»Nein, danke«, sagte ich und legte auf.

Draußen vorm Hafencafé war das Leben zu einem einzigen, blendenden, diffusen Licht geworden, zusammengesetzt aus der Sonne, elektrischen Glühbirnen und blinkenden Lichtern. Die Augen schlossen sich wie zur Abwehr.

Ich blieb einen Augenblick stehen, um die Balance wiederzugewinnen.

Dann umfasste mich ein Arm, und eine Stimme, die ich die letzten Tage nur im Traum gehört hatte, sagte: »Na, da bist du also!«

Ich schaute vorsichtig auf.

Es war wirklich Gitte Bristol.

»Ich bin grade angekommen.«

»Ich habe grade im Hotel nach dir gefragt.«

»Ich habe meinen Koffer am Bahnhof aufgegeben und bin hier runtergegangen. Ich habe damit gerechnet, dass du hier bist.«

»Ja.«

Ich war kurz davor, zusammenzuklappen.

»Was ist los mit dir?«

»Nur so ein … Nur ein kleiner Schwindelanfall. Warte eine Sekunde.«

»O. k.«

Sie hatte kein Wort über mein Gesicht verloren. Das war nett von ihr.

Nachdem ich die Augen öffnen konnte, sah ich sie, kühl und von der Sonne unbeeindruckt in einem weißen Kostüm, aber traurig. Traurig, dachte ich. Sie ist traurig, Ehlers ist traurig, Sørensen war traurig. Wir leben so kurz, und dann müssen wir unser ganzes Leben damit verbringen, traurig zu sein?

»Komm, setz dich«, sagte sie.

Sie führte uns zu ein paar Stühlen, die bei einem Bierzelt frei waren.

Das nächste Mädchen wurde präsentiert. Sie durchfuhr ein Schauer.

»Ich kann so was nicht ausstehen«, sagte sie. »Aber vielleicht damals, als ich achtzehn war ...«

Ihre Stimme verschwand in Pfeifen und Gejohle. Das Mädchen war ein Erfolg.

»Bestellst du mir einen Whisky, ja?«, bat ich. »Dann werde ich wieder klar.«

Sie tat es, und ich tat es, und erst dann sah ich meinen Pflichten ins Auge.

Ein Mann, dessen Gehirn zerschmettert wurde, ist nicht viel wert. Ein Mann, dessen Gehirn zerschmettert wurde, und der dann die Frau, die er liebt, trifft, wird geneigt sein, ihr das zu erzählen.

Aber dazu war nicht die rechte Zeit, nicht der rechte Ort, und ein Kuss auf die Wange würde in keiner Weise bei dem helfen, was ich ihr zu erzählen hatte. Langsam überlegte ich, wie ich es ihr sagen sollte, ohne dass es ihr wehtat, doch dann wurde mir das Problem abgenommen und von ihr selbst gelöst.

»Erzähl mir«, sagte sie, mit einer herumwirbelnden Schiffschaukel über dem Kopf auf dem Weg in den anscheinend leeren Raum, »erzähl mir, was es Neues von meinem Klienten gibt.«

Sie sah nicht aus, als gehörte sie hier auf diesen Festplatz. Sie passte nicht in dieses Bild und diese Geräuschkulisse. Sie sah aus, als hätte sie sich durch Geisterbeschwörung durch eine Mauer hindurch materialisiert und könnte jeden Augenblick wieder verschwinden.

Ich wählte den brutalen Weg:

»Du hast keinen Klienten mehr.«

Ihre Augen wurden groß, rund und mädchenhaft, und ich hätte alles dafür gegeben, sie in diesem Augenblick küssen zu dürfen. Ich berichtete ihr, was geschehen war, während sie in Kopenhagen war.

Sie weinte. Sie weinte lange und intensiv, ohne einen Gedanken an die Umhersitzenden, die uns anstarrten. Die meisten sahen aus, als wären sie fest davon überzeugt, dass ich es war, der so unglaublich niederträchtig und grausam gewesen war. Ich konnte sie denken hören, dass ich sicher ein Sadist sei.

Sie hob ihr Gesicht, dieses wunderbare Gesicht, das sofort meine Finger bis in die Nervenspitzen hinein erzittern ließ, und sagte, während sie sich mit einem Taschentuch die Tränen abwischte: »Entschuldige, ich bin dumm. Aber ... ich habe die ganze Zeit gewusst, dass es so kommen würde.«

»Was meinst du damit?«

»Ich weiß nicht, frag lieber nicht. Aber ich habe die ganze Zeit gewusst, dass es so enden müsste.«

Sie stand schluchzend auf.

»Ich muss mich ein wenig hinlegen«, sagte sie tonlos und untröstlich, ohne jeden Sex in der Stimme, wie ein Zombie. »Ich muss wieder zu mir selbst kommen.«

»Ich komme mit«, sagte ich.

Wir waren ein reizendes Paar, wie wir uns Arm in Arm durch die Menge arbeiteten: eine verheulte Rechtsanwältin und ein angeschlagener Journalist.

Hinter unserem Rücken hörte ich in letzter Sekunde, wie Johansen die Feuerwehrmeistertochter Vivi zur Miss Rodby ausrief.

Aber auch das hatte nicht viel mit Mutterliebe zu tun.

33

Auf dem Rückweg zum Hotel versuchte ich, sie männlich ungeschickt zu beruhigen. Ihr Arm war wie tot, kein kleines Tier lockte mit dem Schwanz unter der Haut. Sie sagte nichts.

Der Schrankenschleimer sah mich vorwurfsvoll an, als ich um beide Schlüssel bat. Auch er war offenbar fest davon überzeugt, dass ich sie zum Weinen gebracht hatte. Ich musste wie jemand aussehen, der sogar erwachsene Frauen in gehobenen Positionen dazu bringt, zusammenzubrechen und zu heulen.

Ich schloss ihr Zimmer auf, legte sie aufs Bett und strich ihr über das dichte schwarze Haar. Das jedenfalls hatte nichts von seiner Vitalität verloren.

»Ich möchte gern allein sein«, sagte sie tonlos zurückweisend, wie ein Tier, dass sich in seinen Bau zurückzieht, um seine Wunden ohne Zuschauer lecken zu können.

»Natürlich«, sagte ich und stand mit einem Druck auf ihre Schulter auf.

Als ich die Tür von außen schließen wollte, rief sie: »Komm noch mal rein. Wohin gehst du?«

»Ich gehe zu mir, telefonieren.«

»Telefonieren?«

»Ich rufe das Bladet an. Ich muss die Neuigkeiten durchgeben.«

»Durchgeben! Der Mann ist tot, und du musst es durchgeben! Du bist vollkommen herzlos.«

»Bin ich nicht. Ich habe eine Art Pflicht zu erfüllen, wie du auch.«

»Du verteidigst keine Menschen.«

»Das habe ich gerade getan.«

»Willst du Preben Sørensen verteidigen?«

»Ich glaube, die meisten Zeitungen werden das. Vor ein paar Stunden war eine Pressekonferenz, und der Polizeidirektor hat eine sehr schlechte Figur gemacht. Selbst wenn der Fall eingestellt wird, werden die meisten sich ihren Teil denken. Es ist schwer zu sagen, was die Leute davon halten werden.«

»Und was glaubst du?«

»Ich weiß nicht, ich habe nur Gerüchte in der Stadt gehört, aber viele glauben nicht, dass Sørensen überhaupt jemanden hätte ermorden können. Aber auf der anderen Seite gibt es immer eine solide Mehrzahl derer, die davon überzeugt sind, dass die Polizei unter allen Umständen Recht hat, weil sie blanke Knöpfe an ihrer Uniform hat.«

»Sie können ihm das doch nicht anhängen.«

»Auf diese Art und Weise wird alles viel einfacher.«

Gitte setzte sich im Bett auf, wieder im Besitz der schwarzfunkelnden Augen, die Eingängen zu geheimnisvollen, wundersamen Höhlen in einer unterirdischen Landschaft ähnelten.

»Meinst du«, fragte sie, »dass der Fall abgeschlossen wird?«

»Abgeschlossen, gekocht, gepökelt, gestempelt, archiviert, katalogisiert und von Nässe und Schimmel in den Kellern des Gerichts aufgefressen. Da kannst du Gift drauf nehmen.«

Sie stand ganz auf, schlank, geschmeidig und wundervoll.

»Ich will ins Gericht und hören, was die vorhaben«, sagte sie kampfbereit. »Wie du gesagt hast: Ich habe meine Pflichten. Ich habe immer noch Pflichten, auch wenn mein Klient tot ist.«

Der Tiger war erwacht.

Aber der Tiger war eine Tigerin, was sie sofort bewies, indem sie anscheinend nachdenklich hinzufügte, mit der Miene eines Tennisspielers, der sich aufwärmen will, bevor der Kampf beginnt: »Ich muss nur erst ins Bad. Ich sehe fürchterlich aus.«

»Und was ist mit mir?«

Ich bekam einen Kuss auf die Wunde, bevor ich sanft, aber bestimmt aus dem Zimmer gejagt wurde.

Wohlbehalten in meinem zwischenzeitlichen Heim Nr. 217 gelandet, rief ich das Bladet an und berichtete der Nachrichtenredaktion von den vormittäglichen Ereignissen in Rodby, wobei ich jedoch, bescheiden wie ich bin, meine eigene Verunstaltung unterschlug.

Danach hatte ich Otzen am Apparat.

»Na, du hast ja reichlich was erlebt, mein Junge«, sagte er zufrieden. »Bist du dir im Klaren drüber, wie viele Jahre es her ist, seit die dänische Polizei jemanden getötet hat?«

»Nein.«

»Ich bin dabei, das zu untersuchen, aber es ist mindestens zwanzig Jahre her, vielleicht noch mehr, bis zurück in die Besatzungszeit. Nicht mal der, der vier Bullen erschossen hat – na, wie hieß er

198

noch? – egal, nicht mal der hat eine Schramme abgekriegt. Nun ja, scheiß drauf, aber es ist gut zu wissen. Und wie geht's dir?«

»Wie geht's dir?« war eine von Otzens Fragen, von denen seine Mitarbeiter inzwischen gelernt hatten, sie als ein Versprechen einer Lohnerhöhung zu deuten, eine Art moderner Ritterschlag. Wenn Otzen plötzlich anfing, Interesse für etwas so Untergeordnetes wie das Befinden von irgendjemandem zu äußern, geschah das immer, weil ihm aufgegangen war, dass dieses Befinden von Bedeutung für das Bladet sein könnte.

»So lala.«

»Geh raus und guck dich in der Stadt um. In deinem Artikel steht, dass Hafenfest ist. Schnupper ein wenig die Stimmung und hör, was die Leute so sagen und erkundige dich, wie sie den Fall beurteilen, falls sie es tun. Wir müssen alles mitkriegen. Am besten bleibst du noch ein paar Tage dort.«

»Hm. Ich vermisse die Großstadt.«

»Quatsch, mein Junge, frische Landluft tut dir gut.«

»Frische Landluft? Du bist nie in Rodby gewesen!«

»Das muss ich zugeben, mein Junge, aber bleib noch ein paar Tage. Du wirst auch nett behandelt, wenn du heimkommst.«

»O. k. Tschüs.«

In Wirklichkeit hätte ich nirgends sonst sein wollen. Jedenfalls nicht, solange Gitte da war.

Wieder in die Stadt. Wieder zum Hafen. Hin und zurück auf derselben kleinen Spielfläche.

Es war später Nachmittag geworden, die Sonne über dem Hafen glühte gelb und rot, eine große Feuerkugel, die aussah, als hätte sie beschlossen, dass zumindest über sie niemand sich beschweren könnte an diesem Tag, wenn auch sonst alle anderen nicht einhielten, was sie versprachen.

Die Stimmung war aufgewühlter als vormittags, als würde die Mischung aus Sonne, Schnaps und Ungezwungenheit jetzt ihren Höhepunkt erreichen, den höchsten Gipfel des Himalayas. Der Fritteusengestank schwappte inzwischen über den ganzen Hafen, und bei jedem Schritt musste man aufpassen, um nicht in Eisreste oder Glasscherben zu treten. Sogar die heimischen Lederjacken waren angekommen, lungerten an der Seite bei der Absperrung herum und blickten in ihren Jeans und schwarzen Jacken mit aufgesprühten Knochen finster auf das Treiben. Wie sie so außerhalb standen, ähnelten sie einem Geierschwarm, der den richtigen Zeitpunkt abwartete, um sich auf seine Beute zu stürzen.

Laute Rufe und Geschrei hallten über den Platz. Ich fand es klug von Johansen, die Miss-Rodby-Wahl so früh anzusetzen.

Auf der Bühne stand Lizzie Lux in einem fischhaut-engen Anzug, so einem, der aussieht, als wäre er auf die Haut gemalt, mit zahllosen glitzernden Perlen, und sang ihren Sommerhit: »Zusammen heut' Nacht«:

Die Tage verschwanden im Wind
doch solang' wir noch zusammen sind
da bist du mein Geliebter allein
und heut' Nacht werden wir zusammen sein –

Der unvermeidliche elektronische Dänische-Tophits-Bass dröhnte monoton mit dem Geräusch eines schlaffen Gummibands über den Festplatz: Bum-dum-bum-dum …

Während ich an dem gleichen Holzschuppen, an dem ich vormittags Ulrich getroffen hatte, ein kaltes Bier trank, kam Nina zu mir:

»Sie hat nicht mehr lange«, sagte sie schwesterlich hämisch mit einem Blick auf Lizzie Lux.

Ich konnte sehen, was sie meinte: Lizzie Lux sah auf die Entfernung sehr flott aus, aber wenn man näher herankam, würde man sicher ein paar Falten am Hals und runzlige Haut hier und da entdecken.

»Das ist eine brutale Branche«, sagte ich. »Das ist wie beim Ballett oder Profiboxen: Nur die Jungen sind zu gebrauchen. Eines Tages stehst du plötzlich da und kannst nicht mehr.«

200

»Viele von denen haben noch nie gekonnt«, erwiderte Nina verächtlich.

»Nun, sie verdienen ihre Miete auf die Art, die ihnen am besten gefällt, das ist alles. Was machst du denn? Bist du so viel besser, Nina?«

Nina antwortete nicht. Stattdessen sagte sie unvermittelt:

»Ich glaube, du bist verliebt.«

Das versetzte mir einen Schlag. War ich so durchschaubar?

»Wenn du so tolerant bist, muss das einen besonderen Grund haben«, fügte sie hinzu. »Frauen können so was riechen.«

»Ihr könnt sicher alles riechen«, bestätigte ich. »Das ist der Grund, warum die Männer so viel Angst vor euch haben.«

»Meinst du?«

»Ja. Hast du deinen Stoff nach Hause geschickt?«

»Ja, aber ich bleibe das Wochenende über hier.«

»Ich auch.«

»Befehl?«

»Befehl.«

Dann, gerade als ich mein Glas hob, gingen ein paar Leute an uns vorbei. Nicht dass das so außergewöhnlich war: Auf Marktplätzen, wie überall, wo Menschen sich versammeln, tun die Leute nichts anderes, als aneinander vorbeizugehen, im wahrsten Sinne des Wortes.

Das Außergewöhnliche war die Zusammensetzung des Paares, das an uns vorbeiging, ohne uns zu sehen und ohne uns eines Blickes zu würdigen.

Der eine Teil des Paares war Ulrich. Der andere war Polizeiinspektor Ehlers.

Beide gingen langsam, Schritt für Schritt und eng umschlungen, wie zwei Saufkumpane.

Aber das taten sie nicht, weil sie besoffen waren. Das taten sie, weil Ehlers Ulrich Handschellen angelegt hatte und ihn vorwärtsschob.

34

Für einen Augenblick stand die Welt still, für einen Augenblick traute sich nicht einmal die stickige Luft, ihre normale Zirkulation fortzusetzen.

Vielleicht war ich es auch nur, der stillstand. Um mich herum ging das tosende Festleben weiter, nicht zuletzt wegen Lizzie Lux, als wäre nichts geschehen.

Das war es ja vielleicht auch nicht. Ehlers konnte Dutzende guter Gründe haben, um mit Ulrich zu sprechen.

Aber die Handschellen …

Sie waren sicher auf dem Weg zum Gerichtsgebäude. Gitte hatte inzwischen bestimmt das Gericht erreicht. Offenbar wollten sich alle beim Gericht treffen.

Es wäre klug von mir, den gleichen breiten Weg einzuschlagen. Aber am liebsten ohne Nina.

Während ich noch überlegte, wie ich sie auf nette Art loswürde, kam Zeuthens lange, knöcherne Gestalt auf uns zu, und sie erstrahlte in einem warmen Lächeln, das sie für einen Augenblick richtig hübsch aussehen ließ, so hübsch, wie eine Frau fast nur aussehen kann, wenn sie verliebt ist.

Es ist merkwürdig, dass die Liebe, von außen betrachtet, sich bei den beiden Geschlechtern so unterschiedlich darstellt, dachte ich. Frauen werden einfach schön durch sie, es ist, als strahle ihr ganzer Körper. Männer sehen dagegen nur dumm und tolpatschig aus, wie kleine Jungs, die mit den Fingern in der Kuchendose draußen in der Küche erwischt werden.

Zeuthen sah indessen überhaupt nicht tolpatschig aus, er sah genauso sachlich und objektiv aus wie immer. Daraus schloss ich, dass er nicht von der gleichen Krankheit wie sie befallen war.

Nicht, dass es einen großen Unterschied für mich machte, abgesehen davon, dass ich Zeuthen gut leiden konnte und ihm jetzt sogar dankbar für sein Auftauchen war.

Es brauchte nur wenige Sekunden, bis Nina ihn am Arm gepackt hatte und mit einem hastigen Gruß zu mir mit ihm verschwand. Wenn Frauen wissen, was sie wollen, sind sie äußerst stark. Solange sie noch nicht sicher sind, was sie wollen, haben wir Männer noch eine Chance.

Ich nutzte meine sofort, mich aus dem Hafenfest zu drängeln, quer durch die Lederjackengang und auf die umliegenden Straßen.

Zum ersten Mal war der Bahnhof fast leer. Zum ersten Mal stand der Staatsrat P. C. S. Schilling nicht in seiner normalen würdevollen Positur: Schilling triefte vor Bier und war mit Glassplittern übersät. Wenn der Bildhauer ihm dazu die Möglichkeit gelassen hätte, hätte er sicher die Stirn gerunzelt; er sah aus, als hätte er das zu seiner Zeit reichlich getan.

Wie immer war das Gerichtsgebäude kalt und ungemütlich.

Keine Menschenseele war zu sehen. Ich blieb einen Augenblick lang in dem Raum stehen, der am Vormittag von der ganzen Presse angefüllt gewesen war und wartete. Der Vormittag war bereits sehr lange her.

Dann hörte ich in einem kleinen Seitenzimmer Stimmen. Nein, nicht Stimmen, eine Stimme, die von Ehlers.

Ich klopfte an und öffnete munter die Tür, ohne etwas in der Richtung gehört zu haben, dass ich hereinkommen sollte und willkommen wäre.

Am Tisch saßen Ehlers und Ulrich. Ehlers hob die Augenbrauen, als er mich sah. Ulrich hob oder bewegte überhaupt nichts, er sah mich nur mit einem verwunderten, verletzten Blick an, als könnte ich es wirklich nicht wissen, was auch immer es war. Plötzlich hatte er eine überwältigende Ähnlichkeit mit Preben Sørensen. Jetzt war er das gejagte Tier. Für einen Augenblick dachte ich daran, wie viele solcher gejagten Tiere es wohl in unserem Land gab, im Westen, in der ganzen Welt.

Ehlers machte mir gegenüber eine abweisende Handbewegung. Dann stand er auf, lehnte sich aus der Tür und rief lauthals nach einem gewissen Mortensen, während er die ganze Zeit zu Ulrich hinübersah.

Ulrich saß da, als dächte er daran, sich nie wieder zu erheben, und als wäre er fertig mit dem ganzen Quatsch.

Mortensen kam. Mortensen war groß, rotbackig und breitschultrig. Mortensen sah für einen Bullen erstaunlich vertrauenserweckend aus. Er ähnelte dem geborenen Bodyguard.

»Pass auf ihn hier auf«, sagte Ehlers leise. »Ich komme in fünf Minuten wieder. Und achte drauf, dass er nicht abhaut. Hier hauen viel zu viele ab!«

»Ich habe den anderen nicht bewacht«, sagte Mortensen, noch einen Deut rotwangiger. »Ich hätte ihn nicht entkommen lassen.«

»O. k.«, sagte Ehlers. »Dann leg dich ins Zeug und beweis es.«

Mortensen ging hinein und stellte sich an die Wand. Ehlers und ich zogen uns in die Nische bei einem der großen Fenster mit matten Glasscheiben zurück, die keinen Sonnenstrahl ohne Ausweis und Personenkennziffer hereinließen.

Ehlers sah aus wie ein Fragezeichen.

»Ich habe euch am Hafen gesehen«, sagte ich.

»Ich habe ihn da unten gefunden«, erklärte Ehlers. »Übrigens habe ich ihn gefunden, weil ich ihn gesucht habe.«

»Verdächtigst du ihn?«

»Wessen?«

»Ja, wessen?«

»Ich kann nichts sagen.«

»Nun komm schon! Ich war dir gegenüber tagelang loyal …«

»Du musst warten.«

»Das ist nicht fair!«

Im selben Augenblick quietschten die schweren Türen des Gerichtsgebäudes in ihren Angeln, und wir beide verstummten unwillkürlich wie zwei schuldbewusste Verschworene.

Herein trat ein Herr mit Hut und leichtem Mantel. Allein an der arroganten Schulterhaltung und dem selbstzufriedenen Ausdruck der Wirbelsäule erkannte ich Preben Sørensens Ankläger, Philip Feuerspiegel, wieder.

Er ging langsam und würdevoll, aber wie jemand, der Heimvorteil hatte und genau wusste, wohin er trat. Er sah uns nicht einmal. Er verschwand sofort hinter der Tür zum Gerichtssaal, und in der steinernen Öde des Gebäudes hörten wir seine Schritte sich langsam entfernen und weit entfernt verschwinden.

Erst dann fuhren wir mit unserem geflüsterten Gespräch fort.

»Er geht zu einer Konferenz«, sagte Ehlers.

»Worüber?«

»Deine Freundin Gitte hat mit dem Polizeidirektor ein Gespräch anberaumt, um über die juristischen Gegebenheiten nach Preben Sørensens Tod zu sprechen, und der Polizeidirektor meinte, der Ankläger müsste auch dabeisein.«

»Müsstest du nicht auch dahin?«

»Nein, denn es ist völlig bedeutungslos, was sie da rausfinden werden.«

»Wieso?«

»Nun ja, ich sage es dir noch einmal: Preben Sørensen hat keine Menschenseele umgebracht. Und noch ehe der Tag um ist, werde ich dir sagen, wer es war.«

»Wahnsinn!«

»Endlich sind die Dinge ins Rollen gekommen. Die Eiterbeule platzt. Das war mein Fehler – ich war zu langsam.«

»Und was ist mit Ulrich?«

»Ich erzähle dir das nur, wenn du mit dem Schreiben wartest, bis ich dir das O. k. gebe.«

»In Ordnung.«

»Ist das ein Versprechen?«

»Ich schwöre auf die Bibel, den Koran, das Telefonbuch, Branchenbuch wie normales Namensbuch, und die Erinnerung an meine Mutter. Nun komm schon!«

»Ich bin überzeugt davon, dass er den ersten Mord begangen hat.«

Ehlers flüsterte immer noch, aber sein Flüstern begann verzerrt von den hohen Wänden widerzuhallen.

Er dämpfte seine Stimme.

»Wir sind die ganze Zeit davon ausgegangen, dass es der gleiche

Täter war, der alle drei Mädchen umgebracht hat. Von der Theorie bin ich jetzt ab. Ich weiß, dass Ulrich einen Mord auf dem Gewissen hat – aber nur einen.«

»Und wer hat die anderen verübt?«

»Das weiß ich noch nicht, das ist erst der Anfang. Aber besser ein aufgeklärter Mord als gar keiner.«

»Wie hast du das rausgefunden?«

Erst als ich die Frage gestellt hatte, wurde mir klar, dass ich genauso autoritätsgläubig war wie alle anderen. Ich ging ohne weiteres davon aus, dass Ehlers Recht hatte.

Ehlers war ja auch nicht irgendwer.

»Mir kam die Idee, als ich sein Alibi überprüft habe. Es stellte sich dabei heraus, dass er auf jeden Fall noch zehn Minuten vor dem Zeitpunkt, von dem wir annehmen, dass Irene Pallock ermordet wurde, im Café Schmied war. Der Barkeeper brauchte ziemlich lange, um sich dran zu erinnern, aber nachdem ich ihn dran erinnert hatte, dass in Kopenhagen noch ein Hehlerprozess anhängig ist und er mehr oder minder auf Bewährung frei herumläuft, wurde sein Gedächtnis sehr viel besser.«

»Und was sagt Ulrich?«

»Er sagt gar nichts.«

»Kein Wort?«

»Kein einziges Wort. Nichts am Hafen, nichts unterwegs, nichts hier drinnen. Er guckt mich nur an und tut, als verstünde er überhaupt nicht, was um ihn herum vor sich geht. Klar, er ist drogensüchtig, das sieht jeder. Und in ein paar Stunden wird es ihm saudreckig gehen, das kenne ich, und dann wird er losbrüllen.«

»Und dann?«

»Dann gehe ich davon aus, dass ich die Verbindung zu den anderen beiden Morden finde«, sagte Ehlers. »Das braucht halt seine Zeit, das ist das Schlimmste an meinem Job. Jetzt heißt es nur, warten.«

»Ich muss jetzt rein«, sagte er abschließend. »Kein Wort zu niemandem, auch nicht zu deiner Rechtsanwaltsfreundin, auch nicht, um ihr eine Freude zu bereiten. Tschüs!«

»Tschüs«, sagte ich.

Er huschte wieder zu Ulrich hinein, und einen Augenblick später kam Mortensen heraus und ging wie ein vornübergebeugter Gorilla zurück in seine Cro-Magnon-Höhle, aus der er gekommen war.

Hinter der geschlossenen Tür konnte ich Ehlers hören, wie er mit langsamer, ruhiger Stimme Fragen stellte. Die Worte verstand ich nicht, nur den Tonfall. Er klang wie ein Sonderpädagoge, der mit einem verwirrten Kind spricht, zu dem er unbedingt Kontakt bekommen will.

Er bekam keine Antwort.

»Das braucht halt seine Zeit, das ist das Schlimmste an meinem Job. Jetzt heißt es nur, warten.« Waren das nicht seine Worte?

Wie recht er doch hatte. Und das betraf nicht nur seinen Job. Es betraf zum Beispiel auch meinen.

Auch Journalisten müssen immer warten. Vorm Gerichtssaal, vorm Parlament, vor Sitzungsräumen der Regierung und Direktionsbüros, in denen Beschlüsse und Abkommen getroffen werden, vor Konzertsälen und Theatern, auf Bahnhofsbahnsteigen und auf dem Flugplatz.

Der Vorteil dabei ist, dass man es nach einer Weile, der Not gehorchend, ziemlich gut kann. Wenn andere Wartende ungeduldig und irritiert werden, ihre Zigaretten nur noch halb aufrauchen und sie im doppelten Tempo ausdrücken, aufstehen, die Beine strecken, herumlaufen und sich wieder hinsetzen, ununterbrochen auf die Uhr starren und sie mit anderen zur Verfügung stehenden Uhren vergleichen, da bleibt der professionell Wartende ruhig wie ein Orientale, der noch achthundert Mal »Aum Mani Padme Hum« singen muss, bis der Reis gekocht wird.

Journalisten müssen verschwinden können, sonst sind sie nichts wert.

Also setzte ich mich auf den Fenstersims, zündete eine verbotene Zigarette an, bedauerte, dass ich keinen Flachmann und kein Buch dabei hatte, und stellte mich auf eine lange, lange, gemütliche Wartezeit zwischen den kalten Steinwänden des Gerichts ein.

Ich hatte zwei Zigaretten geraucht, als zum ersten Mal überhaupt eine Bewegung in der Wüstenlandschaft des Gerichtsgebäudes spürbar wurde. Die Bewegung hatte kein Beduine verursacht, sondern der Staatsanwalt Feuerspiegel, der auf die gleiche Art und Weise ging, auf die er gekommen war, ohne etwas zu sehen, aber mit großer Selbstsicherheit. Er sah sehr beschäftigt aus, so, als wäre er zur Berufsschule gegangen und hätte dort gelernt, wie man sehr beschäftigt aussieht.

Wenige Minuten später kam Gifte Bristol heraus, und etwas in meinem Oberkörper, ein besonderes Organ mit vier Buchstaben, das zu haben viele mir im Laufe der Zeit absprachen, machte einen Satz, als wollte es herausspringen, ihr entgegen, statt auf seinem gewohnten, erkämpften Platz zu bleiben.

Ich folgte seinem Beispiel, überquerte den Flur und legte einen Arm um sie.

»Nun, wie ist es gegangen?«

Sie schüttelte sich, als wollte sie etwas aus ihrem Kopf heraushaben. Dann sagte sie: »Der Fall ist vorläufig vertagt worden.«

Und mit einem Seufzen erklärte sie: »Weil der Staatsanwalt zu viel zu tun hat. Er hat in den nächsten Tagen keine einzige Minute dafür zur Verfügung, hat er gesagt. Er hat nicht damit gerechnet, dass der Fall so viel Zeit in Anspruch nehmen würde. Er wird versuchen, so schnell wie möglich einen Termin für ein neues Treffen bekannt zu geben. Er hat das in einem Ton gesagt, als wenn ich ein kleines Schulmädchen wäre, das angerannt kommt und ihn bei wichtigen Geschäften stört. Wie nur Männer es können.«

»Er ist nicht die beste Reklame für unser Geschlecht.«

»Alle Männer sind so, sie tun ungemein wichtig. Alles, was sie vorhaben, ist verdammt wichtig, und alle anderen müssen auf sie warten.«

»Sind das Erfahrungen aus deiner Ehe?«

»Eine der Erfahrungen.«

»Wollen wir essen gehen?«

»Warum wechselst du das Thema?«

»Du kannst gern weitermachen. Ich habe nichts Bedeutendes dazu zu sagen.«

»Bist du auch so?«

»Ich glaube nicht«, antwortete ich und versuchte ernsthaft, ehrlich zu sein, so ehrlich man nur der gegenüber sein kann, die man liebt, aber nie der gegenüber, von der man nur glaubt, sie zu lieben, oder so tut. »Ich habe in der Regel eigentlich nichts Wichtiges vor. Ich habe keine Karriere in der Gesellschaft gemacht und auch nie im Traum daran gedacht, und ich gehöre keinem Vorstand an, nicht einmal dem der Pensionskasse im Journalistenverband. Wenn du die etwas tolpatschige Formulierung entschuldigen willst: Ich war nie der Meinung, dass das, was wichtig ist, wirklich besonders wichtig ist. Wenn ich wählen könnte, dann würde ich am liebsten nichts anderes tun, als mich mit den Händen in der Hosentasche herumtreiben, die Straßen, Häuser und Menschen betrachten und so viel Musik wie möglich hören.«

»Du redest wie ein Hippie«, sagte sie.

»Das ist möglich«, antwortete ich. »Aber dazu bin ich zu alt. Und außerdem kann ich es nicht ab, in Jeans und T-Shirt herumzurennen. Wollen wir jetzt endlich aus diesem Scheißgericht raus?«

»Ja, gut.«

Aus dem Zimmer, in dem Ehlers und Ulrich saßen, war kein einziger Laut zu hören. Sie warteten offenbar immer noch.

»Warum bist du dann Journalist?«, fragte sie unbarmherzig, während wir hinausgingen. Die Zeit für die großen, tiefgründigen Geständnisse war offenbar gekommen. Bei jeder Frage konnte ich hören, dass ich jetzt ein Fall war, der gründlich untersucht werden musste. Manchmal sind Frauen so.

Aber wir kamen hinaus, und endlich gab es die Chance, Atem in einer einigermaßen frischen Luft zu schöpfen, die nicht nach toten Dokumenten mit Urteilsverkündigungen roch. Die Kraft der Sonne hatte nachgelassen, aber ein schwacher Hauch von ihr hing noch auf allem, wie eine Eidechse, die verschwunden ist, jedoch ihren abgebrochenen Schwanz als Erinnerung und Beweis ihrer Existenz hinterlassen hat, so, wie die Sonne es sonst eigentlich nur im »Indian summer« im September tut.

Der Lärm vom Hafenfest war schwächer geworden. Sicher waren viele nach Hause gegangen, um ihr Samstagsessen zu verspeisen.

Ich riss mich zusammen und antwortete auf ihre Frage.

»Weil ich Miete zahlen muss, weil ich gern ein Bett zum Schlafen und einen Stuhl zum Sitzen und einen Plattenspieler für meine Schallplatten haben möchte«, sagte ich. »Und weil ich wert auf eine warme Mahlzeit am Tag lege, und das solltest du auch. Wollen wir jetzt essen gehen?«

Sie nahm mich bei der Hand.

»Nein, noch nicht«, fast flüsterte sie. »Erst hinterher.«

Und mit diesen Worten führte sie mich schnurstracks zum Hotel, in ihr Zimmer und in ihr Bett.

Man soll nicht behaupten, dass Frauen nicht vergewaltigen können, sie haben nur ihre eigene weibliche Art, es zu tun. Außerdem kann höchstens ein Mann von tausend dem widerstehen, und der ist in der Regel nicht besonders viel wert.

Die Luft strömte durch das Fenster in ihr Zimmer und umspielte die Körper wie eine neue, sinnliche Seidenart. Ihre Haut war so weich und so elektrisch wie ein Katzenfell. Sie war geladen, vollkommen bereit, sich zu paaren, wie eine Blume, die ihre Blütenblätter öffnet oder eine Larve, die ihre Puppe sprengen will, so absolut auf das eine eingestellt, wie Frauen – und auch Männer – es nur bei jedem tausendsten Mal sind.

Sie biss, zerrte und trat um sich. Sie rollte, drehte sich und drückte. Sie bewegte sich hin und her, züngelte und war mal über mir, dann wieder unter mir, dann neben mir, anscheinend an allen Stellen gleichzeitig.

Es war, als sähe ich in eine verzauberte Welt. Es war, wie aus einem Gefängnis entlassen zu werden. Es war, als erhöben sich gleichzeitig zehntausend Vogelschwingen von einem seit langem vergessenen Moor. Es war, als hätten sich zwei Dinosaurier vor vielen tausend Jahren in einer Tropfsteinhöhle gefunden und entdeckten langsam und voll Feuereifer zum ersten Mal dieses Geheimnis, das zum Fortbestand der Art führte. Es war, als könnte nichts anders sein und nichts wieder so sein wie früher. Hinterher war es, als wäre eine Ewigkeit vergangen. Hinterher war es, als gäbe es nichts mehr zu sagen oder zu tun. Hinterher lag ich auf dem zusammengeknüllten Laken, schaute für einen Moment mit tanzenden blauroten Orgasmusflecken vor den Augen aus dem Fenster und dachte, wenn man denn schon sterben muss, dann wäre es gut, jetzt zu sterben. Etwas Besseres würde nicht mehr kommen, niemals könnte etwas Besseres kommen.

»Ich habe Hunger!«, sagte Gitte plötzlich mit anklagender Kleinmädchenstimme, als ob irgendjemand schon seit langer Zeit daran hätte denken müssen. Sie saß halbwegs aufrecht und fuhr sich durch die Haare, gegen die Bettkante gelehnt, während ihre runden Brüste sich nach vorn warfen und die Brustwarzen die Form von Augen annahmen, da sie leicht nach oben zeigten, aufwärtsstrebend, abstehend wie Beeren an einem Busch.

Es gibt Erscheinungen, die man nicht bloß sehen kann, Erscheinungen, die in Handlung umgesetzt werden müssen.

Der brünstige Stier, das brünstige Pferd, der brünstige Löwe sprang vor.

Die Löwin, die Tigerin, die Leopardendame lächelte ihr uneingeschränkt akzeptierendes und trotz der Lust leicht überhebliches Lächeln. Die weibliche Spinne hieß willkommen in ihrem Netz. Die Krokodilin öffnete ihr Maul.

Hinterher lagen wir Seite an Seite und atmeten in ganz langsamem Züge, die tief aus dem Unterleib kamen.

»Ich liebe dich«, sagte ich.

»Ich mag dich gern«, sagte sie.

Jeder Vogel redet, wie ihm der Schnabel gewachsen ist.

Wir standen auf und zogen uns an.

»Sich anziehen« sagt gar nichts, eine tägliche Routinehandlung, eine Zeremonie, die man automatisch im Dunkeln oder im Schlaf ausführen kann, aber dieses Ankleiden war immer noch von dieser heraufbeschworenen Magie beschützt, einer Magie, die fast zu groß und zu handgreiflich für das Zimmer war, in dem sie sich befand. Es schien, als verbreite das Licht – wie der Weihnachtsbaum der Kindheit – Feierlichkeit. Als sie sich ihren Slip anzog, musste ich den Saum an ihrem Bauch küssen, als sie die Bluse anzog, wiederum die feste Rundung ihres Nackens …

Wir gingen wieder hinaus, unverwundbar, unsichtbar umgeben von einem beschützenden Mantel aus Glück.

Für einen kurzen Augenblick wünschte ich mir, so sollte es immer bleiben, dass wir für alle Zeit hier im Hotel Rodby bleiben und alles andere seinen holprigen Gang gehen lassen könnten, auf den ganzen Scheiß pfeifen und uns für ewig in einem Doppelbett mit Blick über die Hausdächer tummeln könnten, während sanfte Luft durch die Fenster hereinströmte.

Gitte dagegen war bereits wieder dabei, praktisch zu denken. Frauen reißen sich schneller zusammen als Männer.

»Ich muss nur kurz im Büro anrufen«, sagte sie. »Wartest du hier im Empfang auf mich? Hier, nimm meinen Schlüssel mit.«

»Ist es sehr wichtig?«, fragte ich, um sie zu ärgern.

Sie machte einen Schmollmund. Dann ging sie und wählte mit ihren langen, geschmeidigen Fingern die Nummer.

Ich selbst latschte zu dem unvermeidlichen Schrankenschipper rüber. Wie üblich ähnelte er einem skeptischen Passkontrolleur in einem osteuropäischen Land.

»Da ist eine Nachricht für Sie«, sagte er und griff in mein kleines, bescheidenes Postfach.

Die Nachricht war ein roter Zettel von einem dieser Notizblocks, die man dafür benutzt. Sie lautete in aller Bescheidenheit: »Ruf bitte gegen einundzwanzig Uhr im Gericht an. Ehlers.«

»Danke«, sagte ich mit ausgesuchtem Sinn für das, was sich gehört. »Wie spät ist es?«

Ich hatte keine Ahnung. Es war eine kurze Nacht gewesen, und ein langer, merkwürdiger Tag.

Es war erst 19.30 Uhr.

Ehlers musste seine Pläne haben. Und er musste sich dabei sehr sicher sein.

Oder ich sollte nur etwas für ihn erledigen.

Mein Magen zog sich zusammen. Es war mindestens vierundzwanzig Stunden her, seit er bekommen hatte, was er haben wollte.

Gitte kam aus der Telefonzelle, frisch, aktiv und lebendig, als schwebte sie über den Boden. »Nun«, fragte sie, »wollten wir nicht ein Steak essen?«

Das wollten wir.

Ein Steak in Rodby.

Ein Steak, damit der allzu menschliche Körper eine weitere Nacht überleben und atmen konnte.

36

Es wurde ein ruhiges Essen bei Wein & Brot. Ein ruhiges Mahl, während der Lärm vom Festplatz erneut anhub und sich über die Stadt ausbreitete.

Wie lange waren wir schon in Rodby? Seit dem 1. Mai, Mittwochnachmittag, als wir mit dem Flugzeug ankamen, Donnerstag, Freitag, heute Samstag, der 4. ... Vier Tage, das war alles. Vier Tage und vier Tote. Vier abgerissene Kalenderblätter und vier steifgewordene Leichen.

»Woran denkst du?«, fragte Gitte.

»An den Fall«, antwortete ich.

Sie bekam wieder den traurigen Gesichtsausdruck.

»Ich habe das Gefühl, er wird nie aufgeklärt«, sagte sie. »Dieser Polizeidirektor ist genauso unfähig wie arrogant.«

»Er ist nicht allein dran.«

»Woran denkst du?«

»Ehlers.«

»Du hältst viel von ihm?«

»Das würdest du auch, wenn du ihn kennen würdest. Er sagt, er hat eine Spur und geht davon aus, dass er noch heute Abend 'ne ganze Menge rausfinden wird.«

»Wirklich?«

Ein Hoffnungsschimmer unter den sanften Augenwimpern.

Ich hätte sie wohl bis zu einem fast hypnotischen Schlaf beruhigen können, wenn ich ihr hätte erzählen können, was Ehlers gesagt hatte, aber ich durfte nicht. Ein Versprechen ist ein Versprechen, selbst für einen Journalisten, selbst für einen Journalisten vom Bladet.

Genau um einundzwanzig Uhr, als wir beim Kaffee saßen, erhob ich mich während eines Gesprächs über den Fernen Osten und ging hinaus, um zu telefonieren. Ich fand die Nummer des Gerichts, es war ein mehrfaches Klicken zu hören, und dann sagte Ehlers' Stimme trocken: »Hallo.«

»Hallo«, antwortete ich inspiriert. »Ich rufe wie verabredet an. Hast du jetzt 'nen Job in der Telefonzentrale?«

»Das Gericht ist geschlossen, deshalb hat man mir auf mein Bitten hin eine offene Leitung für meine Untersuchungen bewilligt«, erklärte er gedehnt, mit Sarkasmus in der Stimme, »und die kommen voran. Stell jetzt weiter keine Fragen, versuch so diskret zu sein wie ein Einbrecher, der sich einer Villa nähert, ohne zu wissen, ob jemand zu Hause ist. Wo bist du?«

»Bei ›Wein & Brot‹. Ich esse gerade.«

»Das muss ich eines schönen Tages auch mal wieder machen. Bist du allein, oder hast du die ganze Meute bei dir?«

»Viel besser. Ich bin allein mit meinem Anwalt.«

»Gut. Hör zu: Gib ihr einen lieben Gute-Nacht-Kuss, und dann treffen wir uns in einer Stunde auf dem Markt, sagen wir, vor dem Denkmal.«

»Vor Schilling?«

»Heißt er so?«

»Wusstest du das nicht?«

»Ich bin Polizeibeamter. Ich bin hier als Polizeibeamter. Und bisher gab es noch keine fünf Minuten, in denen ich nicht unbedingt Polizeibeamter sein musste.«

»Ich werde dir ein andermal seine Geschichte erzählen.«

»Ein andermal, nicht heute. Heute Abend bin ich dran, dir eine Geschichte zu erzählen. Oder besser gesagt, eine dritte Person, die uns beiden eine Geschichte erzählen soll – das hoffe ich jedenfalls.«

»Warum erst in einer Stunde?«

»Ich habe noch ein paar Kleinigkeiten zu erledigen.«

»Hat er was gesagt?«

»Keine Fragen, habe ich gesagt. Treffen wir uns in einer Stunde. Ich habe in der Zwischenzeit noch viel zu tun. Tschüs.«

Er legte auf.

Jedenfalls konnte Ehlers für Spannung hinsichtlich seiner Pläne sorgen.

»Mit wem hast du telefoniert?«, fragte Gitte mit angeborener menschlicher Neugier, als ich an den Tisch mit dem immer noch duftenden Kaffee und ihren immer noch gleich großen, dunklen, alles aufsaugenden und verschlingenden Augen zurückkam.

»Mit Ehlers«, sagte ich. »Er braucht mich heute Nacht. Vielleicht sind das gute Neuigkeiten. Vielleicht hat er, was er braucht. Er klang jedenfalls äußerst sicher.«

»Kann ich mitkommen?«

»Ich glaube nicht, dass ihm das gefallen würde.«

»Das ist doch typisch für euch Männer. Ihr müsst immer kleine, geschlossene Männerclubs bilden.«

»Das hier ist kein Club. Sicher braucht er mich nur.«

»Wofür?«

»Vielleicht als Stenograf, das hat er schon mal gemacht. Ich kann schnell schreiben, zumindest das.«

»Du hast keine Ahnung, wie wichtig das hier für mich ist«, sagte sie, überredend, eindringlich.

Ich würde ihr überhaupt nichts verweigern – und wenn sie den Mond selbst forderte, dann würde ich einen ernsthaften Versuch machen, diesem näher zu kommen und ihn zu überreden, mit ins Hotel zu kommen, einen Drink zu nehmen und die tollste Frau aller Zeiten zu treffen. Aber Ehlers war nicht so romantisch. Ehlers war nicht verliebt in sie.

»Das ist wie am Morgen nach unserer Ankunft«, sagte ich. »Kannst du dich noch dran erinnern, als ich dich gefragt habe, ob ich mit ins Gericht kommen könnte, und du erwidert hast, dass das deine Arena ist?«

Sie nickte.

»Weißt du, warum das für mich so wichtig ist?«, fragte sie leise. Ich schüttelte den Kopf. Meine Gesundung machte immer weitere Fortschritte. Jetzt tat es nicht einmal mehr weh, wenn ich den Kopf schüttelte.

»Ich habe einen kleinen Bruder«, sagte sie. »Einen debilen kleinen Bruder. Einen, der nicht Rechtsanwalt ist. Fast die Kopie von Preben Sørensen, mit fast dem gleichen Blick wie er. Ich, ich kann nicht anders, ich muss die ganze Zeit an ihn denken.

Ebensogut hätte er es sein können, aber er hätte zumindest eine Familie. Preben Sørensen hatte gar nichts.«

»Hast du dich deshalb so um ihn bemüht?«

Plötzlich gab es ein paar Szenen, ein paar Betonungen in ihren Äußerungen der letzten Tage, die ich jetzt besser verstand.

Gitte stand auf. Die Restaurantuhr zeigte 21.15 Uhr.

»Ich gehe ins Bett«, sagte sie. »Der große, starke Junge will raus zum Spielen, dann geht das liebe kleine Mädchen ins Bett und schläft. Aber du versprichst mir, mich zu benachrichtigen, wenn was passiert ist, ja? Egal, wie spät es ist. Ich werde schon aufwachen. Ich warte auf dich.«

»Ich bring dich nach Hause«, sagte ich.

Ich bezahlte, und wir gingen hinaus in den Abend.

Der Mond war aufgegangen und hing groß, voll und rund und beschien alle Geheimnisse. Die Hitze hatte sich in den gleichen, alles durchdringenden sanften Lufthauch verwandelt, den wir auf unserer Haut im Hotelzimmer gespürt hatten.

Die Fußgängerzone war voll mit kleinen Grüppchen auf dem Weg von oder zu einem Restaurant oder einer Kneipe, auf dem Weg vom oder zum Festplatz. Überall waren lustige Sprüche und lautes Rufen zu hören. Hier und dort standen Jugendliche und nicht mehr so ganz Jugendliche in den Geschäftseingängen und waren zärtlich zueinander. Hände verirrten sich unter vorsichtig zustimmendem Kichern an die absonderlichsten Orte.

Vor dem Kino stand ein großes Schild: »Geschlossen wegen Sommerfest. Wiedereröffnung Montag mit ›Sommer und Spaß‹« – eine brüllend komische dänische Posse mit den populärsten dänischen Schauspielern.

»Sommer und Spaß«. Das will ich aber auch meinen.

Ich küsste sie fest und innig, bevor sie hinaufging. Ich küsste sie, als sollte ich sie nie wiedersehen oder als dürfte ich sie nie wieder küssen. Ich küsste sie, als wäre sie das Einzige, was auf dieser Welt wert war, geküsst zu werden.

Dann war sie fort, verschwunden hinter den ehrwürdigen Mauern des Hotels. Den Mauern, hinter denen wir …

Der Mond grinste höhnisch, und es sah aus, als wäre Staatsrat Schilling seiner Meinung.

Es war erst 21.30 Uhr. Ich machte noch einen Abstecher zum Hafen.

Der Wahnsinn hatte seinen Höhepunkt erreicht. Sobald man die Absperrung überwunden hatte, wurden die Ohren von einem massiven elektrischen Gebrüll getroffen. Sebastian & seine Enkel waren voll dabei, fürs Asphaltballett der Jugend aufzuspielen.

Aber alles da mit dem jungen Fleisch
Das lass ich lieber sein
Du kannst es mir gern glauben
Oh nein, oh nein, oh nein –

donnerte es über den Platz, vierstimmig gesungen, während eine
jaulende, übersteuerte Gitarre versuchte, die tieferen kosmischen
Dimensionen in dieser Aussage anzudeuten.

Rodbys Jugend schwitzte vor der Bühne, immer zu zweit, wie
es sich gehört, jedenfalls meistens, vereinzelt ein paar Mädchen in
einem Pulk, an anderer Stelle eine vorurteilsfreie Hochschulgruppe
in einem kollektiven Gruppentanz und hier und da einzelne besoffene Männer in vorgeschrittenerem Alter, die mit hochrotem Kopf
versuchten, sich daran zu erinnern, wie sie in den Fünfzigern ihre
Freundinnen im Schlachthof herumgewirbelt hatten. Nur waren die
Freundinnen in der Zwischenzeit schwerer geworden und sie selbst
nicht mehr so muskulös.

Die Rocker tanzten nicht, sie standen am Rand und betrachteten
das Geschehen anscheinend mit höchster Verachtung. Drei Polizisten und drei Feuerwehrleute standen am linken Bühnenrand und
teilten sich offensichtlich den offiziellen Überblick und die Verantwortung.

Girls sind am schönsten im Bikini
doch ich halt' noch mehr vom Mini

Gute dänische Markenschlüpfrigkeit.

»Da ist er! Er bringt die Leute um! Er hat kalte Augen!«

Die alte Hexe aus der Fußgängerzone stand direkt vor mir und
bedrohte mich wie schon vor ein paar Tagen, während sie fieberhaft versuchte, die Aufmerksamkeit der Umherstehenden auf sich
zu ziehen.

Die am nächsten Stehenden kicherten nachsichtig.

Einer von ihnen sagte: »Es sieht eher so aus, als würden die
Leute versuchen, ihn umzubringen.«

Zwei andere lachten.

Dann treffen wir uns auf einen Tee oder zwei
Und sind wir erst einmal dabei

sangen Sebastian & seine Enkel.

Ich hielt es nicht mehr aus. Ich verließ den Festplatz und schüttelte mit einem schnellen Sprung ins Gebüsch einen Mann ab, der seinen Arm um meine Schultern gelegt hatte und mir eine Geschichte aus seiner Jugend erzählen wollte, als er in Amerika war und die großen Prärien gesehen hatte.

Zwei Meter weiter entkam ich einem Mann, der sich gleichzeitig über meinem Hosenbein übergeben und mich um einen Zehner anbetteln wollte.

Der Mond schaute höhnischer als je zuvor, als ich zum Markt zurückging. Es schien mir, als hätte er allen Grund dazu. Wenn ich der Mond wäre und diese Show schon so lange hätte betrachten müssen, hätte ich sicher schon vor langer Zeit Selbstmord begangen.

37

Ehlers stand wie verabredet beim Denkmal und wartete, so unbeweglich, als stünde er selbst Modell für eins.

»Gut, dann lass uns gehen«, sagte er. Seine Stimme zitterte vor unterdrückter Anspannung, Stimmen verraten mehr als der Körper.

»Wohin geht's?«

»Zum Taubenschlag.«

Zehn Minuten später waren wir in der Schmiedgasse, einer leeren Schmiedgasse mit einem ebenso leeren Mond. Ehlers nickte dem wachhabenden Polizisten zu, ein Fabrikneuer. Wir gingen hinein und klingelten bei Annie Andersen.

Annie Andersen hatte anscheinend, wie viele in Rodby, den Abend vor dem Fernseher verbracht. Ein paar horrorfilmartige Laute – als ob der Fremde, von Wölfen verfolgt, gerade bei Graf Draculas Schloss angekommen wäre – drangen durch die Tür, bevor sie abschaltete und uns öffnete.

Sie trug immer noch den gleichen blauen Hausmantel, aber etwas war mit ihr geschehen: Sie sah älter aus. Zehn Jahre älter, zwanzig Jahre älter. Es war etwas geschehen, das im Laufe olympischer Rekordzeit ihre Haut in Falten gelegt und den Glanz von ihren Augen genommen hatte, etwas, das nur noch einen Schatten dessen hinterlassen hatte, was sie zuvor gewesen war. Selbst ihre Fülle schien verschwunden zu sein.

Sie führte uns zu der Sitzecke um den abgeschalteten Fernsehapparat. Es gab nicht viel Licht im Wohnzimmer, aber das war auch nicht nötig, der Abend war immer noch hell, hatte sich nur ein wenig bezogen, so als könne Regen aufziehen. Von meinem Sessel aus konnte ich den Eingang zum Café Schmied sehen, wo nichts geschah.

»Nun«, sagte Ehlers. »Sie schulden uns noch eine Erklärung, nicht wahr?«

Sie nickte schweigend, oder richtiger: Sie beugte sich gleichzeitig entgegenkommend und widerwillig vor und zuckte anmutig die Schultern, als wollte sie sagen, dass man es von seinem Standpunkt aus gewiss so sehen konnte, aber der war ja nicht der einzige, der existierte.

Sie ging langsam zur Bar und mischte zwei Gin-Tonic. Sie reichte mir den einen, nippte an dem anderen, warf einen Blick aus dem Fenster und setzte sich dann aufs Sofa, wobei sie ihren Hausmantel glattstrich – eine vollkommen überflüssige Bewegung, die sie auch sofort aufgab, um stattdessen eine Filterzigarette zwischen ihren Fingern zu platzieren.

»Als Sie anriefen, war mir klar, dass Sie alles wissen«, sagte sie, langsam, als müsste sie nach jedem einzelnen Wort suchen oder als versuchte sie, Zeit zu gewinnen.

»Er hat gestanden«, sagte Ehlers tonlos. »Ich will Sie nicht hinters Licht führen. Sie können mit ihm sprechen, wenn Sie wollen, aber er hat den Mord gestanden und sein Geständnis unterschrieben.«

»Haben Sie ihm etwas getan?«

»Ich habe ihm nichts getan«, entgegnete Ehlers schroff. »Ich habe ihn festgenommen, ihn verhört und sein Geständnis gekriegt.

Er war total in Panik, als ich ging, krank und verschwitzt, aber ich habe dafür gesorgt, dass ein Arzt zu ihm kam. Er hat einen Schuss bekommen, sodass er schlafen kann.«

»Wird er verurteilt?«, fragte sie.

»Ich bin weder Richter noch Anwalt«, antwortete Ehlers. »Aber schließlich hat er einen Mord begangen.«

»Er war nicht bei Verstand«, versuchte sie ihn zu verteidigen.

»Der Einzige, der bei Verstand ist, wenn er mordet, ist der professionelle Killer«, erwiderte Ehlers. »Aber ihn kann ich zur Not noch verstehen, schwerer fällt es mir bei den anderen. Aber nun kommen Sie, Sie sind dran.«

»Ich weiß nicht, wo ich anfangen soll.«

»Dann tue ich das. Ulrich war in Irene verliebt, nicht wahr?«

»Ja.«

»Und Irene hat ihm den Stoff besorgt. Vielleicht hat sie ihn auch an die Spritze gebracht?«

»Das glaube ich nicht. Ich weiß es nicht.«

»Seit wann ist er schon süchtig?«

»Vielleicht seit einem Jahr, ernsthaft. Vorher war es nur eine Art Spaß …«

»Spaß?«

»Um es mal auszuprobieren. Sie wissen doch, wie die Jungen so sind …«

»Haben Sie eine enge Beziehung zu ihm?«

»Sie hören sich an wie einer vom Jugendamt, Nein, habe ich nicht. Um es zu sagen wie es ist: Er hasst mich.«

»Er hasst Sie?«

Ehlers sah wie ein gewissenhafter Zahnarzt aus, wie er jedes Wort einzeln aus ihrem Mund hervorzog.

»Hasst mich oder verachtet mich, das ist ja egal.«

»Warum?«

»Das können Sie nicht verstehen.«

Sie sagte es ohne Spur von Bitterkeit oder Andeutung von Häme. Sie wusste einfach, dass es so war: Ehlers würde es nicht verstehen.

»Ich möchte es gern versuchen.«

»Dazu gibt es keinen Grund.«

»Ich möchte den Dingen hier gern auf den Grund gehen.«

»Ja, ja«, antwortete sie mit müder Stimme. »Das kann ja egal sein – jetzt.«

Das letzte »jetzt« kam erst nach einer langen Pause, als wäre es die Schlussfolgerung aus allem anderen, und es war so merkwürdig betont worden, dass Ehlers und ich uns gleichzeitig aufrichteten und einander ansahen.

»Ich werde es versuchen«, sagte sie, mit einer Stimme, so gedämpft wie die Beleuchtung. »Mir selbst war das Schicksal nicht besonders gnädig, das ist kein Geheimnis, doch das ging niemanden etwas an. Aber ich werde es versuchen.«

Sie zündete sich erneut eine Zigarette an. Ihr Blick war fern, sie war weit weg. Sie ahnte nicht, dass sie sich diese Zigarette angezündet hatte.

»Ich will es für Sie nicht in die Länge ziehen«, sagte sie. »Es reicht, wenn ich sage, dass ich eine schäbige Kindheit hatte. Sie können sich Rodby zu der damaligen Zeit nicht vorstellen, es war eine ganze andere Stadt als heute. Zur Hälfte Villen reicher Leute, zur anderen Hälfte eine lange Reihe kleiner, niedriger Hütten zum Hafen hinunter. Von dort stamme ich, aus den Hütten, durch die jeden Tag der Wind pfiff. Mein Vater war Seemann und verschwand spurlos, niemand wusste, ob er tot oder in irgendeinem Hafen abgehauen war. Meine Mutter begann als Putzfrau und endete als Hure. Das waren die beiden Möglichkeiten, die es gab, und zwischen beiden war kein großer Unterschied.

Ich kam nicht in die gute Schule, ich kam nicht aufs Gymnasium, ich kam nirgends hin.

Ich sage Ihnen, damals in Rodby gehörte man entweder zur feinen Gesellschaft oder nicht, und wenn nicht, dann gab es eine ganze Menge Dinge, die man sich von vornherein aus dem Kopf schlagen konnte.

Entschuldigung, ich schweife wohl doch ab.«

»Überhaupt nicht«, entgegnete ich.

Während ich ihr zuhörte, hatte ich aus dem Fenster gestarrt. Eine sanfte Dunkelheit brach herein, ein leicht melancholisches Zwielicht, das sich wie ein Spinnengewebe über die Schmiedgasse senkte. Das passte so ausgezeichnet zu der Geschichte, die sie uns erzählte, eine Geschichte, die sie fast auf die gleiche Art und Weise erzählte, wie ihr Sohn einen Blues auf seinem Saxofon erzählt haben würde.

»Nun ja, aber ich fand ziemlich schnell heraus, dass die Jungen in der Schule mich mochten, und die erwachsenen Männer auch. Damit war alles klar. Ich setzte das Leben meiner Mutter fort. Auf diese Art und Weise kam ich auch in engeren Kontakt mit den feinen Leuten. Ich kam ihnen näher, als ich je gedacht hatte.«

Sie klang halbwegs bitter, halbwegs triumphierend, als hätte sie trotz allem etwas erreicht.

»Dann wurde ich gerettet«, sagte sie schnell, als müsste sie jetzt, wo sie angefangen hatte, baldmöglichst fertig werden. »Es war die alte Geschichte. Einer meiner Kunden verliebte sich in mich. Nun ja, verliebt ist vielleicht zu viel gesagt – ich weiß nicht, ich habe es nie gewusst. Na, jedenfalls, er hat mich gekauft.«

»Er hat Sie gekauft?«

Ehlers – immer zu einem Einwurf bereit. Ehlers – nun lass uns mal weiterkommen.

»Ja, er hat mich gekauft. Er war verheiratet gewesen, und seine Frau war gestorben. Er hatte es nicht leicht. Er hatte es vor allem sexuell reichlich schwer. Er konnte nicht, oder er konnte jedenfalls fast nicht. Ich habe es geschafft, ihn glauben zu lassen, dass er konnte, deshalb kam er so oft. Und zum Schluss meinte er, das Ganze wäre einfacher, wenn er mich heiraten würde.«

Sie sprach jetzt vollkommen unpersönlich, als wäre sie an den Dingen, von denen sie sprach, überhaupt nicht beteiligt, als würde sie eher ein paar Freunden einen Film erzählen, den sie im Kino gesehen hatte und den diese nicht kannten.

»Er war zwanzig Jahre älter als ich. Er besaß die Bischofsbodega

und andere Häuser sowie sein eigenes Haus mit einer Aufwarte-
frau, einer wie meine Mutter, die jeden Morgen kam, die Boden
wischte und die Aschenbecher ausleerte.

Dass Sie mich nicht missverstehen: Ich klage ihn nicht wegen
irgendwas an. Irgendwie war das schon in Ordnung. Ich hatte etwas, das er wollte, und er hatte etwas, das ich wollte. Er befreite
mich von zufälligen Kunden und allzu besoffenen Handelsvertre-
tern aus dem Hotel. Dafür bekam er eine Puppe, die ihn genau
so nehmen konnte – und sollte –, wie er genommen werden
wollte. Er war alt genug, um zu wissen, dass das seine letzte
Chance war.

Aber er behandelte mich immer wie eine Hure. Er erlaubte mir
nicht, einen einzigen Augenblick zu vergessen, dass er mich gekauft
hatte. Das war die einzige Art, wie er konnte.«

Erneut versank sie, um eine Zigarette anzuzünden. Dann richtete
sie sich wieder auf und fuhr fort, als würde es jetzt reichen:

»Wie Sie sehen, habe ich es nicht leicht gehabt, und was andere
nicht geschafft haben, für mich kaputt zu machen, habe ich allein
geschafft. Mein Sohn ist das Einzige, was ich habe, und ihn habe
ich auch nicht sehr lange gehabt … und jetzt nehmen Sie ihn mir
weg.«

Ehlers hob abwehrend die Hände.

»Immer mit der Ruhe«, sagte sie schnell. »Ich werde schon nicht
losheulen, ich weiß besser als manche, dass Männer beim Anblick
heulender Frauen wahnsinnig werden.«

Ein leichter Nieselregen setzte ein.

Annie Andersen stand auf und füllte unsere Gläser von neuem.

»Ich hätte auch gern einen«, sagte Ehlers plötzlich, laut wie ein
Pistolenschuss in die Stille. »Danke.«

Sie lächelte ihn betrübt an, als sie sich setzte.

»Keine hübsche Geschichte, nicht wahr?«, fragte sie.

»Bei der Polizei hören wir kaum hübsche Geschichten«, antwortete er. »Es gibt sie sicher, aber die bekommen andere Leute zu
hören.«

224

»Ja, und es sind andere Leute, die sie erleben«, antwortete sie müde.

Auf eine bestimmte Art verstanden die beiden sich ausgezeichnet, dachte ich von meinem stillen Platz aus. Auf eine bestimmte Art könnten die beiden gute Freunde sein, wenn nicht mehr.

Vielleicht dachte Ehlers genauso. Vielleicht fuhr er gerade deshalb so resolut fort:

»Aber Ulrich hat Irene Pallock umgebracht und es gestanden. Ich glaube nicht, dass er Majken Green und Lisbeth Holgersen umgebracht hat, auch wenn er nichts darüber sagen will. Ich glaube, die beiden sind von jemand anderem ermordet worden, von jemandem, der Ulrich decken wollte. Ich glaube, dieser andere ist aus irgendeinem Grund in Panik geraten – oder besser gesagt, aus dem ganz bestimmten Grund, dass Preben Sørensen geflohen war. Ich glaube, dieser andere hätte Sørensen am liebsten hängen gesehen, und dann beging er den zweiten Mord und konnte nicht mehr zurück. Ich bin fast sicher, dass dieser andere was mit dem Drogenhandel zu tun hat. Und ich glaube, Sie wissen, wer es ist.«

»Ja, und ob«, antwortete sie.

Für eine Minute war kein Laut zu hören, nicht ein Geräusch außer den sanften Regentropfen, die gegen die Scheibe schlugen und langsam an ihr herunterglitten.

Es schien, als sähen sie sich vor ihrer Rutschpartie gut um. Nicht einmal Regentropfen leben risikofrei.

Dann sagte sie leise zwei Worte, als wäre es ein Gebet oder eine Beschwörung, so etwas wie ein Gesang, den eine andere Art von Frauen vor zweihundert Jahren am Spinnrocken vor sich hingesummt hätte:

»Sein Vater.«

In diesem Augenblick explodierte etwas in meinem Kopf. Mutterliebe, dieses Wort hatte ich in meinen Gedanken hin und her gewendet. Natürlich, es ging um Ulrich und sie. Aber es ging nicht um Mutterliebe, es ging um Vaterliebe – das war's.

»Aber ist Ulrich denn nicht der Sohn Ihres Mannes – Alfred?«, fragte Ehlers, der Ordnung in die Sache bringen wollte, Ehlers, der das Ganze mal klarstellen wollte.

»Alfred konnte keine Kinder kriegen«, entgegnete sie lakonisch.

»Wer ist dann sein Vater?«

Erneut schlang Annie Andersen ihren Hausmantel enger um sich. Dann sagte sie mit langsamer, schleppender Stimme, als wären das die letzten Worte, die über ihre Lippen kommen würden, bevor sie sie endgültig und unwiderruflich mit einem Hängeschloss verschlösse:

»Ich hatte einen Geliebten, wie man so sagt. Mein Mann wusste es und hat es gebilligt. Nachdem wir ein paar Jahre verheiratet waren, ging er wieder zu den professionellen Mädchen und benutzte mich nur zwischendurch. Es war in Ordnung für ihn. Außerdem war es praktisch für ihn.«

»Praktisch?«

»Ja, er hatte ein Wirtshaus. Und das war ja fast, als gäbe es jetzt die Polizei in der Familie.«

Keiner von uns sagte etwas.

»Ja, Sie haben es wohl schon erraten«, schloss sie müde und sah sich nach einer neuen Zigarette um, als wäre das alles, was es noch an Möglichkeiten auf dieser Welt gab. »P. C. – so haben wir ihn genannt, als er jung und hübsch war, und das war er wirklich – ist Ulrichs Vater. Genau so sicher, wie ich seine Mutter bin. Er müsste eigentlich Matthiasen heißen.«

38

Ich weiß nicht, was Ehlers erwartet hatte, aber ganz sicher nicht das. Er fiel vornüber und bekam plötzlich eine überwältigende Ähnlichkeit mit einem Boxer, der in der siebten Runde einen rechten Kinnhaken bekommen hat.

So ein Boxer wünscht sich einen hilfreichen Sekundanten, der ankommt und ihn mit einem feuchten Handtuch in die Ringecke winkt, und er wird umgehend Signale nach ihm aussenden.

Der Sekundant war ich.

»Haben Sie ihn geliebt?«, fragte ich. Das war eine dumme, naive und überflüssige Frage ohne Bedeutung für den Polizeibericht. Der und der ist Sohn von dem und dem, basta. Ob das in tiefer kosmischer Liebe, in alles aufgebendem Alkoholismus oder in lächerlichem Trotz einem Dritten gegenüber passiert ist, ist prinzipiell für die Sache völlig uninteressant.

Aber dennoch dachte ich daran.

»Ich weiß nicht«, sagte sie, geradeheraus, mit einem unverwechselbar ehrlichen Klang. »Er war damals ein anderer, ich war damals eine andere. Ich weiß es nicht. Ich habe Ihnen gerade erzählt, dass ich mir bis heute nicht sicher bin, ob mein Mann mich geliebt hat, ich meine, auf die Art, wie er es konnte. Ich kann so etwas nicht beantworten. Ich weiß nicht, ob es überhaupt jemand kann.«

Es herrschte für einen Augenblick Stille. Dann fügte sie hinzu:

»Und das kann ja auch ganz gleich sein – jetzt.«

Ehlers erwachte, als hätte dieses »jetzt« etwas in ihm zum Leben erweckt, einen empfindlichen Punkt unter der Weste getroffen.

»Das sagen Sie jetzt schon zum zweiten Mal. Was meinen Sie damit?«

»Ist das so schwer zu verstehen?«

»Sie meinen, weil Ihr Sohn überführt ist?«

»Ich meine, weil mein Sohn überführt ist, wie Sie es nennen. Ich meine, weil meine drei Mädchen tot sind. Ich meine …«

»›Ihre‹ drei Mädchen?«

Ehlers war wieder ganz der Alte.

»Ja, meine drei Mädchen, verflucht noch mal. Sie wissen genau so gut wie ich, dass das hier ein Bordell war. Und es gibt keinen Grund, dass ich es nicht sagen sollte – jetzt.«

»Verdammt, was meinen Sie?«

Ehlers hatte seinen offiziellen Verhörton endgültig abgelegt. Etwas an dieser Frau, an ihrem gleichgültigen, ehrlichen Ernst, brachte ihn offensichtlich aus dem Konzept.

»Haben Sie nicht den Bericht aus dem Krankenhaus gekriegt?«

Jetzt war sie es wieder, die ihn ärgerte – mit einem kleinen, spöttischen Lächeln um die Lippen.

»Nein«, sagte Ehlers, so schuldbewusst, als wäre er dabei erwischt worden, als er sich in einem öffentlichen Park nackt auszog.

»Nein, aber …«

»Nun ja, ist ja auch egal«, sagte Annie Andersen. »Sie sagen, dass ich Unterleibskrebs habe. Sie haben keine Ahnung, wie lange ich noch habe. Der Oberarzt sagt, es könne alles zwischen drei Monaten und einem Jahr sein. Deshalb habe ich gesagt, dass es ja ganz gleich ist – jetzt.«

Der Mond vor dem Fenster sah spöttischer als je zuvor aus.

Ein Kunde erreichte tropfnass das Café Schmied. Es war eine junge Kundin – vielleicht eine von Irenes, Majkens und Lisbeths Nachfolgerinnen auf der Suche nach einem guten Fischzug.

Dieses Mal stand ich auf, um die Gläser zu füllen. Es schien die einzige Art und Weise zu sein, auf irgendetwas zu antworten. Ansonsten war nichts zu tun.

»Warum wollten Sie letztes Mal nichts sagen?«, fragte Ehlers.

Spiegelfechterei. Obwohl ich mit dem Rücken zu ihnen stand, während ich höchstens halb so gut wie Annie Andersen mixte, konnte ich hören, dass er nur fragte, um Zeit zu gewinnen.

»Wie ich Ihnen gesagt habe: Wenn ich meinen Sohn retten könnte … Ich habe ja sonst nichts … Aber jetzt, wo es zu spät ist, ist es ja doch egal … Verstehen Sie?«

Ehlers sagte nichts. Ich reichte ihnen ihre Drinks, während ich Ulrichs Bild auf der Bar betrachtete. Es fiel mir zum ersten Mal auf, dass er unanständig selbstzufrieden aussah, er sah aus, als wäre alles, was er tat, genialer als alles, was sonst jemand jemals tun könnte, als wäre er als Adler zwischen einem Schwarm von Mäusebussarden und Spatzen geboren. Er sah ganz genau so aus wie in dem Moment, kurz bevor er auf die Bühne gegangen war, um bei Gynther mit den Rodby Stompers »When The Saints« zu spielen.

Aber er war jünger auf dem Foto.

Als mir der Gesichtsausdruck klargeworden war, fiel mir Polizeidirektor Matthiasen ein, und in seinem überreifen, selbstzufriedenen Provinzmatador-Stumpfsinn entdeckte ich den gleichen Ausdruck. Selbst wenn der Apfel weit vom Stamm gefallen war, hatte er dennoch einen Weg gefunden, zu ihm zurückzukehren. Annie Andersen schloss die Augen und sah aus, als schaue sie auf ihr gesamtes Leben zurück. Sie sah nicht aus, als bereitete ihr das viel Vergnügen, aber wem täte das schon?

Mir jedenfalls nicht.

Ich schaute fragend zu Ehlers rüber. Ich wäre am liebsten zum Sofa gegangen und hätte der fülligen, reifen Dame dort gesagt, dass doch alles gar nicht so schlimm sei und es schon noch werden würde, wenn wir mal vernünftig drüber reden. Ich hätte am liebsten einen Arm um sie gelegt und ihr sanfte, beruhigende Wiegenlieder gesungen und ihr erzählt, dass der Himmel über den Wolken immer blau ist.

Im Leben jedes erwachsenen Menschen kommt der Punkt, an dem er sich wie ein Kind aufführt. Das ist oft der Zeitpunkt, an dem die Umwelt am meisten Sympathie für ihn empfindet.

Die Pause war lang.

»Tja«, sagte Annie schließlich, offenbar die Einzige, die im Stande war, etwas zu sagen, die Einzige, die sich vollkommen preisgegeben hatte, die Einzige, die alles verloren hatte, die Einzige, die wusste, dass sie bald sterben würde, die Einzige, die uns fast die Beichte abgelegt hatte – und vielleicht deshalb die Einzige, die überhaupt noch etwas zu sagen hatte:

»Tja ... Es war nicht geplant, dass es so laufen sollte. Aber so lief es nun mal.«

Kürzer konnte man es kaum ausdrücken.

Nur Frauen vermögen in dieser Form eine gesellschaftliche

Konventionskonversation im Schatten des Todes aufrechtzuerhalten.

»Stimmt es nicht?«, fragte sie mit einem letzten schwachen Lächeln in den Augenwinkeln, einem ironischen Abglanz, der zeigte, was für eine Erscheinung sie gewesen sein mochte oder hätte werden können – wie heißt es in den alten Gangsterfilmen: »Ich habe gespielt – und verloren.«

Fast hätte ich sie gestreichelt. Es war, als zöge sich eine Greta Garbo zurück. Nun ja, eine etwas aufgedunsene Greta-Garbo, eine Provinz-Greta-Garbo, eine, Ich-habe-nie-eine-Chance-gehabt-Greta-Garbo – aber eine Frau mit so viel Haltung und Stärke, dass es einem Mann irgendwo im Hinterkopf oder zwischen den Beinen weh tat.

Der angeschlagene Boxer trat aus seiner Ecke. Ehlers sagte: »Aber den Stoff? Wer hat den beschafft?«

»Ich nicht«, sagte sie, wobei sie ihren Hausmantel noch enger um sich zog, als hätte sie in der letzten Minute ein Kilo verloren und müsste sich deshalb den Gürtel in einem fort enger ziehen. »Ich war's nicht, das ist nicht mein Metier.«

»Ulrich hätte es machen können«, sagte Ehlers.

Annie Andersen sah aus, als würde sie jeden Moment vom Sofa aufspringen und ihm wie eine Tigerin die Augen auskratzen.

»Quatsch«, sagte sie schnell. »Er war ein Opfer. Er war nie auf der Gewinnerseite.«

»Er ist ein gefühlloser Psychopath«, stellte Ehlers fest.

»Nein«, sagte ich. »Er ist alles andere als gefühllos. Er drückt sich nur mit seinem Saxofon aus, und wenn man ihn nie Saxofon spielen gehört hat, hat man ihn nie etwas sagen gehört.«

Annie Andersen sah mich an und sah aus, als dächte sie, dass ich doch nicht so dumm sei.

Das Mädchen, das ins Café Schmied gegangen war, kam wieder heraus.

Die Gläser waren leer, aber ich stand nicht auf, um sie wieder zu füllen.

230

»Von den Mädchen war es keines«, sagte Ehlers, eher zu sich selbst, als versuchte er, seine Gedanken im Griff zu halten und wäre der Meinung, das ginge besser, wenn er sie laut ausspräche.

»Das ist nicht …«

»Was sind Sie doch dumm«, sagte Annie Andersen sanft.

Diese elegante Bemerkung wirkte wie ein elektrischer Schock auf Ehlers. Er sprang von seinem Sessel auf und starrte sie an, als verberge sie etwas unter ihrem hellblauen Hausmantel, irgendetwas von entscheidender Bedeutung, das er genauso wenig erraten oder sich vorstellen konnte, wie er sich ihrer Meinung nach Rodby zur Zeit ihrer Kindheit vorstellen konnte. Er sah aus, als hätte er – wie so ein unerfahrener Anfängertourist in den Tropen – plötzlich eine giftige grüne Schlange hinter ihrem Sofa entdeckt.

»Natürlich«, sagte er. Mit einem Seufzer, so tief, als trüge er die Bürde der gesamten Welt auf seinen Schultern.

»Natürlich.«

Als er es zweimal gesagt hatte, meinte er offenbar, dass damit alles so selbstverständlich war, dass es überflüssig war, noch mehr dazu zu sagen. Stattdessen sah er sich aufmerksam in der Wohnung um, als wäre er auf der Spur nach dem letzten, entscheidenden Beweis.

»Haben Sie ein Telefonbuch?«, fragte er misstrauisch.

»Beim Telefon«, antwortete sie zuckersüß, als hätte sie selbst diese fantastische Kombination in ihrer Freizeit entwickelt.

Die beiden führten ihren eigenen Kampf. Fremde sollten sich nur einmischen, wenn wirklich ein Schiedsrichter gebraucht wurde. Ehlers schlug eine Seite in dem dünnen lokalen Telefonbuch auf, las gewissenhaft dieselbe Zeile drei-, viermal, als verdächtigte er seine Augen, mit dem Feind verbündet zu sein und immer im entscheidenden Augenblick mit ihm Schabernack zu treiben, und schlug das Buch dann mit einem Knall zu, so als beendete er hiermit die fünfundzwanzigste Generalversammlung der Vereinten Nationen.

»Komm, wir gehen«, sagte er zu mir. »Vielen Dank für Ihre Infor-

231

mationen. Ich werde morgen wiederkommen, um weiter mit Ihnen zu sprechen.«

»Darauf freue ich mich schon«, sagte sie ironisch knurrend.

»Schade, dass Sie schon gehen. Ich fürchte, ich habe Sie gelangweilt.«

Spielerin bis zur letzten Minute. Und eine bessere Spielerin als die meisten.

Ich hörte nicht, was Ehlers antwortete.

Die Uhr zeigte genau eine Minute vor Mitternacht, als ich aufstand und überlegte, wie ich mich von so einer Frau nach so einem Abend verabschieden sollte.

Sie regelte es selbst. Sie sagte: »Auf Wiedersehen!« und führte uns zur Tür, als wären wir kleine Jungen, die sich verlaufen hatten und niemals wieder herausgefunden hätten, wenn wir uns allein überlassen worden wären.

Der Beamte stand immer noch wartend draußen. Er schaute Ehlers fragend an, mit dem Ausdruck eines Hundes, der willig sterben oder auf den Hinterbeinen stehen würde, ganz nach Wunsch des Herrn, der aber nicht herausfinden konnte, was sein Herrchen verlangte.

»Ein Wagen«, sagte Ehlers. »Wir warten solange. Aber es wird doch nicht lange dauern, oder?«

39

Es dauerte nicht lange. Zwei Minuten später kam ein Taxi angefahren.

»Das ist Rasmussen«, sagte der Beamte in vorsichtigem Ton, als wenn das vielleicht für sich selbst schon eine Beleidigung sein könnte. »Unsere eigenen Wagen sind alle unten am Hafen oder in der Stadt. Man weiß ja nie, was an so einem Abend passiert.«

»Ja, das stimmt«, sagte Ehlers. »An so einem Abend kann alles

Mögliche passieren. Bleiben Sie hier, bis die Ablösung kommt, rühren Sie sich keinen halben Meter vom Haus weg.«

Der Beamte nickte.

»Entschuldigung, aber ich dachte, der Fall sei abgeschlossen?«, fragte er höflich.

Ehlers musste sich Respekt verschafft haben.

»Noch nicht ganz. Wir wollen nichts außer Acht lassen. Auf Wiedersehen.«

»Auf Wiedersehen.«

Wir kletterten aus dem Nieselregen ins Auto hinein. Ehlers setzte sich neben Rasmussen, einen kleinen dünnen Mann mit Augen, groß wie Teetassen, ein Mann mit Augen, die aussahen, als wunderten sie sich über alles.

»Wohin?«, fragte er mit der Hand auf der Gangschaltung, bevor ich mich auf dem Rücksitz niedergelassen hatte.

»Zur Grønemose Alle«, sagte Ehlers.

»Das ist ganz draußen in den Vororten.«

»Ja, gut.«

Rasmussen sagte nichts mehr, sondern setzte seine Blechkutsche in Bewegung. Wir fuhren durch die Schmiedgasse, aus den kleinen Gässchen hinaus zum Markt, am Bahnhof vorbei und zum Hafen hinunter. Kurz vorm Hafen bog der Wagen ab und erreichte nach einer Kurve eine Straße, die am Wasser entlang führte. Niemand sagte ein Wort. Ich schaute auf die dunklen Wellen und den Regen, der seinen Beitrag zu deren stetigem Auf und Ab leistete. Ehlers' Nacken wirkte nicht besonders gesprächig. Rasmussen konzentrierte sich klugerweise aufs Fahren.

Linkerhand zeigte sich ein Yachthafen, in dem die Boote in beruhigendem Abstand von dem ordinären, dreckigen Hafen mit seinem durchdringenden Fischgeruch Seite an Seite aufgereiht lagen. Die Kajüten mehrerer Boote waren noch beleuchtet, und auch in einem vornehm aussehenden Restaurant am Ufer war noch Licht. Die Leute, die hier ihre Yachten liegen hatten, gingen anscheinend nicht zum Hafenfest.

Kurz hinter dem Yachthafen bog Rasmussen von der breiten Straße ab und ging etwas vom Gas runter. Wir waren in einem Villenviertel mit großen, soliden Häusern, Häuser, die von Weinranken und Stockrosen umkränzt waren, Häuser, die von Gittern und Hecken eingezäunt waren, Häuser mit Carports, Schuppen, Garten- und Treibhäusern, angelegten Teichen und gepflanzten Obstbäumen, Häuser, die schon von außen die Existenz mindestens einer Haushaltshilfe kundtaten.

»Hier ist es«, sagte Rasmussen, »Welche Nummer?«

»Nr. 40«, antwortete Ehlers.

»40? Das ist doch der Polizeidirektor, oder?«

»Ja, genau.«

»Ja, ich habe ihn ja oft nach Hause gefahren, den Polizeidirektor, oh ja.«

Das Haus von Polizeidirektor Matthiasen war nicht eins von den größten, aber es war ein äußerst repräsentables Haus, ein altes Haus aus soliden roten Klinkern mit einer breiten Treppe in den Garten hinunter, eine dieser Treppen, die oben taillenschmal und unten hüftbreit sind, sodass sie wie ein großer, willkommen heischender Schoß wirken.

Der Garten war voller Obstbäume, die im Regen blühten und einen derartig friedvollen Duft ausströmten, dass man stundenlang unter ihnen stehen und darüber sinnieren konnte, was Obstbäume eigentlich sind.

Ehlers gab Rasmussen den Auftrag zu warten und öffnete die Pforte, ohne ein Geräusch zu verursachen. Wir gingen zur Treppe, wo Ehlers mir eine Hand auf den Arm legte.

»Du wartest hier draußen«, sagte er. »Ich rufe dich, wenn ich dich brauche.«

Ich schlenderte unter einen Apfelbaum und sah Ehlers mühsam die Treppe hinaufgehen und mit einem altmodischen Türklopfer schlagen.

Im Haus war kein Licht. Vielleicht schlief Matthiasen einfach. Es gibt Leute, die sich solchen schweinischen Ausschweifungen um

Mitternacht widmen und das Tag für Tag, weil sie Sklaven dieser Sucht sind und einfach nicht ohne sie leben könnten.

Die Obstbäume dufteten betäubend, selbst der Erde entströmte in dieser Nacht ein Geruch nach trächtiger Nässe. Ein Katze strich um meine Beine.

Ehlers klopfte und klopfte.

Auf der anderen Hausseite wurde ein Licht angeknipst, das ein paar Büsche erleuchtete. Dann wurde eine Lampe näher in unserer Nähe angeschaltet, und kurz darauf ein Licht direkt über der Tür.

»Einen Augenblick«, sagte eine Frauenstimme. Sie klang nicht jung, und sie klang sehr müde.

Wir warteten alle auf unseren Posten. Von meinem Baum aus konnte ich Ehlers als schwarze Silhouette vor der Tür stehen sehen.

Die Dame kam. Sie stellte sich vorsichtig hinter die Tür und öffnete diese einen Spalt weit.

»Was kann ich für Sie tun?«, fragte eine müde Stimme wie die irgendeiner Verkäuferin in einer Bäckerei. Bei der Mitternachtsstille des Villenweges trug ihre Stimme bis hinunter zum Meer. Ehlers war die Höflichkeit in Person. Er klang wie ein Schauspieler, der seit zehn Jahren jeden Abend in der gleichen Rolle auftritt.

»Guten Abend, entschuldigen Sie bitte, dass ich Sie so spät noch störe. Ich bin Polizeiinspektor Ehlers aus Kopenhagen. Es ist äußerst wichtig für mich, mit dem Polizeidirektor Matthiasen bezüglich eines Falls, an dem wir arbeiten, zu sprechen.«

Diese Einleitung war offenbar ein gültiger Pass. Die Dame öffnete die Tür ganz und trat hervor. Im Lichtkegel der Tür sah ich, dass sie einen Hausmantel trug. Anscheinend hatten momentan alle Frauen, die man überhaupt erblickte, einen Hausmantel an.

Ansonsten war sie älter und verwelkt. Sie war eine dieser Frauen, die aussehen, als wären sie verschlissen worden, jeder Quadratzentimeter ihrer Haut, systematisch verschlissen von Seife und Waschmitteln, Lauge, Natron und Jod, und davon verbraucht. Sie hatte die ganze nicht abzuschüttelnde Resignation dieses Frauentyps in den Augen, und das sicher schon, seit sie vierzehn war.

»Mein Mann ist leider nicht daheim«, sagte sie, während sie Ehlers ansah.

»Wissen Sie, wo er hin ist?«

»Ach«, antwortete sie mit einer Art gezwungener Munterkeit, als fiele ihr ein, dass es ihre Pflicht war, die Familie zu repräsentieren, »ach, Sie wissen doch selbst, wie das ist. Er ist nach Hause gekommen, hat zu Abend gegessen, ein wenig Fernsehen geguckt und eine Zigarre geraucht. Ich war etwas müde und wollte gerade ins Bett gehen. Dann klingelte natürlich das Telefon, es ist bestimmt nicht länger als eine Viertelstunde her, und er sagte, er müsse noch mal in die Stadt und etwas nachsehen. So läuft es ja immer in Polizeifamilien, nicht wahr?«

»Ja«, stimmte Ehlers zu. »Wissen Sie, wo ich ihn finden kann? Hat er gesagt, wohin er wollte?«

»Nein«, antwortete sie. »Aber das wissen die sicher im Gericht. Wollen Sie dort anrufen?«

»Ja gern.«

Er ging hinter ihr ins Haus.

Das Türlicht war immer noch an und gab mir die Gelegenheit, einen Igel zu betrachten, der seinen Abendspaziergang mit seiner Frau machte in der Hoffnung, etwas sensationell Neues würde passieren oder vielleicht auch nur, um vorm Schlafengehen noch mal frische Luft zu schnappen.

Ich überlegte, ob ich mir eine anstecken sollte. Ich hatte gerade erst die Zigaretten aus der Tasche gezogen, als Ehlers wieder herauskam.

»Vielen Dank für Ihre Hilfe«, sagte er. »Und entschuldigen Sie die Störung, es tut mir leid, dass ich Sie geweckt habe. Ich werde ihn sicher in der Stadt finden.«

»Nur komisch, dass die nicht wissen, wo er ist«, entgegnete sie, ohne besonders besorgt zu klingen, eher weil es ihre Pflicht

236

war, irgendetwas zu sagen. »Sonst wissen die doch immer Bescheid.«

»Na, heute Abend war ja auch ziemlich was los«, meinte Ehlers. »Vielen Dank für Ihre Hilfsbereitschaft. Gute Nacht.«

Er verneigte sich fast, bevor er sich umdrehte und die Treppe hinunterging.

Fast wäre er hingefallen, als das Türlicht gelöscht wurde, als er eben erst auf der vorletzten Stufe war.

»Nun«, brummte er mir höhnisch ins Ohr, »er ist also vor 'ner Viertelstunde verschwunden, he?«

»Ja, das hat sie gesagt.«

»Stimmt. Lass uns sehen, dass wir wegkommen.«

Wir verließen den verzauberten Garten, während die Lichter eines nach dem anderen abwechselnd gelöscht und angeschaltet wurden, je nachdem, wie Frau Matthiasen sich ihren Weg zurück ins Schlafzimmer bahnte.

Rasmussen wartete treu und redlich draußen.

»Haben Sie ihn nicht angetroffen?«, fragte er anteilnehmend, als gäbe es so viel Sorgen und Leid auf der Welt, dass es kaum zu ertragen wäre. Ein Erdbeben in Mexiko City, nun ja, ein paar Massaker in Kambodscha, was soll's – aber dass sein Kunde ganz vergebens hier in die Vorstadt fahren musste, das war doch …

»Nein«, bestätigte Ehlers. »Fahren wir wieder in die Stadt. Zum Gericht.«

»Gut«, sagte Rasmussen.

Wir fuhren die gleiche Strecke in entgegengesetzter Reihenfolge. Yachthafen, Strandweg, Festplatz, Marktplatz.

Hier stiegen wir aus.

Die Uhr zeigte 0.30 Uhr. Immer noch waren Rufe vom Hafen zu hören. Laut Programm sollte in einer halben Stunde Schluss sein, aber trotz des Regens hatten offenbar viele ausgeharrt.

Ehlers gab Rasmussen Anweisungen für die Bezahlung. Dann ging er zu dem dunklen Gerichtsgebäude, zog einen Schlüssel aus der Hosentasche und öffnete die Tür. Ohne sich darum zu kümmern, ob ich ihm folgte, stürmte er hinein und eine Korridorflucht entlang. Ich folgte ihm, wie man mitmacht, wenn man auf einem wahnsinnigen Pferd reitet, dem man sich lieber fügt und sich an ihm festklammert, als zu riskieren, abgeworfen zu werden. Ich war es, der die Türen schloss.

Plötzlich waren wir auf dem Flur des Polizeidirektors. Einen Moment später waren wir vor dem Büro, in dem ich ihn vor nur wenigen Tagen interviewt hatte.

Ein schmaler Lichtkegel schien durch das Schlüsselloch. Der einzige auf dem ganzen Flur.

Ehlers klopfte.

Niemand antwortete.

Ehlers klopfte lauter.

Immer noch keine Antwort.

Dann kniete er sich auf den Boden und schaute durch das Schlüsselloch, richtete sich wieder auf und fasste die Türklinke an.

So einfach war das. Es war nicht abgeschlossen.

In seinem Büro saß Polizeidirektor P. C. Matthiasen, das Gesicht auf der Tischplatte, als wäre er eingeschlafen, während er etwas Wichtiges überlegt hatte oder eine schwere, bedeutungsvolle Entscheidung zum Wohle der Allgemeinheit getroffen hatte. Der Kopf ruhte auf einigen Papierseiten.

Rechts stand ein Aschenbecher mit einem noch leicht glimmenden Zigarillo, das sich immer noch an sein Leben klammerte.

Das tat Polizeidirektor P. C. Matthiasen nicht mehr. Die Papiere vor ihm waren blutbefleckt. Große, frische, glänzende Flecken, die aussahen wie frisch gemalt.

Ganz zu schweigen von seiner Jacke – selbst für eine chinesische Wäscherei ein allzu schwerer Job.

40

Ehlers beugte sich mit einem wütenden, ohnmächtigen Gesichtsausdruck über den toten Mann.

»Feiges Schwein!«, murmelte er. »Wieso zum Teufel konnte er …« Dann kam ihm eine Idee. Er nahm das Telefon des Polizeidirektors und wählte eine Nummer.

»Hallo … Ehlers. Irgendwelche Anrufe? Ja? Zu welcher Zeit? Den Polizeidirektor? Ja, danke. Es ist was passiert. Ich komme gleich rüber. Nein, hört weiter ab.«

Er legte den Hörer auf und sah sich finster im Raum um wie jemand, der an der Nase herumgeführt worden ist und in keiner Weise genügend Humor hat, um sich darüber zu amüsieren.

»Das war dieses Weib!«, sagte er bitter. »Der Teufel soll sie holen! Hätte ich doch ihre Telefonleitung durchgeschnitten.«

»Annie Andersen?«

»Annie Andersen. Wir waren kaum weg, da hat sie ihn angerufen und gesagt, es wäre überstanden. Wenn ich dran gedacht hätte, hätten wir ihn lebend gekriegt.«

»Macht das so viel aus?«

»Ein Geständnis ist besser als ein Selbstmord.«

»Vielleicht hat er einen Brief hinterlassen.«

»Dazu hatte er doch gar keine Zeit. Er hat sich einfach davongemacht. Er ist abgehauen, der Feigling!«

»Du hörst also Annie Andersens Telefon ab.«

»Natürlich. Daher weiß ich auch, dass ihr irgendjemand von Preben Sørensens Tod erzählt hat, kurz nachdem das passiert war. Sie muss gute Verbindungen haben. Leider konnte ich denjenigen nicht aufspüren.«

Ich verzichtete lieber darauf, zu sagen, dass das ja schade sei.

»Andererseits«, fügte Ehlers grunzend hinzu, während er sich das Kinn rieb und aussah, als wäre eine kleine Feder in seinem Hinterkopf aufgesprungen und hätte kundgetan, dass es notwendig war, auch den widerspenstigsten Bart dann und wann zu stutzen – »Andererseits hat sie deshalb den Mund aufgemacht, glaube ich. Rein psychologisch.«

»Das hat sie wegen Ulrichs Geständnis getan«, sagte ich. »Wie sie selbst gesagt hat: Er war das Einzige, was sie hatte, und danach ist ihr nichts mehr geblieben.«

»Ich glaube eher, es war Preben Sørensens Tod«, sagte Ehlers nachdenklich. »Schon als ich sie angerufen habe, bevor wir zu ihr rausgefahren sind, war sie reif. Eine Frau mit einem Sohn, den sie beschützen will, kann keinen anderen Sohn sehen, ohne sich die Mutter vorzustellen, die ihn beschützen will.«

»Na, mit den Mädchen, das hat sie aber eiskalt weggesteckt.«

»Nur am Anfang. Sie war einfach nicht sicher. Sie traute sich nicht, zu reden. Sie traute sich überhaupt nichts.«

»Aber jetzt ...«

»Jetzt ist der Sohn verhaftet, der Geliebte hat sich erschossen, der Taubenschlag ist leer, und sie selbst hat das Todesurteil erhalten.«

»Wie es auf den Flipperautomaten steht: Game over?«

»Was ich nur nicht begreife«, sinnierte Ehlers, »was ich immer noch nicht begreife: Was wollte sie mit dem?«

»Das ist so lange her«, sagte ich. »Eine alte Affäre. Haben nicht alle Menschen mindestens eine alte Affäre hinter sich, die sie niemals verstehen, oder zumindest eine Affäre, von der sie niemals begreifen werden, dass sie überhaupt stattfand? Der einzige Unterschied hier ist, dass diese Folgen hatte, das ist alles.«

»Nun ja«, sagte Ehlers. Er sah aus, als müsste er über etwas nachdenken.

»Jedenfalls«, sagte ich, während ich auf den verstorbenen Polizeidirektor deutete, r.i.p., der auf seinem Tisch lag, als hörte er interessiert unserem Gespräch zu, »jedenfalls war er ein sonderbarer Mann.«

»Was meinst du damit?«, brauste Ehlers auf. »Er war ein Schwein!«

»Ich überlege nur«, fuhr ich fort, »warum er sich nicht zu Hause erschossen hat.«

240

»Wieso?«

»Na, das wäre doch viel schneller gegangen, als sich ins Auto zu setzen und in die Stadt zu fahren, um sich hier zu erschießen.«

»Ja, und?«

»Vielleicht wollte er einfach seine Frau schonen. Es gibt immer noch ein Fünkchen Rücksicht.«

»Rücksicht, so ein Quatsch!«, fauchte Ehlers. »Rücksicht auf das gemütliche Heim, nachdem er eiskalt einen jungen Geisteskranken niedergeschossen hat! Nein, du wirst sehen, er hatte bestimmt einfach keinen Revolver zu Hause, das ist alles.«

Es sollte sich später zeigen, dass Ehlers sich irrte. Der Polizeidirektor hatte sogar zwei Revolver zu Hause – sowie einige Jagdgewehre und natürlich die Ehefrau.

»Nun gut«, ich ließ mich nicht beirren, »aber er hat alles für seinen Sohn getan, was er tun konnte.«

Ich verteidigte den verstorbenen Polizeidirektor nicht so eifrig, weil ich ein heißer Verehrer von ihm war. Auch nicht, weil ich die naive Idee hatte, um jeden Preis gerecht sein zu müssen. Ich musste es tun, weil ich direkt neben dem unbeweglichen Körper eines toten Mannes stand und über ihn reden musste, um ihn auf diese Art ein klein wenig weiter wegzuschieben.

Majken Greens Körper, Lisbeth Holgersens Körper und Preben Sørensens Körper waren schlimm genug gewesen, aber sie waren zumindest schnell abtransportiert worden, sodass ich sie nur kurz betrachten konnte. Dieser hier drängte sich mir die ganze Zeit in die Pupillen und zog meine ganze Aufmerksamkeit auf sich. Ich konnte nur zu deutlich sehen, dass der Körper eines Menschen, wenn dieser tot ist, nur eine Hülle aus zerbrechlichem Lehm ist, wie die alten Kirchenlieder verkünden, der Mensch, maskulin oder feminin, gut oder schlecht, korrupt oder edel, debil oder genial, ist fort, und das ist der Grund, warum man nicht gern eine Leiche anschaut, leibhaftige Leichen: Man sieht unwillkürlich seinen eigenen Leib, den Leib seiner Geliebten, den Leib seiner Mutter, seines Sohns auf die gleiche Art und Weise dort liegen oder sitzen.

Wenn man Angst vor einem Toten hat, heißt das, dass man Angst vorm Tod hat.

Und sobald man ans Sterben denkt, denkt man auch ans Lieben, deshalb eilten meine Gedanken von dem steifwerdenden Matthiasen quer über den Marktplatz zum Hotel mit der hoffentlich schlafenden und atmenden Gitte Bristol.

»Nein«, sagte Ehlers. »Er hat es nicht für seinen Sohn getan, glaub das nur nicht. Er hat es für sich selbst getan. Ulrich war noch gar nicht angeklagt, Ulrich hatte nichts zu befürchten, nicht die geringste Verbindung mit der Sache. Bei einer normalen polizeilichen Untersuchung wären wir vielleicht gar nicht auf ihn gestoßen und wären schon gar nicht Annie Andersens Verhältnissen auf den Grund gegangen – aber das hätte der Polizeidirektor wohl auch kaum gewünscht.«

Ehlers war vom Rededelirium erfasst. Ich hatte ihn schon einmal so erlebt, ebenfalls beim Abschluss eines Falls. Wenn er spürte, dass es vorbei war, verwandelte sich der stumme Mann in einen richtigen Redewasserfall.

»Er hat die beiden Mädchen umgebracht, weil sie wussten, was geschehen war, das ist die einzige Erklärung«, sagte er. »Entweder war Ulrich oben, um Stoff zu holen, und Irene wollte ihn ihm nicht geben, oder er war oben, weil er in sie verliebt war, und die beiden haben sich gestritten. Das ist ja auch gleich. Ich persönlich glaube nicht, dass er verliebt war.«

»Warum nicht?«

»Weil er auf mich wirkt, als ob er das gar nicht sein könnte. Weißt du, was ihn am meisten beruhigt hat, als ich ihm endlich das Geständnis entlockt hatte?«

»Nein?«

»Dass ich ihm versprochen habe, dass er in ein Gefängnis mit Orchester kommt.«

Ehlers begann, im Kreis zu laufen, mit immer größeren Schritten, um den Polizeidirektor herum.

»Nichts tarnt eine Dealerzentrale besser als ein Bordell. Ich fange langsam an zu zweifeln, ob die drei Mädchen überhaupt Prostituierte waren. Es ist genial, eine so stinkende Fassade als Tarnung aufzubauen, dass niemand auf die Idee kommt, dass der wirkliche Gestank von etwas ganz anderem, dahinter Verborgenem kommt. Und niemand wundert sich über die vielen Gäste spätabends …«

»Die Scheiße ist doch, dass wir nie genau herausfinden werden, warum es zum Amoklauf kam. Der Polizeidirektor muss schon aufgrund meiner Ankunft nervös geworden sein, weil ich so interessiert am örtlichen Drogenhandel war. Es ist klar, dass entweder er der Hintermann war oder diesen in jedem Fall gedeckt hat; wie viele der Mädchen aber dabei waren, das kann man nicht sagen. Keine von ihnen war drogensüchtig, aber das heißt gar nichts. Vielleicht hat nur Irene gedealt, und die anderen wussten gar nichts davon und sahen nur den Mord oder dachten, sie sähen ihn – das weiß man nicht. Vielleicht waren es Irene und Majken, und Lisbeth bekam Angst. Vielleicht waren es alle drei, aber wir können keine mehr fragen, und jetzt können wir auch Matthiasen nicht mehr fragen.«

Ein ganz korrekter Befund.

»Verfluchte Scheiße, das bedeutet, dass wir alles durchkämmen müssen, die Finanzen des Polizeidirektors, seine Termine, seine Verbindungen … Scheiße, das ist eine Arbeit von mehreren Monaten.«

»Die arme Frau.«

»Die Frau war sicher schon immer arm dran.«

»Hast du das auch gedacht?«

»Ja. Im Grunde sind sie in dieser Sache alle zusammen arme Schweine, die Mädchen, der junge Typ und diese kluge Frau mit Krebs. Der Einzige, der eine reelle Chance gehabt hat, das war der hier.«

Er deutete verächtlich auf den Polizeidirektor.

»Möchte nur wissen, wie er dazu gekommen ist?«, fragte er neugierig in die Luft. »Er hatte ein gutes Gehalt, er hatte ein schönes Heim, er war jemand in der Stadt, wenn auch vielleicht nicht in dem Maße, wie er es selbst glaubte. Wie zum Teufel kommt so ein Mann zum Drogenhandel?«

»Vielleicht hat der Bürgermeister ihn gepusht«, schlug ich vor. Ehlers antwortete nicht. Seine Kreise wurden kleiner, er kam der Leiche näher und trat fast auf etwas. Eine Pistole lag unter dem Schreibtisch, als wäre sie aus der Hand gefallen.

Er sah sie verächtlich an. »Die billigste Lösung«, fauchte er. »Der Mann der billigen Lösungen!«

Er betrachtete die Leiche ohne christliche Sympathie oder Nächstenliebe, aber die Pistole hatte seine praktischen Instinkte wieder geweckt. Als hätte sie ihm einen Befehl gegeben, unterbrach er seinen Redefluss und schaute auf die Uhr.

»Du solltest jetzt lieber gehen«, sagte er. »Ich muss das hier regeln. Und bevor ich irgendwas anderes tue, muss ich mit Kopenhagen reden. Ich muss versuchen, den dortigen Polizeidirektor zu erwischen, der versuchen muss, eine höhere Instanz mitten in der Nacht von Samstag auf Sonntag zu erwischen. Das wird nicht einfach werden. Das wird eine lange Nacht. Sie werden alle zusammen müde und gereizt sein, und ich wette meine halbe Jahresheuer, dass sie garantiert mir die Schuld geben werden. Das ist kein Scherz, einen Polizeidirektor als Mörder und Drogenhintermann überführt zu haben.«

»Ja, entschuldige, wenn ich es sage: Aber du hast keinen einzigen Beweis für die beiden Morde. Das Einzige, was du weißt, ist, dass er seinen Beamten den Befehl gegeben hat, den Damhirsch zu schießen.«

»Die werden kommen. Wir werden graben und was finden. Wir graben schon die ganze Zeit, aber es ist was ganz anderes, wenn man die Lage des Lochs und seine Tiefe kennt, mein Lieber. Wir graben, und wir werden finden. In der Zwischenzeit schleichen wir auf Katzenpfoten.«

»Aber nun hau ab, und hol dir 'ne Mütze Schlaf«, fügte er hinzu. Er versuchte wirklich, es so klingen zu lassen, als wäre er väterlich besorgt um mich.

»Ja, gute Nacht«, sagte ich. Ich versuchte, es klingen zu lassen, als hätten wir nur ein paar Stunden mit einer Kanne Kaffee dagesessen, eine Partie Schach gespielt und über alte Zeiten geredet.

Ich warf Matthiasen einen letzten Blick zu.

»Ach, noch eins«, sagte Ehlers, ganz automatisch: »Du schreibst nichts über heute Abend, gar nichts!«

»Natürlich nicht«, antwortete ich bescheiden. »Nicht, bevor du es mir nicht erlaubst.«

Er schien ganz verblüfft zu sein, wie einfach man doch mit mir umgehen konnte. Seine Augen standen rotgeädert aus den Höhlen hervor. Er sagte zu sich selbst, dass ich wohl trotz allem ein guter Kumpel sei.

Das war ich vielleicht auch. Ich hatte Ehlers schätzen gelernt. Deshalb wollte ich nicht derjenige sein, der ihm den letzten ausschlaggebenden Stoß für einen totalen Nervenzusammenbruch versetzte.

41

Es war ein langer Tag gewesen. Mir war schwindlig, als ich wieder in Nieselregen und Mondschein hinaustrat.

Die Hotelbar war noch geöffnet, als ich zurückkam. Es war schon zwei Uhr, aber immer noch hingen ein paar Typen dort herum. Es war trotz allem Samstagnacht, ganz zu schweigen vom Stadtfest. Ich brauchte dringend einen Drink und bekam ihn. Ich brauchte dringend noch einen, und den bekam ich auch.

Dann nahm ich den dritten mit auf mein Zimmer und setzte mich an den Schreibtisch mit Blick über die Stadt und wünschte, ich wäre zu Hause in Kopenhagen und hätte einen guten, sicheren, pensionsberechtigten Job bei der Arbeitslosenversicherung am Søndre Boulevard.

Wenn ich die Geschichte des Polizeidirektors schriebe, würde Ehlers mir bei lebendigem Leibe die Haut abziehen und an meinem Grab Varietésongs singen. Wenn ich es nicht schrieb, würde Otzen mir die Haut abziehen und in ähnlicher Weise reagieren, vorausgesetzt, er würde von irgendwoher erfahren, wie sich alles zugetragen hatte und dass er einen Mann vor Ort gehabt hatte. Ehlers hatte seine Loyalität, ich meine. Die ganze Welt war in unterschiedliche Loyalitäten zersplittert, die sich gegenseitig anschrien und bekämpften. Man nennt das menschliches Leben, und so ist es sicher immer gewesen.

Aber dennoch ... Hier stand ich mit der Story meines Lebens. Und sie konnte immer noch die morgige Zeitung erreichen, wenn ich die Nachrichtenredaktion jetzt anrief und erzählte, dass der Polizeidirektor von Rodby Selbstmord begangen hatte.

Ich sah das Telefon scharf an. Ich wusste, der kleine Teufel würde mich verführen, wenn er konnte.

Er versuchte es. Er klingelte.

Es war Ehlers.

»Hallo«, sagte er, müde, aber mit einer Stimme, als wollte er bis zum letzten Ende fair bleiben, und dürfte deshalb nichts vergessen, dieser Denkt-an-alles-Ehlers. »Ich wollte nur grünes Licht geben. Schreib, was du willst innerhalb gewisser Grenzen.«

»Welcher?«

»Du kannst schreiben, dass der Polizeidirektor aus unbekannten Gründen Selbstmord begangen hat – kein Wort über Drogen oder dass er in die Morde verwickelt war. Und du kannst schreiben, dass Preben Sørensen hundertprozentig rehabilitiert ist, falls das jemanden interessiert. Das ist alles. Nichts über Annie Andersen, nichts über den Stoff, nichts Neues über die Morde. Nur das eine: Der Polizeidirektor hat sich erschossen.«

»Und du bist dir sicher, dass er das hat?«

»Ich habe in der Zwischenzeit nicht gepennt. Es sind nur seine Fingerabdrücke auf der Pistole. Das sollte Beweis genug sein.«

»Was hat Kopenhagen gesagt?«

»Weißt du, wie der Justizminister heißt?«

»Ja.«

»Eine Person gleichen Namens – ich sage nicht, wer – hat gesagt, die Sache müsse um jeden Preis vertuscht werden. Ich halte heute Nacht noch die Stellung hier und werde morgen nach Kopenhagen zurückfliegen, um das zu besprechen. In der Zwischenzeit will ich noch mit der Witwe und ein paar anderen reden. Auf Wiedersehen.«

»Adios.«

Ich legte auf. Dann nahm ich den Hörer wieder auf, leicht schwindlig bei dem Blick über die Hausdächer, die ich bald besser kannte als mein eigenes verfluchtes Gesicht, rief unten in der Bar an und bat um weiteren Nachschub.

Als der gekommen war, rief ich beim Bladet an, gab meine Geschichte durch und bat sie, Otzen mitzuteilen, er möge zurückrufen, wenn er noch nicht gegangen war und ganz gleich, wo er jetzt war.

Zehn Minuten später war er am Apparat.

»Ausgezeichnet, mein Junge«, rief er begeistert. »Und du sagst, das ist eine Exklusiv-Story?«

»Ich glaube, die anderen schlafen«, sagte ich. »Nur ich war da.«

»Schlaf ist nicht so wichtig«, sagte Otzen, »ich habe mich jahrelang mit fünf Stunden zufriedengegeben.«

»So siehst du auch aus.«

»Scheiß drauf, ich bin Redakteur und kein Mannequin. Was machst du jetzt?«

»Nach Hause fahren. Ich komme morgen mit der ersten Maschine, die ich kriegen kann. Hier passiert nichts mehr, der Rest ist übliche Polizeiroutine. Das kann Ritzau machen.«

»O.k., mein Junge. Schade, dass du nicht den Mörder finden konntest, aber trotzdem gute Arbeit. Guck rein, wenn du hier bist.«

»Ja. Gute Nacht.«

Das war das.

Dann rief ich in Gittes Zimmer an.

Ihre Stimme klang schlaftrunken.

»Soll ich rüberkommen und dir erzählen, was passiert ist?«, fragte ich.

»Ja«, gähnte sie.

Ich klopfte an ihre Tür und trat ein. Sie lag im Nachthemd auf ihrem Bett und sah unverschämt anziehend aus. Ich küsste sie. Ich brachte sie dazu, mir zu versprechen, dass sie zu niemandem ein Wort sagen würde. Dann erzählte ich ihr die ganze Geschichte. Es dauerte länger, als ich gedacht hatte, aber ich war auch müde, müde wie ein Marathonläufer, der zur Sicherheit die Strecke gleich zweimal gelaufen ist. Ich war mir nie ganz sicher, wie weit ich eigentlich in meiner Erzählung gekommen war.

Hinterher weinte sie. Ich legte einen ungeschickten Arm um sie.

»Das ist alles so sinnlos«, schluchzte sie.

»Ja, ja.«

»Du nimmst das so ruhig hin.«

»Ich bin nur müde. Es ist schon spät.«

»Nimm mich in den Arm.«

»Sure.«

»Ich halte es nicht aus.«

»Versuch lieber, zu schlafen.«

»Schlafen! Als ob ich das jetzt könnte!«

»Du kannst jetzt ganz ruhig schlafen. Du kannst nichts tun. Und dein Klient ist rehabilitiert. Das hat Ehlers gesagt.«

»Und tot.«

»So viele sind tot.«

»Fünf Tote.«

»Fünf Tote.«

Ihre Augen waren groß und erschrocken. Sie war auf dem Weg in eine bodenlose Verzweiflung.

Ich legte mich neben sie und ergriff ihre Hand.

Dann schliefen wir ein, Hand in Hand wie zwei kleine Schulfreunde im Schullandheim.

Vielleicht schlief auch nur ich ein. Kurz darauf fühlte ich einen Arm, einen Arm, der meine Wange erreichen wollte. Ich war weit weg, wusste nicht, was für ein Arm das war und was er wollte. Ich öffnete die Augen und fand es heraus.

»Es ist also nichts mehr zu tun?«, fragte sie plötzlich, als hätte sie in der Zwischenzeit die Situation gründlich durchdacht.

»Dann kann ich nach Kopenhagen zurück?«

»Wir können alle zusammen morgen nach Kopenhagen zurück«, bestätigte ich. »Ich will auch nach Hause, und Ehlers auch. Wir können die frühesten Plätze reservieren, die wir morgen bekommen können.«

»Willst du … Kannst du … Ich meine …«

Ich wusste, was sie meinte.

»Ich sehe immer seine ängstlichen Augen vor mir«, erklärte sie. Sie hätte gar nichts erklären müssen. Ich umfasste sie fester als je zuvor und zwang einen müden Körper, meinen eigenen, zu vergessen, wie müde er war.

Sie war weicher und passiver, als ich es je zuvor bei ihr erlebt hatte. Sie war einfach nur da, und sie öffnete sich, als wäre das die letzte Chance für sie, es auf dieser Erde noch mal tun zu dürfen.

Ich tat es, so gut ich konnte, auch wenn es mich irritierte, dass sie sicher die ganze Zeit an den jungen, debilen Damhirsch dachte. Selbst erwachsene Männer haben Probleme, sich von derartigen Kindereien zu befreien.

Hinterher konnte sie schlafen.

Ich jedoch nicht. Ich blieb mit dem Arm um sie liegen und dachte, was für eine prachtvolle Frau sie war. Ich dachte, dass sie unter anderen Umständen auch ein Leben wie Annie Andersen hätte haben können. Ich dachte daran, wie Rodby wohl ausgesehen hatte, als Annie Andersen und Polizeidirektor Matthiasen jung gewesen waren. Ich überlegte, wie Rodby wohl ausgesehen hatte, als Staatsrat P. C. S. Schilling jung gewesen war. Ich dachte an die drei ermordeten Mädchen und überlegte, wie sie wohl in lebendigem Zustand gewesen waren, wie sie gesprochen hatten und gegangen waren, wie sie wohl geweint hatten, ob sie jemals eine Chance bekommen hatten, ob sie eine neue Generation Annies waren. Ich dachte an Ulrich und sein Saxofon, wie es in Gynthers Halbdunkel geschimmert hatte. Ich dachte an Lisbeth Holgersens Körper, als sie ihn aus dem Wasser herausgefischt hatten. Ich dachte an Preben Sørensen, wie er beim Hafenfest an uns vorbeigetragen worden war. Ich dachte an den Bürgermeister und was er wohl sagen würde, wenn er die neuesten Nachrichten zu hören bekam. Ich dachte an Lizzie Lux, an Nina und Zeuthen, an Anwalt Feuerspiegel und die müde Frau Matthiasen. Verflucht, konnte ich viel denken.

Ab und zu liest man in Illustrierten Geschichten über Leute, die erzählen, dass sie sich außerhalb ihres eigenen Körpers aufgehalten hätten, in einer anderen Sphäre schwebten, ganz woanders gewesen seien, während ihre Familie sie weiterhin auf dem Stuhl sitzen sah.

Vielleicht war es so etwas, was ich in dieser Nacht erlebte. Ich blieb auf Gittes Bett liegen und umfasste sie, aber meine Seele – wenn Sie bitte das Wort entschuldigen mögen – schwebte aus dem Fenster, in Rodbys Straßen. Meine Seele schwebte zwischen Hafen, Marktplatz und Gericht hin und her. Meine Seele stattete Wein & Brot einen Besuch ab, meine Seele spazierte durch die Fußgängerzone, meine Seele war am Bahnhof, um die Reisenden dieses Tages zu betrachten, meine Seele war im Park bei den beiden friedlichen alten Menschen auf der Bank, meine Seele bekam im Café Paradies einen Drink und schaute einem Billardspiel zu, das allen anderen Billardspielen ähnelte, wie es eben seit Erfindung des Billardspiels gespielt wurde.

Alle Billardkugeln bekamen plötzlich Gesichter. Auch die Hütchen bekamen Gesichter. Alles wurde zu Gesichtern.

Und draußen in Rodbys Nacht, im Nieselregen, gingen neue junge Gesichter herum, die ich bei Gynther und beim Hafenfest gesehen hatte, und bereiteten sich darauf vor, dass sie bald an der Reihe wären, neue Annie Andersens, neue Matthiasens, neue Lizzie Lux' oder neue Friseure, Barkeeper oder Huren in der Schmiedgasse zu werden.

In dieser Nacht fand ich keinen Schlaf. Ich bewegte mich auch nicht von der Stelle. Ich ließ meine Arme dort, wo sie waren, und wartete.

Vielleicht war ich der einzige in Rodby, der nicht wütend fluchte, als er sah, dass die Uhr acht anzeigte und ein neuer Tag schon dabei war, seine ständig erschöpfenden Forderungen an das kleine Gewürm zu stellen, das überall herumkrabbelt, die Straßen asphaltiert, auf ihnen mit Autos fährt und sich Menschen nennt.

42

An diesem Sonntagmorgen erschien im Frühstücksraum eine müde, aber nicht besonders zahlreiche Gesellschaft. Keiner der Journalisten oder Fotografen war bisher aufgestanden. Ehlers und ich saßen allein zehn Meter von einem jütländischen Ehepaar entfernt, das Käse aß. Wir konnten in Ruhe unseren Kaffee trinken. Wir konnten außerdem unsere Flugtickets bestellen.

Genau darüber unterhielten wir uns, als das Telefon klingelte und der Empfangschef zu Ehlers kam.

»Telefon«, sagte er.

Ehlers ging mit ihm. Ich füllte meine Tasse. Kaffee ist eine gute Erfindung, dachte ich. Eine saugute Erfindung.

Gitte war immer noch nicht heruntergekommen. Keine Frau kommt mit weniger als einer Stunde jeden Morgen im Badezimmer aus.

»Scheiße«, sagte Ehlers, als er zurückkam. »Alles wieder kehrt, marsch. Ich soll hierbleiben und auf Verstärkung warten. Darüber hinaus soll ich auch noch die Journalisten abfertigen, sobald sie was rausgekriegt haben, und wir können den Tod des Polizeidirektors nicht tagelang verschweigen. Und ich dachte, ich könnte jetzt endlich meine Familie wiedersehen!«

»Kein Ticket für dich?«

»Nicht mal ein kleines rosarotes Wochenendticket. Scheiße!«

Er hatte auch nicht geschlafen.

Ich sagte ihm, dass sei ein Morgen für einen Bitter und bot ihm einen an. Er trank ihn, als entspräche er seinem Namen.

Es ging ihm nicht gut. Ich wünschte, ich hätte ihm helfen können, aber das konnte ich nicht.

Ich ging zum Telefon und rief den Rodbyer Flughafen an. Um zehn Uhr ging ein Flug. Es gab noch zwei Plätze, ja. Ja, sie seien reserviert, wenn ich die Buchungsnummer angeben würde.

Ich bat an der Rezeption um Gitte Bristols und meine Rechnung, so schnell wie möglich. Ich konnte nichts als einen grauen Nebel vor den Augen sehen.

»Heute ist doch noch das Sommerfest«, sagte der Mann am Empfang, ein höflicher älterer Sonntagsmann, ein Rentner, der aussah, als würde er hie und da mal aushelfen, service-minded freundlich.

Ich ging hinauf zu Gitte und sagte, dass wir in einer halben Stunde los müssten, wenn wir unser Flugzeug noch erreichen wollten. Sie versprach durch die Badezimmertür, rechtzeitig zu kommen. Ich warf einen letzten Blick auf ihr Bett und die Aussicht aus ihrem Fenster und dachte eine Sekunde lang, dass ich diese Luft, die durchs Fenster hineinströmte, und genau diesen zufällig zusammengezimmerten Holzrahmen zusammen mit dem Empfinden ihrer sanften Haut niemals vergessen würde.

Die Rechnungen lagen parat. Wir bezahlten am Tresen mit Schecks. Ich ging in den Frühstücksraum und schlug Ehlers auf die Schulter. Ich wusste nicht, was ich sagen sollte. »Vielen Dank für alles?«

Der Mann im Empfang hatte P3 eingeschaltet. »Die Sonne scheint bei Tag und Nacht« lief planmäßig und bewies, dass die Welt sich weiterdrehte. Es gab immer noch P3, es gab immer noch Tage, Nächte und Sonne und Koffer, die gepackt werden mussten, sowie Flugzeuge, die erreicht werden wollten.

Es gab immer noch Gitte Bristol.

Und das war nicht gerade wenig.

Ohne große Trauer verließen wir die Samtportieren des Hotels und gingen zum Taxi. Die Sonne war schon mitten bei der Arbeit. Spätestens in zwei Stunden würde das Hafenfest wieder beginnen und die ganze Stadt wimmeln.

Wie heimlich abgesprochen, schwiegen wir den ganzen Weg am Hafen entlang, aus der Stadt heraus bis zum Rodbyer Flughafen, an dem wir am Mittwoch angekommen waren und uns ein Taxi geteilt hatten.

Der Rest war Routine, graue, betäubende Routine, die wir wie zwei Zombies aus dem Schattenreich durchliefen. Aufgeben des Gepäcks, Wiegen, Kaffee in der Flugplatz-Cafeteria, Abflug 309 nach Kopenhagen … Es war ein Traum. Es war ein Dahindämmern. Es war ein Film. Es war nicht wirklich.

Aber ihr Hals war wirklich, jedes Mal, wenn ich ihn berührte.

Der Himmel war blauer als blau und ähnelte noch mehr einem Traum. Die Wolken sahen aus, als könnten sie etwas tragen, als könnte man auf ihnen gehen, als könnten sie in all dieser blauen Unantastbarkeit sich nicht um diese Welt kümmern, diese Rodbys, diese Schmiedgassen, diese Taubenschläge.

Die Wolken zogen. Wolken ziehen.

Plötzlich waren wir in Kopenhagen.

Die Stewardess verabschiedete sich mit einem gefühlvollen Ton, als wären wir alle zusammen durch die Hölle gegangen.

Wir gingen auf einer Rolltreppe der Müdigkeit und Erschöpfung zum Flugplatz hinunter. An gewissen Tagen kann sogar der Kopenhagener Flughafen hübsch aussehen. Wenn man sich nach der Stadt gesehnt hat, kann er eine Perle reiner Schönheit sein. Wir sagten nichts. Wir machten nur, was man an Check-in und Check-out zu tun hat.

Erst im Taxi in die Stadt, auf dem Weg über die langen, stillen Straßen von Amager, wo man anfängt, die Stadt zu riechen und merkt, dass man auf dem Weg in die City ist, legte sie mir eine Hand auf den Arm und sagte leise:

»Ich fahr gleich nach Hause, ja? Wir sprechen uns. Du warst so süß.«

Wir küssten uns und fuhren jeweils mit den eigenen Problemen beladen in unser jeweiliges Heim, zum jeweiligen Privatleben und den jeweiligen Wunden. Die Luft war kühl und diesig in der Stadt. Die Istedgade sah sich selbst zum Verwechseln ähnlich.

Ein paar Tage später kam der Rest des Pressevolks zurück. Ich stand nicht am Flugplatz, um sie zu empfangen.

Sie brachten auch nicht viel mit. Der Fall wurde als nicht aufgeklärt abgelegt, und an die Öffentlichkeit drang nichts über die »Aktivitäten des Polizeidirektors«. (Ehlers Worte) Es gab Gerüchte, aber die Bullen hielten zusammen, wie die Presseleute zusammenhalten, wie Setzer zusammenhalten, wie Junkies zusammenhalten. Nicht übertrieben, und in jedem Fall unabänderlich. Die Beweise wurden gefunden, sagte Ehlers, aber mehr wollte er nicht sagen. Niemand wollte mehr über die Geschichte sagen.

Ehlers brachte fast einen Monat in Rodby zu. Als er zurückkam, war jedenfalls ein Teil der Drogenbande im Knast, während der Rest bis auf weiteres seinen Wohnort gewechselt hatte. Der Bürgermeister war nicht beteiligt gewesen. Es zeigte sich jedoch, dass dahingegen der Besitzer von Wein & Brot beteiligt gewesen war. Er war Rodbys graue Eminenz gewesen.

Wein & Brot wurde geschlossen, aber ansonsten ging das Leben weiter, wie es auch nach dem Fall einer Bombe weitergehen würde. Rodby ernannte einen neuen Polizeidirektor, der Taubenschlag wurde mit neuen Tauben aus Ålborg, Århus und Randers aufgefüllt, und nur einzelne Fischer im Hafen vermissten Preben Sørensen oder sagten zumindest, sie täten es.

Zwei Monate später rief Ehlers eines Abends von seinem gewöhnlichen Kopenhagener Büro am Halmtorvet an, direkt gegenüber dem Eingang, durch den die Steaks und Schinken auf den Schlachthof gebracht werden, und erzählte mir, dass Annie Andersen in der vorherigen Nacht gestorben sei.

Zu diesem Zeitpunkt beschäftigte sich niemand mehr mit dem Fall, höchstens noch als eine ferne, vor langer Zeit überstandene historische Sache, auf die man ab und zu in Kriminalreportagen als die »Massagemorde in Rodby« hinwies, »eines der vielen ungeklärten Rätsel in der dänischen Kriminalgeschichte«.

An dem Tag, als Ehlers anrief und von Annie Andersens Tod berichtete, teilte eine Wochenzeitschrift auf seiner fünfzehnfarbigen Titelseite mit, dass der Friede-Freude-Freundschaftssänger Kehlkopfkrebs habe, aber jetzt heiße es, nicht den Humor verlieren, sagte er.

Wie recht er doch hatte.

WWW.LESEJURY.DE

WERDEN SIE LESEJURYMITGLIED!

Lesen Sie unter www.lesejury.de die exklusiven Leseproben ausgewählter Taschenbücher

Bewerten Sie die Bücher anhand der Leseproben

Gewinnen Sie tolle Überraschungen